KB270827

부자를 읽는
눈을 떠라

부자를 읽는 눈을 떠라

1판 1쇄 발행 2015년 1월 10일
1판 2쇄 발행 2016년 4월 20일

지은이　　이재범
펴낸이　　이재성
기획편집　김민희
디자인　　엔드디자인
그린이　　전지훈
마케팅　　이상준

펴낸곳　북아이콘
등　록　제313-2012-88호
주　소　150-038 서울시 영등포구 영신로 220 KnK디지털타워 1102호
전　화　(02)309-9597(편집)
팩　스　(02)6008-6165
메　일　bookicon99@naver.com

ⓒ 이재범 2015
ISBN 978-89-98160-21-0　13320

# 부자를 읽는 눈을 떠라

이재범(핑크팬더) 지음

북아이콘

# 부자를 꿈꾸는 당신에게

많은 사람들이 부자가 되기를 소원한다. 부자는 어떤 사람이고 어떻게 부자가 되었는지 알기 위해 수많은 강의를 쫓아다니고 책을 읽는다. 부자가 한 방법을 그대로 따라 하고 노력한다. 꽤 오랜 시간이 지났지만 여전히 별반 차이가 없다. 무엇이 잘못된 것일까?

부자가 그리 쉽게 금방 될 수 있었다면 누구나 다 부자가 될 수 있다. 그렇지 않기에 부자가 인구 대비로 소수인 것이다. 부자가 되고자 하는 사람은 수없이 많지만 부자가 되는 사람은 극히 드물다. 부자가 되는 데는 시간이 오래 걸린다. 그걸 깨닫는 것만으로도 부자가 되는 진정한 초입에 들어선 것이나 마찬가지이다.

하루아침에 부자가 되는 건 세상 어디에도 없다. 우리는 어느 날 갑자기 부자가 되어 나타난 사람을 목격하게 된다. 착각하지 말아야 한다. 어느 누구도 뚝딱하고 부자가 된 사람은 없다. 부자가 된 사람을 오늘 보게 된 것일 뿐, 그가 부자가 되기까지 얼마나 찌질한 경험까지 하며 노력해왔는지는 전혀 모르고 알려고 하지도 않는다.

아쉽게도 부자에 대해 알려주는 대부분의 책들은 과정이 생략되어 있다. 자신이 얼마나 힘들었고 이를 어떻게 극복했는지 알려주는데 그친다. 중간 과정이 생략되다 보니 가슴이 뜨거워지고 마음이 쿵쿵 뛴다. 그러나 정작 어디서부터 어떻게 해야 할지는 알 수 없다. 굳은 결심을 하고 부자가 되기 위한 큰 발걸음을 내딛지만 그 여정에서 겪는 시행착오를 어떻게 극복하고 헤쳐나가야 할지 몰라 맨 땅에 헤딩하기 일쑤이다.

절약해서 저축하고 일정 금액의 돈이 생겼다고 부자가 될 수는 없다. 과거에는 부지런히 일하고 착실히 모은 돈을 갖고 있는 것만으로도 부자가 될 가능성이 컸다.

재테크에 대한 별다른 지식이 없어도 일정한 자산을 보유만 하고 있으면 물가상승률 이상으로 가치가 올라 그들을 부자로 안내해주었다. 부자가 되는 방법은 너무나 단순했다.

대한민국 사회의 전반적 질서가 안정화되고, 경제가 준선진국 수준으로 발전하면서 예전처럼 쉽게 돈 벌 수 있는 시대는 이미 지나갔다. 돈을 은행에 넣어두고 아무 자산이나 갖고 있다고 하여 자산이 불어나는 시대는 다시는 오지 않을 것이다.

도대체 부자들은 어떻게 그 지루한 과정을 이겨내고 부자가 되었을까? 나와는 무엇이 달라 부자는 부자가 된 것이고, 나는 시간이 지나도 여전히 제자리걸음에서 벗어나지 못하는 것일까? 타고난 부자가 아닌 이상은 후천적 부자를 꿈꿀 수밖에 없다. 후천적 부자가 된 사람들이 부자가 된 가장 핵심적인 이유는 바로 세상을 바라보는 관점에 있다. 그들이 어떤 시선으로 세상을 바라보고 눈앞에서 벌어지는 현상을 어떻게 파악하는지 궁금하지 않은가?

수없이 많은 책들이 당신도 노력하면 부자가 될 수 있다고 독려만 한다. 안타깝게도 이런 책들이 인기를 끌며 사람들의 호응을 얻고 베스트셀러가 되지만 현실은 변함이 없다. 동기부여 책을 계속 읽어도 변하지 않는 이유다. 아무리 읽어도 부자가 되었다는 것만 알려줄 뿐 어떤 관점과 방식으로 부자가 되었는지에 대해서는 알려주지 않는다.

필자는 단순히 특정 인물을 소개하여 그들이 어떻게 부자가 되었는지 알려주며 당신도 이처럼 노력하면 부자가 될 수 있다는 환상을 심어주려 이 책을 쓰지 않았다. 노력만으로 부자가 될 수 있다는 이야기도 하지 않는다. 노력하지 않는 사람은 아무도 없다. 노력하는 것만으로는 부족하다. 부자들의 관점으로 세상과 현상을 바라봐야만 한다.

하루 종일 책상에 앉아 공부만 해도 성적이 제자리인 학생이 있다. 정말로 성실하게 공부를 하지만 무엇이 중요한지를 모른다. 시험에 나올 부분을 공부해야 하는데 엉뚱한 곳까지 전부 공부하느라 시간은 시간대로 잡아먹고 성적은 성적대로 나오지 않는다. 자신이 공부하는 과목에서 시험에 나올 부분을 공부해야 좋은 성적을 얻을 수 있다.

부자가 되는 방법도 같다. 모든 사람이 다 똑같이 신문을 읽고 뉴스를 본다. 금융위기를 모든 사람이 함께 겪었다. 현재 우리가 보는 모든 일들은 나만 보는 것이 아니다. 똑같은 사건, 사고를 같이 보고 있다. 그럼에도 누군가는 신문을 읽고 기회를 발견하고 뉴스를 보며 세상의 변화를 포착한다. 사건 사고를 통해 새롭게 펼쳐질 흐름을 눈치채고 남들보다 먼저 움직인다. 이들이 바로 부자가 된 사람들이다.

부자가 되는 방법은 무척 다양하다. 부동산 투자, 주식 투자, 사업, 월급쟁이 등등. 각 분야에서 부자가 된 사람들이 있다. 이들이 부자가 된 방법은 해당 분야의 책을 읽어보면 알 수 있다. 하지만 전체적인 관점에서 논하는 책은 드물다. 모든 분야는 서로 개별적으로 움직이지 않는다. 특정 분야의 자산 가격이 오를 때 또 다른 분야의 자산 가격이 떨어지지는 않는다.

개별 분야 분야가 서로 연결되어 변화하는 흐름을 알아보는 눈을 가져야 한다. 전 세계적으로 특정 제품의 수요가 부족하여 해당 분야 수출 기업의 이익이 늘어나면 공장을 더 짓게 되고 새로 선정된 공장 부지 인근에 주택 수요가 생긴다. 이에 따라 관련 기업의 주가가 오르고 관련 부지의 토지 가격과 주택 가격이 오르면서 유동인구도 늘어나며 지역의 경제가 살아난다.

전체적인 그림을 볼 줄 알아야 한다. 그 안에서 벌어지는 자산 시장의 변화와 인간 심리의 변화를 함께 예측하고 대응하며 준비하는 연습을 평소에 해야 한다. 평범한 내 눈으로 읽고 느끼고 생각하는 것은 아무런 도움이 되지 못한다. 오늘 신문에 난 기사를 나도 보고 부자도 본다. 똑같은 기사를 보고 나서의 반응이 중요하다.

노력을 해야 한다. 아주 많이 해야 한다. 여기서 말하는 노력은 근면성실하게 열심히 땀 흘려 일하는 것을 의미하지 않는다. 세상을 바라보는 관점을 지금까지와는 다르게 부자의 관점으로 변화시켜야 하는 노력을 말한다. 열심히 노력해도 부자의 관점으로 보지 못하면 아무런 티도 나지 않을 것이다.


책의 1장에서는 부자들이 어떤 방법으로 돈을 생각하고 쉽게 빼앗기지 않으려 하는지, 2장에서는 변화를 두려워하지 않는 부자의 습관과 태도를 배운다. 3장에서는 부자들이 어떤 관점과 방법으로 투자를 하는지, 4장에서는 부자가 어떤 눈으로 세상을 바라보는지를 알려준다. 5장에서는 끊임없이 움직이는 부자에 대해 말하고, 6장에서는 부자가 되는 공부 방법에 대해 소개한다.

책을 통해 기존과는 다른 부자의 관점을 얻기 바란다. 부자들은 세상의 온갖 것들을 다 돈으로 만들어 낸다. 그들이 대단히 엄청난 고급 정보를 갖고 있는 것도 아니다. 똑같은 정보와 상황을 갖고도 돈을 만들어내고 굴린다. 당신과 다른 점은 딱 하나다. 이 책에서 소개하는 부자의 관점으로 세상을 바라보고 움직일 뿐이다.

책에 나온 모든 내용을 처음부터 전부 소화해서 실천하기는 힘들다. 부자들도 책에서 소개한 모든 내용을 전부 실천하지는 않는다. 이 중에 자신에게 가장 맞는 몇몇 부분이라도 확실하게 습득해서 실천한다면, 머지않아 예전과는 다른 나를 발견하게 될 것이고 기존과는 다른 눈으로 세상을 바라보고 있다는 것을 깨닫게 될 것이다.

　부자가 되는 출발점은 의식과 태도의 변화에 있으며, 습관을 통한 무의식적인 행동이 결합되고 쌓여 세상을 바라볼 때 어느 순간 자신이 부자로 가는 길에 서있음을 알게 될 것이다. 부자 관점으로 마인드를 다잡고 실천하여 이 책을 읽는 모든 사람들이 원하는 결과를 이루기를 기원한다. 쉽지 않은 길이지만 도달할 수 없는 것도 아니다. 관점만 변화시켜도 몰랐던 세상이 보이고 내 마음가짐과 행동이 달라진다. 이 책으로 출발한 모두가 정상에서 만났으면 한다!

# 차례

# 돈에 호감을 갖고 친하다

: 부자의 생각을 읽는 눈 :

# 욕심이
# 부자를 만든다

'끌어당김의 법칙'이라는 것이 있다. 자기계발서들에 흔히 나오는 개념이다. 무엇인가를 간절히 원하면 그 바람이 이뤄진다는 것으로, 《시크릿》이라는 책을 통해 대중화가 되었다. R=VD라는 것도 있다. Vivid Dream Realization의 약자로서 생생하게vivid 꿈꾸면dream 이루어진다realization는 뜻이다. 이지성 작가의 책 《꿈꾸는 다락방》을 통해 널리 알려졌다.

무엇인가를 간절히 원하는 것은 욕망과 관련되어 있다. R=VD도 마찬가지로 바라는 것이 없는 사람은 꿈도 꾸지 않는다. 간절함의 차이는 있을지언정 인간은 누구나 더 갖기를 원하고 자신이 부족한 것에 대한 욕망을 갖고 있다. 중국을 통일한 진시황제는 부족한 것이 없는 삶을 이루기 위해 불로장생을 꿈꿨다. 지금보다 더 갖고 싶다는 인간의 본능에 충실한 행동이었다.

에이브러햄 매슬로우Abraham H.Maslow의 인간 욕구 5단계 이론이 있다. 인간의 욕구는 총 다섯 단계로 나눠져 있으며 하위 단계의 욕구가 충족되면 상위 단계의 욕구를 충족하기 위해 노력한다는 이론이다. 1단계는 생리적 욕구이고 2단계는 안전에 대한 욕구이며, 3단계는 소속과 사랑의 욕구로서 사람들에게 인정받고 일에서 성공하고 싶은 사회적 욕구라 불린다. 4단계는 자존의 욕구로서 타인에게 존경받고 싶어 하는 욕구이며, 5단계는 자아실현의 욕구이다.

인간은 먹고 살기 위해 노력한다. 이 욕구가 충족되면 안정적인 삶을 추구한다. 계약직보다는 정규직을 더 편안하게 여기는 것과 같다. 다음으로 특정 집단에 소속되어 그 집단에서 성공하기를 꿈꾼다. 성공을 통해 주변 사람들에게 존경을 받고 싶어 한다. 1단계와 2단계가 인간이 살아가면서 필수적으로 가져야만 하는 단계라면, 3단계와 4단계는 타인에게 인정을 받아야만 가능한 욕구이다. 다시 5단계로 가면 자기 자신 스스로가 인정을 해야만 충족되는 욕구이다.

1단계에서 만족하는 사람도 있고 2단계까지는 가야 안도하는 사람이 있으며, 3단계까지는 가야 삶의 보람을 느끼는 사람도 있다. 또한 4단계에 이르러서야 비로소 삶의 의미를 갖게 되는 사람도 있다. 이러한 욕구에 대한 단계를 부자에 대한 욕망으로 바꿔보면, 가난을 벗어나기 위한 단계가 1단계이고, 아끼고 저축하는 단계를 2단계, 모은 돈을 갖고 무엇인가 해 나가는 단계를 3단계, 마침내 원하는 부자가 되어 주변 사람들에게 인정받는 것을 4단계라고 할 수 있다. 부자 중에 자신의 부를 기부하고 더 좋은 일에 쓰려고 하는 사람은 5단계라 할 수 있다.

대부분의 사람들은 1단계와 2단계에서 만족하며 멈춘다. 몇 명만이 겨우 3단계를 욕망해서 노력하지만 사람들에게 부자라는 인정까지 받는 4단계에 진입하는 사람은 많지 않다. 부자들도 주변 사람들에게 인정받는 4단계에서 만족하고 자아실현 단계까지 가는 부자는 극히 드물다. 자신이 머물고 있는 단계의 욕망이 확실하게 충족되지 않기 때문이다.

부자에 대한 욕망을 충족하는 단계를 인간 욕구 이론에 대입해 설명했지만 간단하게 말하자면 부자는 욕심이 많다는 것이다. 부자가 꼭 되고야 말겠다는 집념과 의지로 똘똘 뭉쳐있다. 부자가 된 사람 중

**매슬로우(Maslow)의 인간의 욕구 5단계** ||||||||||||||||||||||||||||||||||||||||||||||||||||||||||||

에 단 한 명도 돈에 대한 욕심이 없는 사람은 없다. 자신이 원하는 일을 재미있게 하다 보니 부자가 되었다는 사람도 있지만 그들도 마찬가지로 부자(돈)에 대한 욕망을 갖고 있었던 것이다.

그들이 진정으로 자신이 원하는 일에서 재미만을 추구했다면 그들은 결코 부자가 되지 못했을 것이다. 끌어당김의 법칙이나 R=VD에서 부족한 부분은 바로 행동이다. 간절히 원하고 꿈을 꾼다고 이뤄지는 것은 절대로 없다. 욕심은 누구에게나 있다. 욕심이 없는 사람은 인간의 기본적인 생존본능마저 억눌러야 한다는 뜻이 된다. 인류 역사가 지금처럼 발전한 원동력의 하나는 인간의 욕심이다. 인간의 욕심이 과해서 생긴 탐욕이 아니라면 욕심은 인간을 움직이는 원동력이 된다.

기본적으로 부자가 되겠다는 욕심을 갖지 않고는 부자가 될 수 없다. 한때 10년 안에 10억을 만들겠다는 열풍이 분 적이 있었다. 10억이라는 액수를 달성한 사람도 있고 실패한 사람도 있을 것이다. '텐인텐'이라는 10년 10억 만들기 다음 카페의 주인장은 10년 10억이라는 목표를 달성한 사람이다. 서현&규현 아빠라는 닉네임으로 활동을 하는데 10억을 만들기 위해 직장생활을 하면서 아끼고 저축하고 투자해서 달성을 했다. 그에게는 10억이라는 목표를 달성하고자 하는 욕심이 있었기에 노력했고 가능했던 것이다.

5억이든 10억이든 목표를 달성하겠다는 욕심을 갖지 않고 돈을 모은다면 실패할 확률이 높다. 욕심은 나쁜 것이 아니다. 욕심이 없었다면 링컨은 대통령이 되어 노예제도 폐지라는 인류 역사의 진전을 이루지 못했을 것이고, 왕이 되고자 하는 욕심이 없었다면 이성계는 조선을 세우지 못했을 것이고, 금과 향료를 얻을 욕심이 없었다면 콜럼버스는 신대륙을 발견하지 못했을 것이다.

위인들치고 욕심이 없는 인물은 없었다. 부자들도 마찬가지로 돈에 대한 욕심이 그들을 부자로 만든 것이다. 위인들의 욕심은 인류 역사를 발전시킨 위대한 원동력이고, 돈에 대한 부자들의 욕심은 못마땅하게 천박한 것이라고 생각하는가? 부자들이 돈에 대한 욕심을 가졌기에 그들의 가족은 돈 걱정 없이 하고 싶은 것을 할 수 있는 것이다. 인류 역사를 거창하게 발전시키지는 못했을지라도 자신의 가족에게는 인류 역사 만큼이나 의미 있는 욕심인 것이다. 이렇듯 각 개인의 욕심이 채워지면 그 욕망이 충족되어 다음 단계의 욕망으로 이전되어 인류 역사를 발전시킬 수 있다. 빌 게이츠가 기부로 가난한 사람들의 교육을 도와주는 것을 보면 알 수 있다.

힘들고 어려운 가운데서 정성스럽게 기부한 10만 원은 분명히 의미 있는 금액이지만 부자가 되어 기부하는 1억 원은 더 많은 사람들에게 더 큰 의미가 되어 도와줄 수 있는 것이다. 빌 게이츠는 재산의 대부분을 기부했지만 지금도 여전히 돈에 대한 욕심을 갖고 다양한 곳에 투자하며 재산을 불리기 위해 노력하고 있다. 그렇기에 그는 기부를 해도 여전히 세계 부자 순위에서 내려가지 않는다.

돈에 대한 욕심이 나쁜 것이 아니라 탐욕스럽게 돈을 가지려 하는 것이 나쁜 것이다. 주식시장에는 이런 격언이 있다. '곰(약세장)도 돈을 벌고 소(강세장)도 돈을 벌지만 돼지(탐욕)는 도살당한다.' 탐욕스러운 돼지가 되려고 하는 것인가? 결코 그렇지 않다. 누구도 돼지가 되려 하지는 않는다. 돈에 대한 욕심은 결코 탐욕이 아니다. 수단 방법을 가리지 않고 돈을 벌려고 하는 것과는 구분해야 한다. 그런 식으로 모은 부는 결코 매슬로우 이론의 4단계인 타인에게 존경받는 자존의 욕구는 물론이고 3단계인 타인에게 인정받고 싶어 하는 욕구도 채우지 못하게 된다. 부자가 된다고 해도 타인에게 인정도 존경도 받지 못한다면 실패한 인생인 것은 당연하다.

돈에 대한 욕심을 가져라! 부자가 되고 싶다는 욕심을 가져라! 욕심이 없다면 돈은 끌어당겨지지 않을뿐더러 아무리 꿈을 꿔도 이뤄지지 않는다!

- 론다 번 저, 김우열 역, 《시크릿》, 살림Biz
- 이지성 저, 《꿈꾸는 다락방》, 국일미디어

# 돈은
# 반드시 필요하다

세상에서 가장 굴욕스러운 일은 말이지, 먹고 사는 걱정에서 헤어나지 못하는 것이야. 난 돈을 멸시하는 사람들을 보면 경멸감밖에 들지 않네. 그런 자들은 위선자가 아니면 바보야. 돈이란 제 육감과 같아. 그게 없이는 다른 오감을 제대로 사용할 수가 없지. 적정한 수입이 없으면 인생의 가능성 가운데 절반은 막혀버리네.

딱 한 가지 조심해야 할 것은 한 푼 벌면 한 푼 이상 쓰지 않아야 한다는 거야. 예술가에겐 가난이 제일 좋은 채찍이 된다는 말들을 하잖나. 그렇게 말하는 사람들은 가난의 쓰라림을 직접 겪어보지 못해서 그래.

가난이 사람을 얼마나 천하게 만드는지 몰라. 사람을 끝없이 비굴하게 만드네. 사람의 날개를 꺾어버리고, 암처럼 사람의 영혼을 좀먹어 들어가지. 부자가 되어야 한다는 건 아니야. 하지만 적어도 품위를 유지할 수 있는 정도, 방해받지 않고 일을 할 수 있고, 너그럽고 솔직할 수 있을 정도, 그리고 독립적으로 살 수 있을 정도는 있어야지.

나는 말이야, 글을 쓰건 그림을 그리건 예술하는 사람이 먹고 사는 일을 자기 예술에만 의존한다면 그런 사람을 정말 가련하게 보네.

-《인간의 굴레》중

고상한 직업을 갖거나 작업을 하는 사람들은 돈을 터부시한다고 믿는다. 특히 예술가들에게 돈은 창작열을 죽이는 더러운 벌레와 같다고 생각한다. 서머싯 몸의《달과 6펜스》의 실제 주인공이자〈타히티의 여인들〉로 유명한 고갱은 살아생전에 너무 가난해서 "가난이 천재성을 키우는 것도 사실이지만 고통이 너무 심하면 천재성이 완전히 바닥날 것이다."라는 말로 가난의 고통을 토로했다. 고갱의 작품을 구입하던 유일한 화가 고흐마저 죽자 그는 엄청나게 많은 작품을 창작했다. 이럴 때 사람들은 가난이 그의 창작열을 불태웠다고 말한다. 남 이야기니 무슨 말인들 못하겠는가마는 정작 고갱이 얼마나 비참한 삶을 살았을지에 대해서는 관심을 기울이지 않는다.

고갱의 작품은 사후 재평가를 통해 현대미술사의 중요한 화가인 피카소와 뭉크 등에게 큰 영향력을 미쳤다는 고상한 평가와 업적을 인정받았지만 고갱은 살아생전에 단 한번도 가난에서 벗어나지 못해 어려운 삶을 살았다는 이야기는 쏙 빼놓는다. 이에 반해 고갱의 친구이

자 동시대에 활동했던 고흐는 비록 정신적인 문제로 병원에도 입원하고 스스로 귀를 자르기도 했지만 금전적으로 어려움을 겪은 적은 없었다. 오히려 고갱을 후원하기까지 했다. 그렇다면 살아생전에 경제적으로 힘들지 않았던 고흐는 고갱에 비해 미술사에 더 작은 영향을 미쳤을까? 아니다! 더 큰 영향을 미쳤으면 미쳤지 부족한 화가는 결코 아니었다.

당신은 어떤 삶을 택하고 싶은가? 고갱과 고흐의 삶 중에서. 가장 고상한 예술을 한다는 사람들에게도 가난은 축복이 아니다. 돈이 없어 창작열에 불타는 것이 아니라 하나의 작품이라도 더 팔기 위해 생존을 위한 작품 활동을 한 것이다. 일정 부분 가난이 창작에 도움이 되는 것은 사실이겠지만 예술을 하는데 있어 고도의 정신작용을 필요로 하는 창작 작업은 가난과는 그다지 영향이 없다. 가난하지만 끝까지 자신의 창작 작업을 완수한 사람과 경제적 여유를 갖고 자신의 창작 작업을 완수한 사람 중에 어떤 부류의 사람이 더 많을 것이라 생각되는가?

살아생전에 경제적 여유를 갖고 사는 삶이 행복한 것이지 죽어서 후대에 인정을 받고 존경을 받는 것은 의미가 없다. 나에게 가난하지만 사후에 제대로 평가를 받는 것과, 경제적 여유를 갖고 살면서 작품 활동을 하는 것을 택하라면 무조건 후자를 택할 것이다. 더구나 가족까지 있는 상태라면 더 이상 생각할 꺼리도 안 된다. 자본주의 사회를 살고 있는 우리에게 돈이 없다는 것은 갈수록 자신이 하고 싶은 것을 할 수 없다는 것을 의미한다. 수없이 많은 예술가들이 경제적 문제로 자신의 의지와 예술가로서의 길을 포기한다. 오히려 예술가로서의 삶을 꿈도 꾸지 않던 사람이 취미생활로 시작한 것이 사람들에게 인정을 받아 예술가로 탈바꿈하는 사례도 있다.

싫든 좋든 돈은 우리에게 반드시 필요하다. 자본주의 사회에서는 무엇이든 돈으로 구할 수 있다. 내가 하고 싶은 것을 하기 위해서도 돈이 필요하지만 하기 싫은 것을 하지 않겠다고 말할 수 있는 용기도 돈이 가진 힘이다. 앞에 나온 《인간의 굴레》 중에서도 품위를 유지할 수 있을 정도의 돈이 필요하다고 고백한다.

부자와 당신 중에 누가 더 돈이 필요 없을까? 이 글을 읽고 있는 당신보다 부자가 더 돈이 필요 없을 것이다. 그런데 진짜로 돈이 필요한 당신보다 부자가 더 돈을 원하고 필요성을 느껴 지금도 돈을 불리기 위해 노력한다. 현재의 삶을 유지하고 보다 풍요롭게 만들기 위해 지금도 돈을 굴리고 불리기 위해 노력하는 것이 바로 부자이다.

이루고 싶은 꿈이 있는가? 꿈을 이루기 위해 우리는 노력을 한다.

불행한 것은 노력을 한다고 해도 돈이 없으면 달성하기 힘든 것이 우리가 살고 있는 자본주의 세상이다. 지금 이 순간에도 수없이 많은 사람들이 각자 자신의 꿈을 꾸고 달성하기 위한 노력을 쉬지 않는다. 그들 중에 달성한 사람도 있고 실패한 사람도 있다. 분명 꿈을 이루기 위한 노력이 있어 꿈을 이룰 수 있겠지만 그 꿈을 현실로 만들기 위한 돈의 역할은 무시할 수 없다. 좌절하는 사람들은 대부분 결국에는 돈이 없어 그렇게 된다. 그가 원하던 꿈은 본인의 재능과 꿈의 크기에 따라 달라질 수 있지만 돈만 있었다면 어느 정도 달성할 수 있었을 것이다.

당신이 하고 싶은 것을 할 수 있게 해주고 당신이 하기 싫은 것을 하지 않을 용기를 주는 돈이 아직도 필요 없다고 생각하는가? 당신이 당장 때려치우고 싶은 직장을 다니는 이유는 나가봤자 별다른 것이 없다는 이유도 있고, 가족을 생각하면 어쩔 수 없다는 판단도 있겠지만 결국에는 돈이 핵심이다. 돈이 없는 한 하기 싫은 것을 할 수밖에 없다.

대한민국은 자유가 있는 나라이다. 헌법에도 분명히 명시되어 있다. 하지만 당신에게 선택의 자유는 없다. 법의 테두리 안에서 하고 싶은 것을 마음 놓고 할 수 있는 자유가 당신에게 주어졌지만 그럴 수 없다는 것을 알 것이다. 누군가는 하고 싶은 것을 한다. 왜 그런가? 그건 바로 돈을 갖고 있느냐 없느냐의 차이이다. 돈이 당신에게 자유를 준다는 표현이 거슬리는가? 어쩌겠는가? 자본주의 사회에서 살고 있는 내가 감당해야 할 숙명인 것을.

돈이 필요 없고 적당히 있으면 된다고 말하는 당신은 하고 싶은 것을 마음껏 하지 못하는 삶을 사는 반면에, 돈이 꼭 필요하고 없으면 안 된다고 외치면서 이를 실천하는 부자들은 자신이 하고 싶은 것을 하면서 살고 있다. 이건 너무 모순된 삶이 아닌가? 인정하기 싫어도 우리 인생에 있어 돈은 반드시 필요한 필수불가결한 요소다.

공기가 없으면 죽는 것처럼 돈도 마찬가지다. 공기가 없어도 일시적으로 버틸 수 있는 것처럼 돈이 없어도 한동안은 살 수 있지만, 공기가 더 이상 우리 폐에 주입되지 않으면 죽는 것처럼 자본주의 사회에서 돈이 없으면 결국에는 비참한 삶을 살게 된다. 희박한 공기 상태에서 공기주입기에 의지하면서 사는 삶을 살고 싶은가? 돈은 인생에서 반드시 필요하다. 부자들이 그 필요성을 느끼고 노력하는 것처럼 당신도 최소한의 품위를 유지하는 것은 물론이고 하고 싶은 것을 할 수 있을 정도의 돈은 반드시 필요하다.

- 서머싯 몸 저, 《인간의 굴레》
- 서머싯 몸 저, 《달과 6펜스》

# 행운은
# 자신의 편이라 믿는다

현대인에게 가장 큰 행운의 하나는 로또에 당첨되는 것이다. 오죽하면 좋은 일이 생기거나 뜻하지 않은 행운이 찾아왔을 때 '로또 맞았다'라고 표현할까? 로또 시행 초기에는 당첨자가 나오지 않으면 이월되어 당첨금이 누적되었는데, 실제로 몇 회 연속 이월되면서 당첨금이 몇백억 원까지 치솟아 로또 광풍이 불며 수많은 사람들이 구입을 하려고 줄서는 풍경까지 연출되기도 했다.

주말이면 많은 사람들이 당첨번호를 확인하게 되는 로또는 행운에 모든 것이 결정되는 시스템이다. 로또 당첨번호를 맞히는 기계나 다양한 조합을 이용하는 사람들도 있지만 로또는 전적으로 행운이 당첨자를 좌지우지한다. 간혹, 돼지꿈이나 똥을 뒤집어 쓴 꿈을 꾸고 당첨되었다거나 돌아가신 분이 나타나 번호를 알려주었다는 이야기도 있지만 이것도 전적으로 행운이라는 요소를 배제하고는 설명이 안 된다. 로또에 당첨되기 위해 또 다시 구입을 한다고 해도 당첨이 되지 않는 이유이다.

실제로 로또에 당첨된 사람들은 어김없이 다시 로또를 산다. 그것도 몇십만 원이나 몇백만 원어치를 산다. 당첨의 그 짜릿함을 잊을 수가 없어 자기도 모르게 구입을 한다고 한다. 열심히 당첨번호를 분석해도 당첨될 확률은 번개에 맞을 확률만큼 낮다. 실제로 숫자를 1,2,3,4,5,6으로 선택하거나 무작위로 6개의 번호를 선택해도 당첨 확률은 똑같다. 가끔 보면 번호 두 개가 연속으로 나오는 경우가 많은데 그렇다고 확률상 달라질 것은 없다. 똑같이 N분의 1일 뿐이다.

한 해 복권 구입 총액이 3조 원을 넘는다고 하는데 사람들이 행운을 잡기 위해 쓰는 금액이 3조 원이라는 뜻이다. 이 금액은 대한민국 최고 부자인 이건희 삼성전자 회장의 자산인 12조에는 미치지 못한다. 그렇다면 부자들은 로또를 전혀 구입하지 않을까? 철저하게 운이 모든 것을 지배하니 말이다.


행운의 2달러라는 것이 있다. 우리가 흔히 보는 1달러가 아닌 2달러 지폐이다. 1달러 지폐가 지불수단으로 유통되는 데에 반해 2달러 지폐는 화폐의 기능보다는 수집의 기능이 있는데 이에 대해서는 여러 가지 설이 있다. 미국의 여배우 그레이스 켈리가 〈상류사회〉라는 영화에서 프랭크 시나트라에게서 2달러를 선물 받은 후에 모나코 왕비가 되자, 이 지폐가 행운을 가져다 준다는 이유로 사람들이 2달러를 선물하면서 행운의 2달러라는 이미지가 생겼다고 한다.

많이 발행하지도 않고 미국 독립 200주년을 기념하기 위해 발행한 만큼 희소성이 있다 보니 더욱 인기를 끌었다. 실제로 기업들에서 마케팅의 일환으로 고객들에게 2달러 지폐를 선사하는 행사도 하고 있고, 필자 역시도 2달러를 선물 받아 고이고이 간직하고 있다. 얼핏 보면, 부적이나 별 차이가 없는 기능을 한다고 할 수 있다.

행운의 네잎 클로버라고 말한다. 대부분 세잎 클로버인데 반해 흔하지 않은 네잎 클로버는 그만큼 행운을 의미한다고 하지만 정작 흔하디흔한 세잎 클로버의 꽃말은 행복이다. 행운을 찾고자 행복을 거들떠도 보지 않는 우리들의 자화상이 아닌가 싶다.


지금까지 사람들이 갖고 싶어 하는 행운에 대한 이야기를 했는데 부자들은 행운에 대해 어떻게 생각할까? 행운은 믿지도 않고 쳐다보지도 않을까? 철저하게 자신의 노력과 땀만이 모든 것을 결정하고 성과를 낸다고 믿을까? 행운은 자신이 제어할 수 없는 영역이라 무시해 버릴까?

부자들이 행운을 믿지 않는다는 말은 일견 맞지만 정확한 사실은 아니다. 행운을 믿지 않는 것이 아니라 행운을 내 편으로 만든다. 진인사대천명(盡人事待天命)이라고 할 일을 다 하고 하늘의 뜻을 기다린다는 말이 있다. 최선을 다한 후에 나머지는 할 수 있는 일이 없으니 하늘에 맡긴다는 뜻인데 부자들은 결코 그렇게 생각하지 않는다.

대한민국 부자들에 대한 거의 최초의 보고서 격인 한상복의 《한국의 부자들》을 보면 노력과 행운의 상관관계에 대해 100명의 부자들에게 설문조사를 했을 때 운을 믿지 않는다는 사람은 단 한명이었고 1명은 운이 70% 이상이라 대답했다. 설문에 응한 대다수의 부자들은 성공에 운이 50% 정도는 차지한다고 대답했다. 운을 무시하지 않는다는 뜻이다.

아무리 노력을 해도 뜻대로 되지 않는 사람들이 있다. 운이 지독히도 없다고 스스로 이야기하지만 정작 그 사람은 운이 없는 것이 아니라 주변 제반 사항을 제대로 살피지 않았고 사회의 전반적인 변화를 모르는 경우가 대다수이다.

예전에 도서대여점이 우후죽순으로 생겨날 때 필자의 친구도 창업을 했다. 그야말로 대박이 났다. 겨우 20대 후반에 시작한 자영업이었는데 한 달에 당시 돈으로 최소한 5백만 원은 벌었다. 그 후 몇 년이 지나 워낙 책 읽기를 좋아하는 필자도 도서대여점을 창업했는데 결국에는 실패했다. 필자가 창업할 때 이미 그 친구는 도서대여점을 다른 사람에게 권리금까지 받고 팔고 다른 사업을 했고 도서대여점은 점점 망해가는 시기였다. 그런 사전 조사도 제대로 하지 않고 그저 앉아서 책도 읽고 돈도 벌겠다는 순진한 생각만으로 시작한 창업은 권리금은 커녕 책값도 제대로 받지 못하고 떨이로 처리해야 할 정도로 쫄딱 망했다.

하필이면 도서대여점이 끝물인 시점에 시작했으니 운이 지지리도 없다고 한탄하고 세상이 내 노력을 몰라준다고 하소연할 수도 있겠지만, 당시 도서대여점 업계의 변화를 분석도 하지 않고 인터넷의 발달과 함께 시장이 온라인으로 넘어간 사실을 알지도 깨닫지도 못한 내 잘못이 더 컸다고 할 수 있다. 상대적으로 필자의 친구는 엄청난 행운의 주인공인가 하면 그것도 아닌 것이 그 친구는 창업을 하기 전에 충분히 조사를 하고 고등학교 학생들의 통학로에 있는 가게를 인수했고 어느 정도 시장이 죽어간다는 것을 느껴 깨끗하게 팔고 나온 것이다.

사람들이 알 수 없을 정도로 엄청난 노력을 하는 것이 부자이다. 땀은 배신하지 않는다고 믿지 말라. 땀도 배신한다. 아무리 최선의 노력을 다해도 망할 수밖에 없는 상황에서는 망하게 마련이다. 운도 내 편으로 만드는 노력이 필요하다. 아니 운이 내 편이라 믿는다. 내가 하는 일은 무엇이든지 잘된다는 믿음으로 일을 하는 것이다.


이상하게도 자신이 하는 일마다 운이 좋게 따른다고 하는 부자를 많이 만난다. 그들이 그런 말을 하는 것은 자기 최면이다. 운이 좋다고 스스로 최면을 걸어 하는 일이 잘 풀릴 것이라 믿는 것이다. 분명 일이 잘 풀리지 않아 막힐 때도 있고 어려움이 올 때도 반드시 있을 것이다. 이럴 때 좌절하고 실망하는 것이 아니라 '나는 운이 좋은 놈이야'라는 믿음으로 해 내는 것이다.

'하늘은 스스로 노력하는 자를 돕는다'는 바로 행운에 대한 이야기이다. 행운은 그냥 찾아오는 것이 아니라 노력을 통해 행운을 내 것으로 만든다는 것이다. 혹시 '나는 운이 없다'는 자조 섞인 푸념을 하는가? 이보다는 '나는 운이 좋다'라고 외쳐야 한다. 로또마저도 꾸준히 구입하는 노력이 빛을 발하는 노력의 산물이라고 하면 억지스러울 수 있어도 노력하는 자에게 운이 찾아오는 것이다.

행운은 자신의 편이라고 믿는 것은 자신감의 표현이다. 자신감이 없다면 그런 말은 하지 못한다. 운이 없다고 생각한다면 당신은 자신감이 없는 것이다. 자신감으로 무장해서 일을 해도 부족한데 자신감이 없는 사람에게 운이 따라오지는 않는다. 자신감을 갖고 일을 해라. 부자들이 지금까지 성공한 비결이다. 행운은 자신감 있게 행동하는 당신에게 운명처럼 찾아오는 당연한 결과이다.

· 한상복 저, 《한국의 부자들》, 위즈덤하우스
· 박용석 저, 《재테크의 99%는 실천이다》, 토네이도

# 목표 달성하는
# 방법을 안다

야구에서 홈런은 관객을 즐겁게 한다. 전통적으로 홈런 타자는 가장 높은 연봉을 받는다. 스트라이크를 당해도 호쾌하게 방망이를 휘둘러 홈런이나 안타를 때리면 훌륭한 선수였고 팀에 큰 도움이 되는 선수로 여겨졌다. 오클랜드 애슬레틱스의 빌리 빈 단장은 새로운 개념을 들고 나왔다. 야구는 어떤 방법으로든 살아서 나간 후에 홈으로 다시 불러들여와 점수를 내면 된다는 것이다.

그러면서 모든 팀들이 고액의 연봉으로 홈런 타자와 타율 높은 타자를 영입하던 시기에 출루율이라는 부분에 집중했다. 안타를 때려 1루에 나가거나 포볼로 1루에 나가거나 중요한 것은 1루에 진출하는 것이고, 1루 주자를 다시 홈으로 불러오는 타자들이 즐비하면 점수를 내서 경기를 이길 수 있다는 점에 주목해서 일약 센세이션을 불러일으켰다.

당시 좋은 성적을 내지 못하던 오클랜드 애슬레틱스의 빌리 빈 단장은 타 팀에서 저평가 되었지만 출루율이 높은 선수들을 영입하기 시작한 2002년에 무려 20연승이나 거두며 모든 팀들에게 두려움을 선사했다. 이후로 오클랜드 애슬레틱스는 꾸준히 플레이오프에 나가는 훌륭한 팀으로 변모했다.

홈런 타자였던 빌리 빈 단장은 자신이 선수시절에 경험했던 실패를 교훈 삼았다. 당시에 몸매가 좋고 호쾌하게 방망이를 휘두르는 선수는 결국에 좋은 성적을 낼 것이라는 스카우터들의 감에 의한 선발로 메이저리그에 입성했지만 초라한 성적으로 실패한 것을 반면교사로 삼아 야구의 본질에 집중해서 이뤄낸 성공이었다.

이후로 메이저리그는 빌리 빈 단장의 개념을 장착하여 홈런과 타율도 중시하지만 출루율이 높은 타자를 중요하게 여기고 있다. 2014년에 FA를 통해 텍사스와 7년 1억 3000만 달러에 계약한 추신수의 사례를 보더라도 변화된 면모를 볼 수 있다.

결국 출루율이라는 것은 일관성에 대한 이야기이다. 홈런이나 안타는 기복을 탈 수밖에 없다. 어떻게 하든 1루로 출루하고 2루에 가서 홈까지 들어오는 선수를 보유하고 있는 팀은 편안하게 점수를 올려 승리의 가능성이 그만큼 커질 수 있다는 걸 발견한 빌리 빈 단장처럼 부자들은 자신이 세운 목표를 달성하기 위한 방법을 먼저 따져보고 고려한다.

목표를 세우고 노력한다고 해서 꼭 성공하는 것은 아니다. 누구나 다 목표를 세우고 노력해서 성공한다면 이 세상은 성공한 사람들로 가득할 것이다. 하지만 성공한 사람들로 가득하지 않은 이유가 있을 것이다. 당신이 현재 세운 목표가 무엇이든지 그 목표를 달성하기 위한 기본적인 요소와 방법에 대한 고민을 하고 문제를 해결하는 것이 중요하다.

목표를 달성하기 위해 노력한다고 해도 성공한다는 보장은 없지만 힘들고 어렵더라도 포기하지 않고 끝까지 노력하는 것이 중요하다. 힘들면 포기하고 어려우면 좌절하고 하다가 포기하는 것은 누구나 한다. 자신이 세운 목표를 달성하기 위해 일관성 있게 노력하는 것이 중요하다. 야구에서 3할의 타율을 10년 동안 유지한 선수는 현재 슬럼프로 20타석 1안타일지라도 신기하게도 시즌 말미에 가면 3할의 타율을 유지하는 것과 같다.

이러한 일관성은 자신뿐만 아니라 주변 사람들에게도 영향을 미친다. 어떤 상황에서도 일관성 있는 행동을 보여준 사람에게는 믿음이라는 것이 생긴다. 비록 현재는 좋지 못한 상황일지라도 지금까지 그가 보여준 일관성이 그를 믿게 만든다. 부자들이 일희일비(一喜一悲)하지 않고 소탐대실(小貪大失)하지 않는 이유다.

일관성은 통제 불가능한 상황을 예방하고 예측 가능한 상황으로 만들어준다. 자신이 세운 목표를 향해 달려나갈 때 좋을 때도 있고 나쁠 때도 있지만 일관성 있게 추진하고 실행하면 평균회귀의 법칙에 따라 평균율이 나오게 된다. 좋을 때나 나쁠 때나 평균율에 따른 데이터를 근거로 대처할 수 있게 되는 것이다.

누군가에게 일을 맡기거나 함께 일을 추진하려고 할 때 실적이 들쭉날쭉하고 평균조차도 헤아릴 수 없는 사람과, 어려울 때나 좋을 때나 실적에 대한 평균적인 통계를 보여주는 사람 중에 어떤 사람과 함께 일하고 싶겠는가? 말할 것도 없이 평균적으로 예측가능한 사람과 일을 해야만 성공할 확률이 높아지고 이런 사람들이 부자가 될 가능성도 큰 것이다.

당신이 투자하는 대상이나 창업하려는 사업처에도 중요하게 볼 지표는 일관성이다. 일관성 있는 매출을 보이고 있는지, 이익이 널뛰는 것이 아니라 일정하게 꾸준히 오르고 있는지를 따져서 추세가 좋아지는지 여부가 파악된다면 목표를 달성하는데 엄청난 참고가 되어 실패할 확률을 줄여준다.

당장 눈앞에 보이는 수익에 현혹되거나 손해에 낙담하면 안 된다. 일시적인 환호와 실망은 무시하고 전체를 관통하는 추세를 지켜보면서 일관성이 어떤 방향으로 향하고 있는지 주시할 때 당신의 목표를 보다 현실적으로 따져보고 가늠할 수 있게 된다.

목표를 설정하고 목표 달성을 위한 여러 요인을 살펴볼 때는 일관성을 유지하면서 다양한 상관관계와 인과관계를 따져봐야 한다. A가 증가할 때 B도 증가한다면 양의 상관관계이고 B가 감소한다면 음의 상관관계이다. A로 인해 B가 증가하거나 감소한다면 인과관계에 있다고 한다.

선택에는 결과물이 따라온다. 선택으로부터 생긴 결과물이 인과관계인지 상관관계인지를 파악하는 것은 향후에 비슷한 상황이 생겼을 때 실수를 반복하지 않게 만들고 성공을 지속시켜주는 힘을 발휘한다. 감에 의존하여 내린 결과물은 좋을 수도 있고 나쁠 수도 있다. 그러나 감에 의한 성공이나 실패는 지속되지 않는다.

목표를 달성하거나 실패한 이유에 대한 정확한 파악이 중요하다. 어느 누구도 실패나 성공을 계속 반복하지는 않는다. 누구나 성공이나 실패를 할 수 있다. 성공은 늘리고 실패는 줄여야 하는데 일회적인 성공이나 실패가 아닌 궁극적인 성공을 위해서는 다양한 변수에 대한 데이터를 해석할 때 상관관계와 인과관계에 따른 통계를 유념해서 이들에 대한 추세가 일관성이 있는지 유추하고 스스로에게 적용하는 것이 중요하다.

목표는 간절히 원하고 무대포로 노력한다고 해서 달성되는 것이 아니다. 아무리 노력해도 실패할 수 있다. 노력하지 않는 사람은 단 한 명도 없다. 누구나 노력은 한다. 그럼에도 목표를 달성하는 사람이 있고 실패하는 사람이 있다. 주먹구구식으로 노력해서 부자가 되는 시기는 지났다. 고도성장기처럼 별다른 노력 없이 운에 편승한 부자가 나오는 시절이 아니다.

명확한 목표를 세우고 그 목표를 향해 도전하는 사람만이 부자가 될 수 있다. 목표를 달성하기 위한 방법은 당신이 무엇을 하든 일관성을 갖고 하는 것이다. 일관성을 유지하기 위해서는 선택에 따른 결과물 데이터를 근거로 통계를 내고 상관관계와 인과관계를 파악해서 좋을 때나 나쁠 때나 평균을 유지하도록 노력하면서 현실을 직시하는 것이다.

· 마이클 모부신 저, 서정아 역, 《내가 다시 서른 살이 된다면》, 토네이도
· 마이클 루이스 저, 김찬별, 노은아 역, 《머니볼》, 비즈니스맵

# 숫자에
# 속지 않는다

기상 캐스터가 다음과 같이 일기를 예보했다. "이번 주 토요일에 비가 올 확률은 50퍼센트이고 일요일에 비가 올 확률도 50퍼센트입니다. 따라서 주말에 비가 올 확률은 100퍼센트입니다." 이 말을 듣고 당신은 분명히 잘못 되었다고 느끼면서 웃을 것이다. 토요일에 비가 올 확률과 일요일에 비가 올 확률을 합쳐 주말에 비가 올 확률이 100퍼센트라는 논리는 맞지 않기 때문이다.

미국 9·11 테러로 많은 승객들이 죽는 장면을 목격한 미국인들은 비행기를 타고 가야 하는 거리마저도 자동차를 이용했다. 9·11 사건 이후 도로 사용량이 증가한 결과 12개월 동안 무려 1,600명이 자동차

사고로 목숨을 잃었다. 9·11 사건 때 테러리스트에게 납치당한 비행기 승객은 256명이다. 비행기의 위험성을 목격한 사람들이 위험을 피하려다 더 많은 사람이 목숨을 잃은 것이다.

몇 년 전에 신종플루가 전 세계적으로 유행을 했다. 우리나라에도 신종플루가 상륙했고 WHO(세계보건기구) 전문가들은 전 세계에서 최대 20억 명이 감염될 것으로 추산했다. 당시에 우리나라에서도 신종플루 치료제인 타미플루가 없어 난리였지만 타미플루가 신종플루를 예방하거나 완치된다는 자료는 없었다. 타미플루를 사재기했던 각국 정부는 나중에 폐기처분한다. 후에 밝혀진 결과로는 WHO 전문가들이 타미플루 제조사와 결탁했다고 한다. 당시에 우리 아이도 감기 기운이 있어 대형병원에서 검사를 하고 약을 처방받았는데 이미 감기가 사라진 후 며칠 있다가 신종플루에 걸렸다는 통보를 받았었다. 신종플루로 사망한 숫자가 감기로 인한 사망자 숫자보다 적다는 결과도 나왔다.

평일 낮이면 TV에서 방영하는 광고 중에 보험광고가 많이 나온다. 이 중에 이런 광고가 있다. "한국인 3명 중에 2명은 암으로 사망합니다."라는 문구와 함께 공인된 협회에서 발표했다는 공신력까지 덧붙인다. 여기서 생략된 부분은 이렇다. 한국인의 사망자 중 대다수는 노인이다. 현재 한국인의 평균 수명을 대략 80세로 볼 때 사망자의 대다수인 노인은 병으로 사망한다. 그것도 대부분 암으로 사망한다. 20대에서 60대까지가 암으로 사망할 확률은 상대적으로 희박하다.

제시된 숫자를 보고서 즉각 이상하다고 생각한 사람도 있을 것이고, 많은 사람들이 제시된 숫자가 잘못된 정보라는 것도 모른 채로 지금까지 믿고 있었을 것이다. 우리가 보는 숫자는 사실이 아닐 수도 있고 과장된 표현일 수도 있고 중요한 것이 빠져 있는 의도된 숫자일 수도 있다.

현대는 숫자의 과잉시대이다. 각 개인의 이름을 몰라도 주민번호라는 숫자로 표현할 수 있다. 문제는 우리가 숫자를 철석같이 믿는다는 것이다. 우리가 보는 숫자가 진실이고 거짓이 포함되지 않았다고 믿는다. 입으로 하는 말이나 글은 거짓이 있을 수 있다고 의심을 해도 숫자는 공정하고 거짓이 포함될 수 없다고 믿고 의심조차 하지 않는다.

어느 날 한 통의 편지를 받는다. 다음 달 주가에 대한 예측이었다. 보자마자 즉시 휴지통에 넣었다. 다음 달에도 똑같은 편지가 왔다. 마찬가지로 다음 달 주가에 대한 예측이었다. 이번에는 호기심에 버리지 않고 확인을 했는데 예측대로 움직였다. 다음번에 온 편지를 오자마자 확인을 하고 다음 달에도 예측대로 움직인 것을 확인하고 더 이상 의심하지 않았다. 이토록 대단한 사람이라면 무조건 내 돈을 불려줄 것이라 믿고 직접 만나 상담을 통해 돈을 맡겼다. 그 후에 사기당한 것을 알게 되었다. 우연히 친구와 만나 술자리에서 이야기를 나누던 중에 그 친구도 그런 편지를 받은 적이 있다는 것을 알게 되었다. 그런데 친구는 사기를 당하지 않았다. 어떻게 된 일인지 자세히 밝혀보니 이러했다. 무작위로 10,000명을 골라 5,000명에게는 주가가 오른다는 편지를 5,000명에게는 떨어진다는 편지를 보낸다. 이 중에 5,000명은 예측이 틀렸으니 무시하지만 남은 5,000명은 예측이 맞아 기억을 하게 된다. 또다시 2,500명에게는 오른다는 편지를 하고

2,500명에게는 떨어진다는 편지를 보낸다. 이러면 2,500명은 예측대로 움직인 주가에 마음이 흔들린다. 2,500명에게 또다시 편지를 보내면 이제 1,250명으로 줄어들고 다시 625명까지 줄어든다. 남은 이들에게는 무려 4번 연속 주가지수에 대한 예측이 맞아떨어진 것이다. 더 이상 참지 못한 몇몇 사람들에게서 연락이 온다. 이것만으로도 충분하다. 친구가 받은 편지는 진즉 예측이 틀렸던 것이다. 확률상 50%였지만 4번 연속 맞혔다는 숫자에 속아 넘어간 것이다.

분명히 나에게 온 편지에서 거짓은 단 하나도 없었다. 100% 진실이었다. 이런 일들이 비일비재하다. 지금도 당신이 확신하고 있는 것들에 숫자가 결부되어 있으면 무조건 믿는가? 사람들은 상대방을 설득하기 위해서 많은 숫자를 제시하고 숫자로 공신력을 증명하여 거짓 없는 진실이라 믿게 만든다. 당신이 보고 있는 신문에서 기자들은 기사에 공신력을 부여하기 위해 숫자를 제시한다. 권위 있는 전문가가 나와 자신의 주장을 입증하기 위해 숫자를 내세울 때도 대부분의 사람들은 전문가의 주장에 의심을 하지 않는다.

확률, 통계, 수익률, 나이, 주민번호 등등 이 세상은 숫자로 구성되어 있다고 해도 과언이 아니다. 현재 우리가 매일같이 활용하는 인터넷도 그 안에 숨어있는 알고리즘들은 전부 숫자로 이뤄져 있다. 과거에는 직감과 통밥이라는 다소 비과학적인 요소로도 판단하고 결정했지만, 이제는 확실한 숫자로 모든 것이 표시되고 결정된다. 하지만 직감이라는 것은 한 개인이 갖고 있는 경험의 총집합이라 오히려 잘못된 것에 현혹되지 않는다는 연구결과도 있다.

A라는 기업의 주가가 10,000원에서 9,000원으로 떨어졌다. 숫자가

변했다. 이 기업의 매출과 영업이익 등은 변한 것이 없다. 1,000원 떨어진 숫자에 사람들이 반응해서 주식을 팔아버린다. B라는 기업의 주가는 10,000원에서 11,000원으로 올랐다. 마찬가지로 변한 것은 없는데 사람들은 주식을 산다. 현재 당신이 보는 주가라는 숫자에 속으면 안 된다.

아침에는 도토리 3개를 주고 저녁에는 도토리 4개를 준다고 하자 화를 내는 원숭이들에게 아침에는 도토리 4개를 주고 저녁에는 도토리 3개를 준다고 하자 만족했다는 조삼모사의 고사성어에는 합산되어 받는 도토리 숫자는 7개이지만 먼저 제시되는 숫자가 더 크다 보니 당장의 만족에 흡족해 하는 우리의 평소 모습이 보인다고 해도 과언이 아니다. 나는 그런 바보 같은 짓은 하지 않을 것이라고 자신하는가?

수없이 많이 제시되는 숫자에 속지 말아야 한다. 숫자는 절대로 거짓말을 하지 않을 것이라고 믿지도 말아야 한다. 숫자 자체가 당신을 속이지는 않는다. 숫자를 제시하는 사람이나 기관이 당신을 속이는 것이다. 아주 살짝만 비틀고 바꿔도 숫자의 의미는 달라지고 그 안에 숨겨져 있는 진실을 감출 수 있는 것이 바로 숫자의 마법이다.

당신을 속이려 하고 이용하려는 사람들은 당신에게 가장 확실하고도 정확한 숫자를 제시할 것이다. 의심할 여지없이 숫자는 당신을 사로잡고 절대적인 믿음을 주게 되겠지만 숫자는 숫자일 뿐이다. 그 이면에 숨어있는 속뜻을 살펴보고 숫자 너머에 있는 본심을 파악해야 한다. 거짓으로 위장한 숫자에 속지 마라!

미국에서 일하기 좋은 100대 기업에 포함되고 2만 명이나 되는 직원을 거느린 엔론은 미국 역사상 가장 큰 회계부정으로 망했다. 어느 누구도 그토록 큰 회사가 숫자를 속일 것이라고는 의심하지 못했다. 엔론을 믿고 투자한 투자자들도 회사를 다닌 사원들도 전부 가공된 숫자에 속아 주식을 매수해 주가는 하늘 높은 줄 모르고 올랐지만 결국에는 모든 것이 밝혀져 회장은 감옥에 가고 담당 회계법인은 문을 닫고 말았다.

숫자에 속지 말아야 한다. 냉정하게 숫자에 현혹되지 말고 숫자 뒤에 숨어 있는 진실을 파악하기 위해 노력해야 한다!

· 카이저 펑 저, 황덕창 역,《넘버스, 숫자가 당신을 지배한다》, 타임북스
· 게르트 기거렌처 저, 전현우, 황승식 역,《숫자에 속아 위험한 선택을 하는 사람들》, 살림출판사
· 게르트 기거렌처 저, 강수희 역,《지금 생각이 답이다》, 추수밭

# 군중심리를 조심하고 앞서간다

　강남역 사거리에서 횡단보도를 건너는 한 사람이 갑자기 중앙차선에서 손가락으로 하늘을 가리키며 멈췄다. 어느 누구도 이 사람의 행동에 주의를 기울이지 않고 갈 길을 재촉했다. 다시 파란 불이 켜진 후에 이번에는 세 명의 사람이 동시에 아무 말 없이 손가락으로 하늘을 가리키자 지나가던 사람들이 발걸음을 멈추고 세 명이 가리키는 지점으로 고개를 돌려 봤지만 그곳에는 아무것도 없었다.

　어느 교실에 학생들을 모아놓고 간단한 실험을 했다. 실험 대상 학생은 이 사실을 모르는 채로 진행되었다. 교단에 있는 사람이 빨간 색을 보여주며 무슨 색인지 맞혀보라고 하자 실험 대상자는 자신 있게 빨간색이라 말한다. 그런데 다른 학생들은 전부 주황색이라고 하는 것이다. 잠시 후 이번에는 두 개의 선을 보여주며 어떤 선이 더 긴지에 대한 질문에 실험 대상 학생을 제외하고는 전원이 다른 선을 가리켰다. 마지막으로 육각형을 보여주자 모든 학생들이 오각형이라 했다. 실험 대상 학생은 주변의 의견에 동조해서 분명히 육각형인 모형을 오각형이라 인정하면서 어리둥절해한다.

위의 두 가지는 실제로 EBS에서 방영한 〈인간의 두 얼굴〉에서 가상으로 설정한 실험이었지만 대부분의 실험 대상자들이 다수의 시선에 따라 특정 지점을 쳐다보고 특정 의견에 수긍을 했다. 한 명이 볼 때는 관심도 없는 행동이 다수가 되자 의미를 갖게 되고 자신이 옳다고 판단한 결정마저도 다수가 내린 결정에 이의를 달지 못하고 동조를 하고야 만다.


프랑스의 루이 15세 때에 존 로라는 인물은 당시 통용되던 귀금속 화폐를 종이 화폐로 바꾸자는 제안을 한다. 종이 화폐는 연금술사들이 그토록 꿈꿔오던 돌을 금으로 만든 마법이라 할 수 있었다. 당시 재정적자로 2번의 파산까지 겪었던 프랑스는 종이 화폐로 인해 부채를 점점 줄일 수 있었다. 이에 존 로는 식민지로부터 이득을 취하고 있던 동인도회사를 인수해 미시시피 주식회사로 바꾸고, 이곳을 통해 프랑스 국가부채를 주식으로 전환했는데 이 주식이 올라야만 부채가 더욱 줄어들 수 있었다. 미시시피 주식회사의 주식을 대량으로 발행하면서 미시시피의 수익을 조작해서 미시시피 주식회사의 주가는 천정부지로 올랐다.

게다가 주식 보유자들에게 주식을 담보로 돈을 빌려주고 그 돈으로 다시 주식을 사게 하여 주식은 하늘 높은 줄 모르고 치솟아 광기로 돌변하기 시작한다. 어느 누구도 미시시피 주식회사의 주가가 떨어질 것이라 의심하지 않았다. 결국 인플레이션으로 인해 사람들은 조금씩 주가를 의심하게 되고 종이 화폐를 귀금속 화폐로 바꾸고 싶어도 바꿀 수 없게 된 것을 알게 되는 순간 반대로 모든 사람들이 미시시피 주식회사의 주식을 팔기 위해 난리가 났다. 미시시피 주식회사의 주식을 구입한 모든 사람은 파산했고, 이 부채가 고스란히 프랑스의 짐이 되어 국민들의 삶도 피폐해졌다.

프랑스 혁명까지 이끌어낸 엄청난 광기를 동반한 버블이 바로 미시시피 주식 버블인데 당시에 만유인력의 법칙을 발견한 뉴턴도 초기에는 미시시피 주식회사를 통해 돈을 벌었지만 결국에는 대중의 부화뇌동에 동참한 결과로 모든 돈을 잃고서는 "나는 천체의 움직임은 추측할 수 있어도 인간의 광기는 도저히 추측할 수 없다."라는 말을 했다. 왕립학회 회장으로 가장 똑똑하다고 하는 뉴턴마저도 인간들이 벌이는 군중심리에서 자유롭지 못한 평범한 인간이었던 것이다.

2008년 금융위기 당시에 미국은 부채로 모래성을 쌓은 사람들이 태반이었다. 주택 가격의 90~100%까지 대출을 받아 주택을 구입한 후에 주택 가격이 오르자 다시 오른 가격으로 대출을 받을 수 있었다. 자신의 실제 수입과는 전혀 상관없이 부가 증식되었다는 착시현상은 중산층뿐만 아니라 이자도 제대로 감당하지 못하는 계층에게까지 전염성 탐욕으로 번져 누구나 대출을 받아 주택을 구입하고, 이처럼 주택 가격이 오르는 추세가 끝까지 갈 것이라 믿었다. 그러나 그 민낯이 터지자마자 거리로 쫓겨난 개인들과 이에 관련 있는 금융기관, 기업들마저도 망가지고 말았던 것을 우리는 두 눈으로 똑똑히 지켜보았다.

군중심리에서 자유로운 사람은 없다. 사람은 군중 무리에 섞여 있을 때 편안함을 느낀다. 원시 시대 인간은 자신보다 큰 동물 앞에서 힘없는 존재였다. 생존을 위해서는 혼자 다닐 수 없었다. 살아남기 위해 무리를 이루고 우연히 만나게 되는 짐승보다 큰 대형을 유지해야 살아남을 가능성이 컸다. 아무리 힘센 자라도 혼자서 모든 짐승을 물리칠 수 없기에 무리를 지어 다녔다. 더구나 도구를 사용하기 전의 인간은 기껏해야 돌을 던져 짐승을 쫓아내는 것이 고작일 뿐이었다.

원시 시대부터 각인되고 유전된 DNA는 현대에 와서도 여전히 인간의 무의식에 막강한 영향력을 미치고 있다. 유치원에서부터 대학교에 이르기까지 단체 생활을 해야만 하고, 회사에 다녀야만 제대로 된 사람 취급을 받는다. 혼자서 무엇을 한다는 것은 많은 위험을 감수해야 하는 것은 물론이고 주변 사람들의 걱정마저 독차지한다. 잘못되었어도 다수의 군중에 속하면 그 자체로 힘이 될 수도 있다. 개인의 실수나 실패는 거들떠보지도 않지만 군중이 저지른 실수나 실패는 국가 차원에서도 도와주지 않을 수 없는 것이 바로 군중의 힘이기에 사람들은 될 수 있는 한 군중에 속하려고 한다.

부자들은 남들이 가지 않는 길을 간다. 시인 로버트 프로스트의 〈가지 않은 길〉에서 남들이 가지 않은 길을 가야한다는 표현처럼 남들이 가는 길에는 의식적으로도 따라가지 않으려 한다. 남들보다 먼저 그 길을 갈지언정 남들이 전부 가는 길을 굳이 뒤늦게 따라가려 하지 않는 것이 부자의 생존 요건이다. 절대로 남을 뒤쫓아서는 안 된다. 힘들고 어려워도 참고 극복해야 한다. 당연히 혼자 가는 길은 외롭고 고독한 여정이다.

금 채굴을 하던 사람이 사망을 했다. 이 사람이 간 곳은 베드로가 천국과 지옥을 결정하는 곳이었는데 금 채굴을 하던 사람들이 대부분 죽어 도착하는 곳이었다. 너무 많은 사람들이 바글바글하자 이 채굴꾼은 큰 소리로 외쳤다. "지옥에 금이 발견되었다!" 그 외침과 함께 모든 채굴꾼들이 득달같이 지옥문으로 몰려갔다. 느긋이 베드로 앞에 선 이 채굴꾼에게 베드로가 천국문으로 들어가라고 하자 그는 나직이 말했다. "저렇게 많은 사람들이 지옥문으로 가는 것을 보면 지옥에 금이 있는 것이 확실하군." 이 말과 함께 그는 지옥문으로 들어갔다.

이와 같이 사람들은 지옥이라고 해도 다수의 사람들이 가는 곳을 가려 한다. 함께 있을 때 편안함과 안도감을 느끼고 혹시나 하는 걱정은 사라진다. 잘못될 수도 있다는 염려는 주변 사람들을 보며 무시하게 된다. 혼자라면 잘못될 수 있어도 이 많은 사람들이 잘못될 수는 없으리라고 서로가 서로를 보며 의지하고 있다는 사실을 모르고 있는 것이다.

다수의 군중이 가는 곳에 돈이 있고 기회가 있는 것도 사실이지만 그들을 쫓아가서는 돈도 기회도 없다. 그들보다 먼저 가서 기다려야만 나에게 돈도 오고 기회도 오는 것이다. 남들보다 먼저 MS-DOS를 퍼뜨린 빌 게이츠, MP3를 음악기계가 아닌 패션으로 먼저 결부시켜 우뚝 선 스티브 잡스, 핸드폰의 문자를 채팅할 수 있게 한 카카오톡에 투자한 김범수, 서비스와 신선한 당일 야채로 동네 야채가게를 성공시킨 총각네 야채가게 이영석 등은 군중들이 가는 곳을 함께 가는 것이 아니라 그들이 가려고 하는 곳을 먼저 선점해서 성공한 것이다.

군중심리에 함몰되지 않도록 노력하라. 자신도 모르게 군중에 섞여 있을 때 편안함을 느끼고 있다면 오히려 무엇인가 잘못 돌아가고 있다는 자각을 해야 한다. 현재 군중 속에서 무엇인가를 함께 하며 누구나 다 하는 것에 동참한다고 안심하고 만족하면 안 된다. 바로 그 지점이 위험신호다. 당신과 함께 있는 군중들은 당신에게 기회와 돈을 주는 것이 아니라 안도와 게으름을 줄 뿐이다.

주변 사람들이 주황색이라고 해도 빨간색이라고 봤으면 빨간색이라 말하고, 사람들이 다 함께 특정 지점을 가리켜도 자신의 갈 길을 가야 한다. 모두들 확실하다고 말할 때가 빠져 나올 때이고 모두가 위험하다고 할 때가 거꾸로 진입시점일 때가 많다. 결코 군중 속에 섞여 있지 말고 군중이 가려 하는 곳에 앞서가도록 하라!

· EBS '인간의 두 얼굴' 제작팀 저, 《인간의 두 얼굴》, 지식채널
· 에드워드 챈슬러 저, 강남규 역, 《금융투기의 역사》, 국일증권경제연구소
· 찰스 P. 킨들버거, 로버트 Z. 알리버 공저, 김홍식 역, 《광기, 패닉, 붕괴 금융위기의 역사》, 굿모닝북스
· 귀스타브 르 봉 저, 김성균 역, 《군중심리》, 이레미디어

# 푼돈의
# 중요성을 안다

　상대성 이론으로 유명한 아인슈타인은 "인간의 가장 위대한 발명 중의 하나가 복리이다. 세상의 8번째 불가사의다."라는 말로써 복리에 대해 설명했다. 복리는 원금에 이자를 더해 돌려받는 것으로 시간이 지날수록 원금에 이자에 이자가 붙어 기하급수적으로 늘어난다. 대표적인 상품으로는 사채가 있다. 사채가 무서운 것은 원금이 아니라 이자다. 원금보다 이자가 더 많은 이유가 바로 이자가 복리로 계산되어 원금을 초과하여 계속 늘어나기 때문이다.

　복리를 계산하기 위한 방법으로 72의 법칙이 있다. 원금이 두배가 되는 기간을 알고 싶으면 $\frac{72}{복리수익률}$ 를 하면 된다. 1억 원의 돈이 5%

의 복리수익률로 두배가 되는 기간은 $\frac{72}{5}=14.4$년이다. 조금 더 기간을 단축하고 싶다면 10%의 복리수익률에 투자하면 7.2년이면 된다. 반대로 원하는 돈을 만들기 위한 수익률을 알고 싶다면 $\frac{72}{투자기간}$로 계산하면 된다. 1억 원으로 10년 만에 2억 원을 만들고 싶다면 $\frac{72}{10}=7.2\%$에 투자하면 된다는 계산이다.

역사상 가장 바보 같은 거래 중의 하나가 인디언들이 단돈 24달러어치의 장신구와 구슬로 맨해튼을 팔아버린 것이라는 이야기가 있다. 피터 린치는 《전설로 떠나는 월가의 영웅》에서 결코 그렇지 않다고 단언한다. 1600년대 초에 24달러로 판 인디언들이 그 돈으로 8% 복리 채권에 투자했다면 1990년 기준으로 1,000억 달러 정도 하는 맨해튼의 시가에 비해 훨씬 많은 30조 달러나 되는 어마어마한 돈이 되었을 것이라고 이야기한다. 1600년대 기준으로 24달러는 결코 적은 돈이 아니었겠지만 그 돈을 복리로 투자했을 때는 비교도 되지 않을 만큼 어마어마한 금액으로 변하는 것이다.

부자들이 복리에서 가장 중요하게 여기는 개념은 바로 푼돈이다. 당장 눈앞에 보이는 푼돈은 당장 써 버려도 티도 나지 않는 금액이지만 그 금액이 복리로 누적되어 눈덩이처럼 굴러가면 엄청나게 큰돈이 된다는 것을 몸소 체험한 사람들인 것이다. 세계 최고의 부자 중 한 명인 워렌 버핏이 "100달러를 벌기보다 1달러를 아껴라."라고 한 이유는 당장 내 수중에 있는 1달러는 내가 활용할 수 있는 돈이지만 100달러는 미지수이기 때문이다.


자극의 강도와 사람의 감각 사이에는 일정한 비례관계가 있다는

'베버-페히너의 법칙'이 있다. 이게 무슨 말인가 하면 어두운 방에 양초 10개가 켜져 있을 때 1개를 더 켜면 방이 더욱 환해졌다고 느끼지만 양초 100개가 켜져 있을 때는 양초 1개를 더 켜도 차이를 느끼지 못하는 것을 말한다.

대형 마트에 가서 쇼핑을 하고 계산을 할 때면 어김없이 모든 사람들이 생각보다 많이 구입했다고 느낀다. 대형 카트를 끌고 다니며 이것저것 넣어도 대형 카트에는 가득 차 있다는 느낌도 들지 않는다. 꼭 필요하지 않아도 마트에서 보이는 물건을 카트에 담다 보면 자기도 모르게 몇만 원을 넘어 몇십만 원까지 지출이 되는 경우가 많다. 매번 어김없이 반복되는 푼돈이라 생각되는 지출이 과소비가 되는 경우다.

신차를 구입할 때 발생하는 지출도 마찬가지다. 자동차를 새로 구입할 때면 돈의 크기에 대한 개념이 달라진다. 이미 천만 원 이상 지출되다 보니 추가로 들어가는 옵션은 상대적으로 푼돈으로 보이게 된다. 갑자기 배포가 커진 것이다. 아마도 신차를 구입한 후에 나중에 추가로 옵션을 선택한다면 새롭게 머릿속에 프로그래밍된 가격으로 인해 신차를 구입할 시점의 옵션 금액의 반도 지출하지 않을 것이다. 이미 새로운 가격 저항선이 생겼기 때문이다.

필자가 월세를 구할 때면 월세에서 1만 원이나 2만 원을 깎아달라고 할 때가 있다. 얼핏보면 별 것 아닐 수 있다. 특히 주택을 구입하고 인테리어에 들어간 돈의 크기를 생각할 때 단 돈 1만 원 밖에 안 된다고 느낄 수 있지만 월세는 한 달 내고 끝나는 것이 아니라 1년이나 2년 계약을 하게 되면 1년 동안 12만 원에서 24만 원이나 되는 금액이고 2년으로 계약하면 무려 24만 원에서 48만 원이나 되는 큰 금액이다. 한 달 월세보다 많을 수 있는 금액이 되어버린다. 1만 원으로 치면 푼돈으로 보이지만 1년이나 2년으로 계산하면 상당히 큰돈이 되는 것이다.

주택 구입을 할 때도 최소 몇억 원이나 되는 금액을 지출하다 보니 대출을 받아 내는 이자 몇십만 원이 적게 느껴져서 무리한 액수로 대출을 받게 되는 경우가 많다. 자신이 매월 내야 하는 이자를 1년으로 따져보고 총 상환해야 할 금액까지 계산하면 엄청나게 큰 금액이 된다는 사실은 종종 잊게 된다. 이러다 보니, 얼마 되지 않아 보였던 이자가 누적되어 이자를 갚지 못해 부동산이 경매에 넘어가는 경우가 생긴다. 실제로 부동산 경기가 좋을 때 가격이 올라가는 추세를 보고 몇십만 원의 이자를 소홀히 여기고 구입했으나, 금융위기가 터진 후 부동산 가격은 떨어지고 수입도 줄어들어 견디지 못하고 경매로 나오는 부동산 물건이 많았다.

부자들이 푼돈을 아끼고 절약을 몸에 밴 습관으로 살아가는 이유가 바로 여기에 있다. 한두 푼을 아낀다고 하여 갖고 있는 자산에는 아무런 영향이 없겠지만 평소에도 푼돈을 허투루 쓰지 않는 것은 '베버-페히너의 법칙'에서 알 수 있듯이 작은 금액이라도 아끼려 노력하지 않으면 아주 사소하지만 중요한 돈을 놓칠 수 있다는 것을 알기 때문이다. 갑자기 벼락부자가 된 사람들이 얼마 못 가서 다시 제자리로 돌아가는 것도 이런 이유다.

전 세계적으로 가구를 새로운 관점으로 제시한 이케아의 회장인 잉바르 캄프라드는 세계 5위 정도의 부자이지만 "1원을 아끼면 1원을 번 것과 같다."는 말뿐만 아니라 34년 된 의자를 쓰고 16년 된 차를 몰고 다니며 할인쿠폰을 모아 쇼핑을 하고 대형할인점만 이용한다. 평소에는 대중교통을 이용하는데 이마저도 무임승차용 경로우대증 직원 카드를 사용한다. 심지어 크리스마스카드까지 재활용을 할 정도이다.

가족들의 전 재산을 합치면 실제 세계 1위에 해당하는 부를 소유하고 있는 월마트의 샘 월튼은 "월마트가 낭비하는 1달러는 고객의 주머니에서 나온다. 고객을 위해 1달러를 절약할 때마다 우리는 경쟁에서 한 걸음 나아가게 된다."라는 말을 하고 실제로 월마트 야구 모자를 쓰고 구형 포드 픽업트럭을 몰고 다닌다. 그의 절약 태도를 확인하기 위해 기자들이 일부러 1센트를 바닥에 흘려놓았는데 자동차를 타고 도착한 월튼이 내리자마자 1센트를 발견하고 허리를 굽혀 주웠을 정도이다.

세계 부자 순위 10위 안에 드는 워렌 버핏, 이케아의 잉바르 캄프라드, 월마트의 샘 월튼이 전부다 우리나라 돈으로 겨우 1,000원 밖에 안 되는 1달러 정도의 푼돈을 아끼는 것은 단순히 절약 때문이 아니라 작은 돈이든 큰돈이든 똑같은 개념을 갖고 접근하지 않으면 1억이나 10억마저도 올바른 판단을 내리지 못한다는 것을 알기 때문이다.

당신이 갖고 있는 1,000원과 이들이 갖고 있는 1달러는 똑같은 돈이다. 말할 것도 없이 똑같은 돈일지라도 누구에게 더 소중하고 누구에게 더 하찮은 돈이겠는가? 부자들에게 더 하찮은 돈이고 나에게 더 소중한 돈인데도 불구하고 푼돈을 대하는 자세를 보면 우리들은 반대로 하찮게 취급하고 부자들은 소중하게 취급한다. 혹시 이런 작은 차이가 부자가 되지 못한 결과를 가져오는 것은 아닐까?

지금 갖고 있는 1,000원이 몇십 년 후에는 1,000원이 아니라는 것을 부자들은 알고 있는 것이다. 복리, 페버-페히너 법칙을 의식하거나 몰라도 된다. 푼돈이라도 아끼려고 하는 당신은 이미 부자의 관점을 얻은 것이고 초입에 들어선 것이다.

참고
문헌

- 피터 린치, 론 로스차일드 공저, 이건 역 《전설로 떠나는 월가의 영웅》, 국일증권경제연구소
- 하노 벡 저, 배명자 역, 《부자들의 생각법》, 갤리온

# 변화를 두려워하지 않는다

: 부자의 습관과 태도를 읽는 눈 :

# 자기 자신을
# 바꾸고 계발한다

피뢰침을 발명하고 미국 건국의 기초를 세운 벤저민 프랭클린은 젊은 시절 똑똑했지만 남을 비판하기 좋아했다. 자신의 잘못된 행동을 깨달은 후에 이를 근본적으로 없애기 위해 그는 '배부르도록 먹지 마라', '쓸데없는 말은 하지 마라', '결심한 것은 꼭 실행하라', '말과 행동이 일치하도록 해라' 등의 4가지 실천 계획과 절제, 침묵, 질서, 결단, 검약, 근면, 성실, 정의, 온건, 청결, 침착, 순결, 겸손이라는 13가지 덕목을 세워놓고 지키려고 노력했다.

이러한 규칙들을 막연히 삶 속에서 실천하겠다는 다짐을 한 것이 아니라 일주일이나 한 달이라는 기간 동안 한 가지 덕목을 선정하여 그

덕목을 실천하면서 자신의 것으로 만들기 위해 노력했다. 그 후에 새로운 덕목을 자신의 것으로 만들어 인격을 후천적으로 완성해 나갔다.

벤저민 프랭클린이 스스로 정하고 실천한 덕목과 실천 계획은 현재의 동기부여와 자기 계발서의 시초가 되었다. 특히 그의 자서전은 자기계발 서적의 원조라 할 수 있다. 습관이 될 때까지 연습하고 마음가짐을 다스린 행동이 벤저민 프랭클린을 만들었다고 할 수 있다.

아파트에서 가장 비싼 자동차가 가장 먼저 주차장에서 사라지고 가장 늦게 주차된다는 이야기가 있다. CEO들의 모임 중에는 어김없이 새벽에 모이는 조찬모임이 많다. 가장 바쁜 삶을 사는 사람들이 자기 계발을 할 수 있는 시간이 새벽이라 새벽에 저자의 강연을 듣고 가볍게 조찬을 먹는 것이다.

인간은 누구나 게으름이 천성이다. 새벽형 인간이 유행하고 성공한 사람들에게 필수적인 요소로 보이지만 각자 자신의 성향에 따라 새벽형 인간 내지 야간형 인간이 될 수 있다. 다만 야간형 인간 보다 새벽형 인간이 많을 뿐이다. 새벽에 일찍 일어나 하루를 시작하면 하루를 보다 길게 활용할 수 있다는 장점이 있기 때문이다.

필자가 20대에는 새벽 3시 정도에 잠을 자고 10시 정도에 일어나는 습관을 가졌지만 회사를 다니면서는 아침 7시까지 출근을 했다. 10년이 넘는 기간 동안 야간형 인간으로 살았기에 초반 적응에 어려움을 겪었지만 결국 새벽형 인간으로 변신을 했는데 그러기 위해서는 딱 하나만 지키면 되었다. 11시에서 12시 사이에 잠을 자면 되었다. 더도 말고 덜도 말고 잠자는 시간을 앞당긴 습관만으로도 가능할 수 있었다.

푼돈을 아낀다는 말도 결국에는 습관의 중요성을 말하는 것이다.

작은 것도 아끼지 못하는 습관은 소탐대실의 힌트를 제공한다. '깨진 유리창 법칙'이라는 것이 있다. 유리창의 구석이 깨진 것을 놔두면 주변에 있는 유리창들마저 전부 깨져버리기 때문에 빨리 새로운 유리로 바꿔야 한다는 것이다. 아주 작은 차이가 쌓여 큰 차이를 만든다는 이야기다.

'작심삼일'이라는 말도 습관이 얼마나 바꾸기 힘든지를 알려주는 한 자성어이다. 잘못된 습관을 고치기 위해 노력을 해도 삼일이 못 되어 원래대로 돌아간다는 것이다. 한번 잘못 길들여진 습관은 죽을 만큼의 노력을 해야 겨우 버릴 수 있다. 부자들은 이 점을 중요하게 생각한다. 작은 습관도 변화시키지 못하는 사람을 믿을 수는 없기 때문이다.

사회 지도층 중에서는 담배를 피우는 사람들이 드물다. 그들이라고 처음부터 담배를 피지 않은 것은 아니다. 담배를 피우다 안 좋은 영향을 미친다는 것을 깨닫고 스스로 끊은 것이다. 그런 이유로 담배를 끊지 못하는 사람은 자기 절제도 하지 못하는 사람으로 낙인이 찍혀 자신들의 커뮤니티에 받아들이지 않는 경우도 있다. 그 정도의 절제도 하지 못하는 사람과는 어떤 사업도 할 수 없다는 방증이다.

"하루를 연습하지 않으면 내가 알고, 이틀을 연습하지 않으면 동료가 알고, 사흘을 연습하지 않으면 관객이 안다." 세계적인 바이올리니스트인 장영주를 비롯한 많은 대가들이 여러 번 반복해서 사람들에게 들려준 이야기다. 몇 년 정도의 연주 스케줄이 꽉 차있는 장영주이지만 단 하루도 연습하지 않으면 다른 사람들이 알기 전에 자신이 먼저 알게 된다는 뜻인데 과연 우리는 자신이 하는 일에서 어떤 태도로 임하고 있는가?

　부자라고 처음부터 부자인 사람이 어디 있었겠는가? 그들도 처음에는 우리와 똑같이 평범한 사람이었지만 스스로를 끊임없이 개선하고 노력한 결과로 성취를 얻은 것이다. 자본주의 사회에서의 성공에는 부가 전리품처럼 따라온다. 부를 형성한 사람은 분명히 달라도 무엇인가가 다르다.

　그토록 하기 싫어하는 것을 하고 미루는 습관을 이겨내고 아주 조금이라도 남들이 꺼리는 것을 해낸 사람이다. 일신우일신(日新又日新)은 날이 갈수록 새로워진다는 뜻인데 바로 벤저민 프랭클린이 해낸

행동이다. 갑자기 무엇인가를 이루려고 노력하는 것은 힘들다. 부자
들도 처음부터 해낸 사람들이 아니다. 차근차근 하나씩 밟고 올라가
서 지금의 부를 형성한 것이다.

혹시 내가 현재 부자가 아닌 이유가 자신에 대한 개발(무엇을 하기 위
한 지식이나 재능에 대한)과 계발(잠재된 재능을 일깨우는)을 게을리하고
올바른 습관을 만들기보다는 잘못된 습관을 무의식적으로 반복한 결
과인지도 모른다.

아주 작고 사소한 부분부터 변화하도록 노력하는 것이 부자로 가는
지름길이다. 스스로 필요한 것 딱 하나만 노력해서 변화를 이뤄내면
이제 그 출발을 시작한 것이다.

· 벤저민 프랭클린 저, 정혜정 역, 《덕의 기술》, 21세기북스
· 토머스 J. 스탠리, 윌리엄 D. 댄코 공저, 홍정희 역, 《이웃집 백만장자》,
  리드리드출판

# 실패를
# 두려워하지 않는다

애플이라는 제품으로 컴퓨터에 새로운 생명력을 부여하고 아이맥과 아이팟과 아이폰에 이어 아이패드에 이르기까지 만드는 제품마다 전 세계적으로 줄을 서서 구입을 할 정도의 열풍을 이끈 스티브 잡스도 늘 승승장구만 한 것은 아니다. 사람들에게 잘 알려져 있지 않을 뿐이지 실패한 제품들도 다수 시장에 선보였다.

리사, 애플3, NeXT, 20주년 기념 맥켄토시와 같은 제품들이 사람들의 기억에 남지 않고 초라하게 사라진 것들이다. 그래픽 사용자 환경으로 만든 첫 제품이라 할 수 있는 리사는 9,995달러라는 고가라 1년도 안 되어 저가형으로 만든 애플사의 제품에 밀렸고, 하드웨어에 대한 신뢰 문제로 애플3는 IBM에 시장을 빼앗겼다. 애플을 나와 만든 NeXT는 시대를 앞섰다는 평이었지만 역시나 고가로 인해 외면 받았고, 애플 창립 20주년을 기념해 만든 맥켄토시는 전 세계적으로 겨우 12,000여대를 팔았을 뿐이다.

스티브 잡스도 실패를 했다. 하지만 스티브 잡스는 말한다. "반드시 감수해야 하는 것은 실패의 가능성이다. 깨지고 상처받는 것을 겁내선 안 된다. 실패를 두려워한다면 멀리 나아가지 못할 것이다." 실패를 하지 말라고 하는 것이 아니다. 실패를 감수해야 한다는 것이다.

에디슨은 전구를 발명하기 위해 수없이 많은 실패를 거듭했지만 "나는 99번 실패한 것이 아니라 99가지 안 되는 방법을 알아낸 것이다."라고 답변한 것은 유명하다. 실패가 아니라 올바른 방법을 찾아내기 위한 하나의 과정이라 생각하며 계속 연구했던 것이다.

실패하지 않는 유일한 방법은 아무것도 하지 않는 것이다. 아무것도 하지 않으면 잃는 것도 없지만 얻는 것도 없다. 실패는 무엇인가를 했다는 증표이자 도전의 역사이다. 시험을 쳐봐야 자신의 실력이 객관적으로 판명되고 부족한 점을 공부로 채워서 원하는 결과를 얻을 수 있는 것처럼 실패하지 않는 사람은 자신의 부족한 점을 깨닫지 못한다.

투자로 큰 성공을 거두는 사람들 중에는 한순간에 모든 것을 잃는 사람들이 있다. 이런 사람들의 공통점은 바로 한 번도 실수와 실패를 맛보지 않았다는 것이다. 투자 실패의 기록이 없다 보니 투자 액수와 투자 규모는 점점 커지고 하늘 높은 줄 모르는 자만감에 제대로 된 시야를 확보하지 못하고 무조건 자신의 투자가 성공할 것이라 보는 것이다. 이런 사람들은 딱 한 번 투자에서 실패하면 더 이상 헤어 나올 수 없는 늪에 빠져 그가 갖고 있던 모든 레코드는 사라지고 실패자로 남게 된다. 차라리 작은 실패와 실수를 한 사람이 이를 전화위복으로 삼고 실수와 실패를 반복하지 않으려 노력하여 성공을 이루게 되는 경우가 허다하다.

그는 가난하여 9개월 밖에 학교를 다니지 못했다. 9세에 어머니가 사망하고 15세에 집을 잃고 길거리로 쫓겨났으며 23세에는 사업에 실패했다. 24세에 처음으로 주 의회 선거에 나갔지만 낙선하고, 25세에 사업이 파산하여 17년 동안이나 이를 갚기 위해 고생했다. 26세에 드디어 주 의회 의원 선거에서 당선되었지만 약혼자의 갑작스런 사망을 겪었고, 28세에는 신경쇠약으로 입원까지 하게 된다. 30세에 치른 주 의회 의장직 선거에서 패배하고 32세에 정부통령 선거위원에 출마했지만 패배한다. 35세에는 하원의원 선거에서 낙선한다. 36세에는 아예 하원의원 공천에서도 탈락하고 절치부심 후 38세에 하원의원 선거에 당선되었지만 40세 재선거에서는 낙선한다. 41세에 고향 국유지 관리인을 신청했지만 거절당하고 47세에 다시 도전한 상원의원 선거에 낙선하고 48세에 부통령 후보 지명전에서 100표차로 낙선한다. 50세에 도전한 상원의원 선거에서도 낙선을 한다.

이렇게 실패에 실패를 거듭한 인물이 미국 역사상 가장 존경받고 위대한 대통령으로 추앙받고 있는 에이브러햄 링컨이다. 얼마나 실패가 반복되었던지 친한 친구들이 링컨 주변에 칼과 면도날을 치워버렸을 정도였다고 한다. 드디어 52세에 미국의 16대 대통령에 당선이 되고 재선까지 성공한 링컨은 재임 기간에 자신의 정치적 반대자들까지 포용하여 각료에 앉힐 정도로 실패를 통해 위대한 대통령으로 탄생할 수 있었던 것이다.

지금까지 단 한 번의 실패도 경험하지 못한 사람에게 우리는 칭찬과 감탄을 하는 것이 아니라 불쌍해하는 눈빛을 보여야 한다. 반대의 행동을 해야 한다고 생각할지 몰라도 이런 사람은 지금까지 단 한 번도 무엇을 얻기 위해 노력해 본 적이 없는 사람이다. 실패는 무엇인가를 시도하고 도전했다는 뜻이다. 결코 실패는 감추고 숨겨야 하는 치부가 아니다. 오히려 당당하게 알리고 공유해야 하는 가치 있고 의미 있는 결과인 것이다.

실패를 했기에 비슷한 환경과 상황에서 당황하지 않고 침착하게 벗어날 수 있는 경험이라는 소중한 자산이 생기는 것이다. 한 번의 실패로 주눅 들고 움추러 든다면 성공은 내 것이 아닌 내 실패를 지켜본 사람의 것이 되고 만다. 실패는 누구나 할 수 있다. 아니, 실패는 당연한 것이다. 실패를 하지 않는다고 말하는 사람이 이상하고 교만한 것이다.

실패는 언제든지 할 수 있다. 아무리 만반의 준비를 하고 노력을 한다 해도 실패는 할 수 있는 것이다. 실패가 중요한 것이 아니라 실패 후의 마음가짐과 행동이 중요하다. 실패를 자신의 경험으로 쌓고 머나먼 여정에서 발생하는 하나의 뼈아픈 이벤트로 바라보고 다시는 반복하지 않으려고 노력하는 것이 중요한 것이지 실패가 중요한 것이 아니다. 신이 아닌 이상 인간에게 실패는 피할 수 없는 것이다.

　더구나 실패를 극복한 사람은 과거보다 더 강인해지고 자신감을 갖게 된다. 실패의 경험이 또 다른 실패를 반복하지 않기 위해 좀 더 꼼꼼하고 다방면의 시선으로 바라보게 만들어준다. 실패하지 않았으면 절대로 갖지 못했을 새로운 시선이 생기는 것이다.

　주변의 성공한 사람들이나 부자가 된 사람들에게 물어보면 단 한 번의 실패도 없이 이 자리까지 왔다는 사람은 만나지 못할 것이다. 자신 있게 실패한 적이 없다고 이야기하는 사람은 실패를 해본 적이 없는 것이 아니라 사기꾼일 가능성이 농후하다. 크고 작은 실수와 실패가 쌓여 성공이라는 목표에 도달하고 부를 만들 수 있는 것이다. 그런 과정도 없이 이뤄낸 성공과 부는 모래위의 성이나 마찬가지다. 언젠가 들이닥치는 파도 한 번에 모래성은 흔적도 없이 사라질 것이다.

　진짜 실패자는 아무것도 해 보지 않고 노력하지 않은 사람이다. 다시 한번 이야기하면 실패는 노력과 도전을 했다는 증거이다. 지는 게 두렵고 실패하는 것이 무서워 아무것도 하지 않는 사람이 바로 진짜 실패자이다. 누구도 알아주지 않는 사람으로 남기를 원하면 아무것도 하지 않으면 된다. 당신이 실패했는지 여부조차도 알 수 없다. 한 것이 없으니 알 수 있는 방법도 없는 것이다.

　재미있는 것은 누구도 실패는 기억하지 않고 성공한 것만 기억한다는 것이다. 스티브 잡스가 만든 제품 중에 실패한 제품은 누구도 기억하고 있지 않다. 성공한 아이폰만을 기억한다. 수없이 많은 실패를 거듭한 링컨도 미국 역사상 흑인노예를 해방시킨 위대한 대통령으로만 기억한다. 어느 누구도 스티브 잡스와 링컨의 실패한 기록에 대해 이야기하고 주목하지 않는다.

성공을 하기 위한 여정에서 발생한 실패는 누구나 한다. 실패한 후에 포기하고 도전을 멈춘 사람과 실패를 하나의 경험이라 여기며 극복한 사람의 차이는 바로 성공이라는 지점에서 나타난다. 누구도 당신의 실패를 신경쓰지 않는다. 부자라고 실패도 없고 실수도 없이 되었다고 생각하지 마라. 실패를 반면교사 삼아 성공하는 사람이 바로 최종적인 승리자이다.

- 월터 아이작슨 저, 안진환 역, 《스티브 잡스》, 민음사

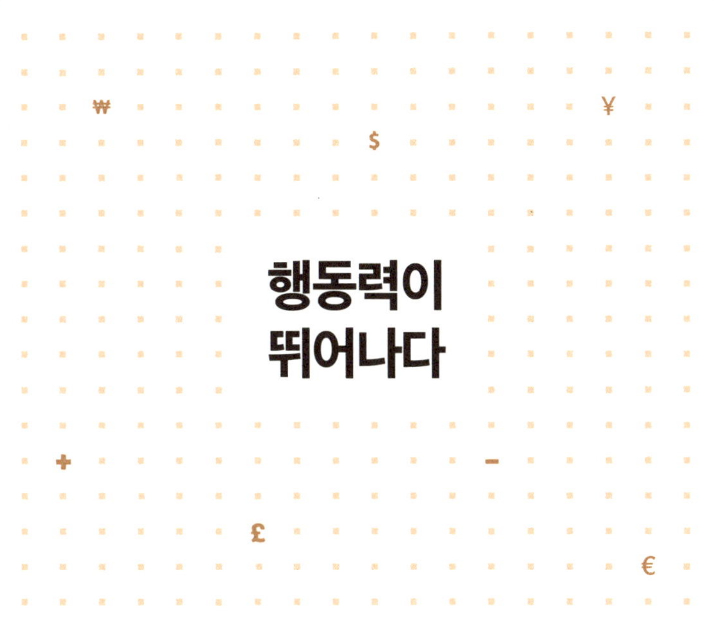

# 행동력이
# 뛰어나다

마산역에서 택시를 탄 한 사람이 기사에게 이야기한다. "육일약국 가주이소!" 택시기사로서는 들어보지도 못한 약국에 가자는 손님의 말에 약간 당황하며 "육일약국이요? 그게 어디 있는데요?"라고 묻는다. 손님은 직접 육일약국의 위치를 설명하며 기사를 육일약국까지 인도한다. 바로 이 사람이 육일약국의 약사겸 사장이었던 김성오다.

마산의 중심지도 아닌 곳에 위치한 육일약국을 사람들에게 알리기 위해서 김성오는 마산역에서 택시기사들에게 육일약국으로 가자는 이야기를 자주 하여 택시기사들에게 육일약국이 아주 유명하고 약처방을 잘하는 곳으로 인식하게 만들어 마산에 사는 사람들로 하여금 육일약국에 대한 소문이 돌게 만들었다. 택시기사들을 통해 퍼진 입소문은 교통도 안 좋고 지방에 있는 육일약국을 약사만 13명이나 되는 기업형 약국으로 변모시켰다.

광고를 할 돈도 없고 SNS를 활용한 마케팅도 할 수 없던 시기에 대부분의 약국들이 제자리에서 오는 손님들을 친절하게 응대하는 소극적인 영업을 한 반면에 김성오는 자신이 할 수 있는 최선의 방법으로 육일약국을 알렸고, 이를 발판으로 단순히 약사로 머물지 않고 점점 자신의 능력을 키워 기업인이 되어 현재는 메가넥스트라는 기업을 운영하고 있다.


또 다른 이야기도 있다. 대부분의 애널리스트들에게 투자라는 것은 재무제표를 들여다보고 기업의 주식담당자나 사장을 만나 이야기를 나눠 그 기업을 분석하여 투자결정을 하는 것을 도와주는 것이 전부였다. 한 젊은이가 경제는 이렇게 재무제표에 나오는 것이 아니고 사장을 만나 이야기를 나누는 것도 전부가 아니라는 생각으로 실제 경제가 돌아가는 모습을 직접 확인하고자 했다.

그는 자신이 회사를 퇴사하며 받은 돈과 살던 집을 판 돈을 종자돈 삼아 세계를 돌아다니면서 일종의 보부상 활동을 한다. 영국 출신인 젊은이는 아프리카에서 아시아를 넘어 아메리카까지 돌아다니면서 각 나라에서 살만한 물건을 구입한 후에 다음 국가에서 판매할 사람을 만나 그들에게 판매한다. 이렇게 여러 나라를 돌아다니면서 손해도 보지만 결국에는 처음 시작할 때 자본의 약 두 배를 벌게 된다.

이 이야기는《나는 세계일주로 경제를 배웠다》의 저자인 코너 우드먼의 이야기이다. 애널리스트라서 사무실에 앉아 일하는 것만으로도 어지간한 직장인보다 훨씬 더 많은 연봉을 받음에도 불구하고 과감히 박차고 나온 그는 저술과 강연으로 바쁜 시간을 보내고 있으며, 두 번째 책까지 펴내 애널리스트일 때보다도 훨씬 많은 수입은 물론이고 스스로도 보람차고 재미있는 삶을 살고 있다.

많은 사람들은 각양각색의 생각들을 하면서 살아간다. 또한 많은 꿈과 희망을 간직하고 살고 있다. 단 한 사람도 생각이 없는 사람은 없을 것이다. 그런데 이들의 문제는 생각만 하고 꿈만 꾼다는 것이다. 자신이 생각한 꿈을 이루기 위한 노력은 하지 않고 인생이란 다 그런 것이 아니냐며 스스로를 합리화하며 산다. 시도조차 하지 않으면서 지레짐작으로 안될 것이라는 판단을 한다.

움직이는 것과 가만히 있는 것 중에 편한 것은 바로 아무것도 하지 않고 가만히 있는 것이다. 바로 앞에서 언급한 실패를 할 이유가 없는 것이다. 행동하지 않으면 성공도 실패도 없을뿐더러 미래도 없다. 행동하지 않는 사람에게 돌아오는 것은 남이 먹고 흘린 부스러기일 확률이 대부분이다. 그것도 아주아주 고약한 냄새가 나는.

누구나 부자를 꿈꾸지만 부자에 대한 꿈만 꾸는 사람과 부자가 되기 위해 실천을 하는 사람은 엄청난 차이가 난다. 결국에는 누가 실천을 하느냐가 부자가 되느냐의 여부를 결정짓는다. 생각하고 움직이거나 움직인 후에 생각하는 것도 좋지만 움직이면서 생각하는 것이 가장 좋을 것이다. 각자의 추진력에 따라 움직이는 실행의 속도에서 차이는 생길지언정 부자들이 결국에는 움직인다는 사실은 확실하다.

어떤 부자는 오래도록 생각을 한 후에 실천을 하는 경우도 있고, 어떤 부자는 생각을 오래 하기 보다는 일단 저지른 후에 차근차근 실수를 보완하는 형태로 한다. 각자의 성향과 본성에 따라 맞는 방법이 있다. 실행의 여부가 이론보다 앞설 수도 있고 나중일 수도 있지만 결국에는 자신이 생각한 바를 실천한다는 것이 부자들의 다른 점이다.

서울 중구청의 한 청소부가 있었다. 청소를 하며 시간을 내서 공부를 하고 부동산 투자를 하는 것도 어려울 텐데 불구하고 본인의 의지로 작은 돈을 모아 빌라에 투자하기 시작했다. 부자가 되고 싶다는 일념으로 시작한 빌라 투자였다. 대부분의 사람들이 하는 아파트 투자는 갖고 있는 종자돈이 부족해 못하고, 처음에는 빌라 투자로 눈을 돌렸던 것이다. 빌라 투자라도 좋은 입지와 향후 전망 등을 참고하며 투자를 했다.

결국 그는 청소부라 생긴 대로 살아야 한다며 현재에 만족하는 체념하는 삶이 아니라 자신의 처지를 벗어나기 위해 열심히 발품을 팔고 노력해서 100억대의 부자가 되었다. 빌라 투자로 100억대의 부자가 된 채익종의 이야기이다. 실제로 100억을 모았는지를 따지는 것은 무의미하다. 중요한 것은 그가 현재의 위치에 만족하거나 체념하지 않고 부자가 되기 위해 빌라 투자를 하려고 끊임없이 움직이고 알아봤다는 것이다.

비록 다수의 레버리지를 통한 투자라 위험한 요소가 분명히 있는 것도 사실이지만 움직이지 않으면 실패도 없고 미래도 없고 성공도 없다. 청소부에서 100억대의 부자가 된 것은 똑똑한 머리를 써서 된 것이 아니다. 오로지 움직이고 움직여서 좋은 물건이 나올 때까지 현장을 확인하고 움직인 결과였다. 다른 것은 없었다.

여기서 말하는 실행과 행동은 꼭 몸을 움직이고 이곳저곳을 돌아다녀야 한다는 의미가 아니다. 자신이 생각한 바를 직접 실현하기 위해 노력하는 것을 의미한다. 실현한다는 것은 직접 자신의 몸을 움직이는 것을 뜻하는 것이 아니다. 공부는 엉덩이로 한다는 표현처럼 자신이 해야 할 일에 따라 다른 것이다.

아인슈타인은 역사상 가장 위대한 과학자라는 칭호를 듣는다. 그는 상대성 이론으로 시간이라는 관념에 대해 새로운 개념을 제시했는데 아인슈타인이 한 것은 끊임없이 생각하고 상상하고 공상한 것이다. 결코 사람들을 만나러 돌아다닌 것이 아니다. 이처럼 자신의 분야에 따라 움직인다는 의미는 다른 것이다.

온라인으로 사업을 하는 사람에게는 여러 클라이언트를 만나고 움직이는 것도 중요하겠지만 그보다는 끊임없이 온라인으로 많은 사람들을 유입시키기 위한 노력이 중요하다. 컴퓨터 앞에 앉아 유명 쇼핑몰을 조사하고 연구하고 가장 주목받는 아이템이 무엇인지 검색하는 것이 바로 열심히 움직이고 자신의 생각을 실행하고 행동하는 것이다.

무조건 몸을 움직이는 것이 최고라는 것이 아니다. 자신이 생각하는 바를 이루기 위해서 실제적인 움직임을 갖는다는 의미이다. 자신이 하고자 하는 분야와 이루고자 하는 부분에 대한 사전조사도 없고 알지도 못하는 상태에서 움직인다고 성공하는 것이 아니다. 행동력이 뛰어나다는 것은 충분한 검토와 다방면의 조사 후에 실행을 한다는 의미이다. 막연히 생각만 하고 못하겠다고 안 된다고 할 것이 아니라 생각한 바를 준비하고 실행하는 것이 바로 부자와 일반인의 차이점이다.

이 세상에는 생각만 하고 그것으로 모든 것을 끝내는 사람이 너무 많다. 생각을 했다면 생각을 구체적으로 실행할 방법을 찾아 다양한 방법으로 행동하는 것이 부자가 부자된 이유이다. 그렇다면 나는?

- 김성오 저, 《육일약국 갑시다》, 21세기북스
- 코너 우드먼 저, 홍선영 역, 《나는 세계일주로 경제를 배웠다》, 갤리온
- 채익종 저, 《빌라투자로 100억 부자된 청소부》, 뿌브아르

# 좋아하는 일을
# 돈과 연결시킨다

아침에 억지로 눈 떠서 식사도 제대로 하지 않고 많은 사람들의 행렬에 동참하여 무표정한 얼굴로 전철을 타고 회사에 도착한다. 간단한 오전 회의가 끝난 후 어제 마무리하지 못한 업무와 오늘 지시받은 업무를 한다. 점심 식사 시간이 되어 겨우 웃는 낯으로 밥을 먹고 다시 모니터를 응시하며 퇴근을 기다린다. 또 다시 많은 사람들에 치이면서 집에 도착한다.

아침에 눈을 떴을 때 오늘 어떤 일이 있을지에 대한 아무런 기대감 없이 하루를 시작한다. 다음 날 해야 할 일에 신나서 잠이 오지 않을 지경이란 직장 생활을 하는 동안 단 한번도 경험하지 못한 생소한 일이다. 그런 이야기를 하는 사람은 분명히 외계인이라 믿는다. 절대로 그럴 일이 없을 것이라 생각한다.

비록 직장 생활에 대한 기대감이 없는 사람도 해외여행을 가는 날이면 전날부터 준비하고 새벽에 누가 깨우지 않아도 눈이 번쩍 떠진다. 억지로 눈을 부비 지도 않고 찌뿌둥한 몸을 추스르지도 않는다. 약간의 두려움은 있지만 어떤 일이 벌어질지에 대한 설렘에 집을 나서는 발걸음도 가볍다.

대부분의 사람들은 즐겁게 일하지 않는다. 돈을 벌기 위한 수단으로서 직업을 갖고 업무를 본다. 일을 하는 것이 즐겁지 않으니 출근하는 시간은 힘들 뿐이다. 어서 빨리 주말이 오기만을 기다린다. 주말에는 자신들이 원하는 것을 하는가 여부는 중요하지 않다. 오로지 싫은 일을 하지 않아도 된다는 점이 중요하다. 그토록 하기 싫은 일을 하면서도 제대로 된 월급은 받지도 못하고 있다.

싫어하는 일을 하기 때문에 충분한 액수를 보장받지 못한다고 생각할 수도 있다. 좋아하는 일을 하는 사람은 돈을 많이 번다고 생각하지만 실제로 그렇지는 않다. 자신이 좋아하는 일을 하지만 제대로 된 돈은 벌지 못하는 사람들이 실제로는 더 많다. 돈은 벌지 못해도 좋아하는 일을 끝까지 한 결과로 돈을 벌게 된 사례만 사람들이 집중하기 때문이다.

필자는 20대에 연기자가 되기 위한 노력을 했다. 단순히 연기자가 되기 위한 연기 연습만 한 것이 아니라 돈을 받는 프로무대에도 섰다. 서울 중구에 있는 호암아트홀에서 연말 뮤지컬 공연 코러스를 한 적도 있었는데 당시 연봉이 100만 원 정도였다. 내가 좋아하는 연기를 하고 싶어 열심히 노력하며 그 일을 즐겼지만 나에게 돌아온 돈은 달랑 1년 동안 100만 원이었다. 나만 그런 것이 아니었다. 내 주변에 연기를 하고 있는 모든 동료들이 마찬가지였다.

좋아하는 일을 하며 돈을 버는 것은 행복한 일이지만, 취미로 시작한 일이 직업이 되었을 때 오히려 즐거움을 느끼지 못하는 경우도 많다. 또 좋아하는 일이 꼭 돈과 연결되지 않는 것이 진실이다. 이왕이면 자신이 좋아하는 일을 하며 돈까지 번다면 더 이상 좋은 일은 없을 것이다. 모든 사람들이 꿈꾸는 인생이다.

부자라고 하여 꼭 자신이 좋아하는 일만 하는 것은 아니지만 부자들은 좋아하는 일을 통해 돈을 벌 기회를 모색한다. 아니면, 평소에 돈에 대해 생각하는 감각이 일반 사람들보다 탁월하다보니 자신이 좋아하는 일과 돈을 연결시키는 데 자연스럽다.

평소 아는 지인은 부동산 투자를 통해 열심히 노력한 결과 경제적 자유를 얻었다. 경제적 자유를 얻었다는 것은 시간을 자유롭게 활용할 수 있다는 뜻이지만 사람들을 만나려면 주말이나 평일 저녁에나 가능하다보니 취미생활을 시작했다. 전부터 배우고 싶었던 드럼을 배우기 시작한 것이다.

초반에 스틱을 잡고 타이어를 두들길 때는 아무런 불편이 없었는데 본격적으로 드럼을 연주하려다 보니 많은 애로사항이 있었다. 무엇보다 시끄러운 드럼 소리가 문제였다. 굳이 시간을 내서 드럼 연습실에 가서 연습을 해야만 했던 것이다. 마침, 자신의 상가건물 지하가 비어 있어 이곳을 활용하기로 마음먹고 대대적인 공사에 들어갔다. 입구에는 예술적인 의미를 부여한 출입문을 만들었고 지하는 연주를 비롯한

다양한 문화공간으로 활용할 수 있게 인테리어를 했다.

자신이 심심하거나 드럼을 치고 싶을 때마다 칠 수 있었던 것은 물론이고 문화공간으로 대여를 할 수 있게 되었는데, 많은 사람들이 예약을 할 정도로 스케줄이 꽉꽉찼다. 음향 기기와 대화면 출력도구 등을 갖추고 다양한 사람들이 공간을 활용할 수 있게 만든 지하는 자신이 좋아하는 드럼을 좀 더 자유롭게 치기 위한 수단으로 만들었지만 돈과 연결시켜 수익까지 발생하게 된 것이다. 평일 오전이나 오후에는 마음껏 드럼 연습을 하는 것은 말할 것도 없고 말이다.

좋아하는 일만 하며 사는 것만큼 즐거운 삶은 없겠지만 그것은 경제적인 문제가 해결되었을 때나 가능하고 재미있는 것이다. 아무리 좋아하는 일을 해도 경제적으로 어렵다면 전혀 즐겁지 않을 것이다. 좋아하는 일을 즐겁게 하는 사람도 버티고 버티다가 끝내는 경제적 문제를 극복하지 못하고 자신의 의지를 꺾는다. 그렇기에 좋아하는 일을 하려고 노력하지 말고 자신이 하는 일을 좋아하라는 말까지 있는 것이다. 최소한 자신이 하는 일은 돈이 나오니 말이다.

대한민국은 창의력이 부족하다는 말을 많이 한다. 경직된 사회라는 의미인데 대다수 사회 구성원들이 재미있는 삶을 추구하지 않고 좋아하는 일을 그저 부럽게 바라보기만 하고 직접 하려는 노력은 하지 않기 때문이다. 김정운은 《노는 만큼 성공한다》에서 즐겁지 않으면 성공한 것이 아니라고 이야기한다. 왜 일까? 누구도 알아주지 않는 성공은 성공이 아니기 때문이다.

돈은 많이 벌지만 얼굴은 늘 찌푸리고 하는 일마다 짜증을 내는 사람에게 과연 성공했다고 부러워할 사람이 있을까? 절대로 없다. 이런 부자는 성공했지만 불행하다. 단지 돈을 벌기 위해서만 노력하다 보니 불행한 것이다. 좋아하는 일이 없고 좋아하는 일을 돈과 연결시킬 능력도 없다. 그저 남들에게 온갖 욕을 먹어가며 돈을 번 것이다. 그럼에도 돈을 번다는 것에 만족하며 남들의 손가락질은 깨닫지도 못하고 성공에 대한 성취감도 부자로서 누릴 수 있는 경제적 시간적 자유도 없는 돈의 노예가 되는 것이다.

신기하게도 부자들은 자신이 하는 일을 어떻게든 돈과 연결시키려 노력한다. 좋아서 하는 일이고 취미로 하는 일이라도 그것이 돈이 된다는 판단이 들면 잽싸게 그 부분에 대한 아이디어를 연결시켜 실행할 방법을 찾아내어 시도한다. 이러다 보니, 자연스럽게 좋아하는 일을 더욱 재미있고 즐겁게 할 수 있는 것이다. 누가 시키지 않아도 자신이 좋아서 한 일을 돈으로 연결시켜 수익까지 낸다.

혹시 현재 좋아하는 취미생활이나 즐겨하는 일이 있다면 그걸 어떤 식으로 돈과 연결시킬지에 대한 고민을 해 보라. 자본주의 사회에서는 어떤 것이든 전부 돈으로 연결시킬 수 있다. 자신이 좋아하는 일과 즐겨하는 일을 돈으로 연결시킨다고 하여 돈이 되는 것은 분명아니겠지만 최소한 그 중에서 하나 정도는 돈이 될 수도 있다. 해 보지도 않는 것보다는 시도라도 한다면 그것으로 자신이 좋아하는 일을 좀 더 좋아하게 되고 다른 시선으로도 볼 수 있다.

좋아하는 일을 하며 돈까지 벌 수 있다면 이보다 더 신나고 재미있는 일은 없을 것이다. 행복한 삶은 자신이 좋아하는 일을 하며 돈까지 버는 것이다. 돈을 멀리서 찾는 것이 아니라 바로 자신에게서 찾을 수 있다. 이 정도의 시도라면 얼마든지 부담 없이 할 수 있지 않을까?

# 끝없이
# 변해야 산다

미국 주식 시장에 대해 이야기할 때 항상 다우존스라는 단어가 나온다. 1884년 미국의 투자분석가이자 〈월스트리트 저널〉의 창시자인 다우존스에 의해 당시 활발하게 거래된 11개 종목을 대상으로 주가평균을 산출하여 나온 주가지수를 사람들이 다우존스 지수라고 표현한 데서 비롯되었다. 지금은 우량한 30개 회사의 주식 가격을 가중평균하여 산출하고 있다.

다우존스 지수가 통용되기 시작한 후 100년이 넘는 기간 동안 탈락하지 않은 유일한 기업인 GE마저도 100년 동안 한 번도 탈락하지 않고 다우존스 지수에 남아있던 것이 아니라 중간에 탈락을 했을 정도로 다우존스 지수에 살아남는 것은 어려운 일이다. 실제로 미국에서 다우존스에 편입되었던 우량한 기업들 중에 지금은 역사의 한 페이지로만 존재하는 기업들이 셀 수 없이 많다.

워크맨으로 전 세계적인 선풍을 일으키고 플레이스테이션이라는 게임기를 히트치며 컬럼비아 영화사를 인수하는 등 승승장구했던 소니는 2011년 사상 최대인 5,200억 엔(한화로 약 7조 3,000억 원)의 손실을 보면서 지금은 예전의 영화(榮華)를 뒤로하고 살아남기 위해 TV를 비롯한 가전제품과 모니터 부문에 대해 대대적인 구조조정을 하고 있다.

한때 전 세계 핸드폰 시장에서 40%나 되는 점유율을 보이면서 2009년 전 세계 휴대전화 시장 점유율 1위에 올라 핀란드 나라 전체를 먹여 살린다는 소리를 들을 정도였던 노키아는 처음에 종이를 만드는 제지회사에서 출발하여 성공적인 변신을 한 기업이었다. 하지만 2011년까지 세계 점유율 1위였던 노키아는 스마트폰으로 변화된 시장의 흐름에 제대로 대처하지 못하고 현실에 안주하여 삼성, 애플, LG에 추월당하고 손실을 본 것은 물론이고 휴대폰 사업 부문을 마이크로소프트에 넘기는 실정에 이르렀다.

거대한 모아이 석상이 존재하는 이스터 섬은 현재 아무도 살지 않는 섬이다. 평균 크기 3.5미터에서 최대 20미터의 거대한 모아이 석상이 섬 전체에 600개나 산재해 있는데 사람은 단 한 명도 발견되지 않아 미스터리로 남아있던 이스터 섬의 비밀은 결국 외계인이나 자연

현상이 아니라 이스터 섬에 살던 사람들이 만든 것이라는 사실이 밝혀졌다. 상당히 발달된 문명이었지만 이스터 섬에 살던 모든 종족이 소멸된 것이다.

이스터 섬 주변에는 이스터 섬을 위협하는 국가나 민족이 전혀 없었다. 그들은 먹고 사는 걱정도 딱히 할 것이 없었다. 특별히 할 일이 없었던 지배 집단은 자신들의 업적을 치장하기 위해 모아이 석상을 경쟁적으로 만들며 이스터 섬의 자연환경을 파괴하였으며, 과도한 노동에 동원된 피지배계급은 더 이상 참지 못하고 항거를 해서 결국 이스터 섬에는 단 한 명도 남지 않고 인류 역사에서 완전히 사라져 버린 것이다.

지금은 노르웨이령 그린란드 정착지가 사라지고 없지만 한때 그곳에 사람들이 살았던 흔적으로 교회와 주택들이 여전히 남아있다. 노르웨이 사람들은 그린란드에 정착해서 생활을 했다. 목축을 하고 농사도 할 정도였다. 단 한 명도 살지 않는 것이 이해가 되지 않을 정도로 좋은 환경이었다.

그린란드에 정착한 노르웨이 사람들은 이미 살고 있던 이누이트 종족들이 살아가는 방식을 전혀 따라하지 않았다. 농사를 짓고 목축을 할 때는 좋았지만 점점 기후가 변하면서 이들은 더 이상 그린란드에서 버티지 못했다. 노르웨이에서 건너온 정착민들은 그린란드 토착종족인 이누이트 종족들의 사냥법도 받아들이지 않고 아무런 변화도 시도하지 않아 굶어 죽는 사람들이 속출했다. 현재 그린란드에서 사는 노르웨이령 이주민 후손은 아무도 없다.

기업이든 민족이든 국가든 변화하지 않으면 지속적으로 생존할 수 없다. 아무리 화려한 업적을 자랑하는 기업도 경제 환경과 트렌드를 쫓아가지 못하면 순식간에 흐름에 뒤처지며 우와좌왕하다 갈피를 못 잡고 사람들의 관심에서 멀어지다 결국에는 사라지게 되는 것이다.

부자가 되는 것도 쉽지 않지만 부자가 된 후에 부를 유지하는 것은 더욱 어렵다. 부를 유지하기 위한 방법은 끊임없이 변해야 한다는 것이다. 세상의 발전 속도는 과거에 비해 훨씬 빨라졌다. 1년 전과 지금을 비교하면 이제는 기억조차 가물가물한 일들도 많다. 1년 전에 유행했던 패션이나 드라마나 영화같이 트렌디하고 사람들에게 많이 회자되었던 것들도 쉽게 기억을 떠올리기 어려울 정도로 잊혀진다.

지구 역사 전체로 볼 때 최근 100년 동안 일어난 일들이 그 전 모든 시간 일어난 일들을 합친 것보다도 훨씬 더 많다. 예전 사람들은 1년이 지나도 사회의 변화를 거의 느끼지 못하며 살았다. 10년이 지나도 사회적 변화가 느껴지지 않을 정도로 느린 삶을 살아도 전혀 지장 없는 사회였다. 이제는 한 달만 지나도 변화에 적응하지 못하면 한 동안 외계에서 온 사람 취급을 당할 정도이다.

이처럼 현대 사회는 변화무쌍하다. 이런 변화의 흐름을 빨리 쫓아가지 못하면 뒤처지는 것은 당연하다. 일반인들이 세상을 변화시킨다는 것은 무리이다. 부자라고 하여 거대하게 흐르는 도도한 역사의 흐름을 변화시키거나 변경시킬 수는 없다. 그렇다고 쫓아가기에 급급한 인생을 사는 것이 아니라 먼저 변화하거나 변하지 않아 도태당하지 않도록 끊임없이 노력해야 한다.

　더구나 부자는 자신의 부를 유지하기 위해서 더욱 더 변화에 적응해야 한다. 부를 유지하기 위해 노력한다는 것이 이상하게 들릴지 몰라도 자신의 부를 유지하기 위해 금리 시장을 체크하고 세금 체계의 변화에 따라 자산구성을 바꾸고, 자산 시장의 수익률에 따라 자산의 포지션을 조금씩 조절해야 하는 것이다. 그렇지 않으면 어느 순간 부가 유지되기는커녕 자신도 모르게 줄어든 자산규모를 확인하게 된다.

　복잡다단한 현대사회에서 변화는 필수불가결한 요소이다. 변화하지 못해 도태되고 경쟁에서 지지 않으려면 먼저 변화하도록 해야 한다. 경쟁이 싫고 여유로운 삶을 추구하는 것까지는 말릴 수 없지만 변하지 않아도 되는 것은 아니다. 여유로운 삶은 끊임없이 변화하는 현대사회에서 뒤처지지 않는 노력의 결과이다. 남들은 변화하는데 나만의 것을 지키겠다는 생각은 아집이다. 나만의 것을 지킨 것이 아니라 게으름을 고급스럽게 포장한 것이다.

　무엇보다 자신의 성공에 도취되어 샴페인을 터뜨리면 그 즉시 나락으로 떨어질 일만 남는다. 부자들도 자신의 부를 끊임없이 유지하기 위해 재단을 세우기도 한다. 부자가 삼대를 가지 못한다는 것을 깨달은 부자들이 자신의 부를 오래도록 지키고 세습하기 위해 이런 노력을 하는 것이다.

　해마다 새로운 부자들이 계속 탄생한다. 하지만 다우존스 지수 초기에 들어 있던 기업 중에 오늘날까지 생존하고 있는 기업이 없는 것처럼 새롭게 진입하는 부자만큼이나 광속도로 탈락하는 부자들도 속출한다. 그들이 부를 유지하지 못하고 경쟁에서 도태된 것은 어느덧 자기도 모르게 현실에 안주한 측면이 크다. 하루하루가 달라지는 현대사회에서 변화는 피할 수 없다.

스스로 변화하지 않고 소멸되는 것보다는 미리미리 변하는 것이 훨씬 더 낫다. 변화를 강요당할 것인가? 변화에 먼저 움직일 것인가? 어차피 움직일 것이라면 부자들이 자신의 부를 유지하기 위해 끊임없이 변하는 것처럼 먼저 변해라.

· 제레드 다이아몬드 저, 강주헌 역, 《문명의 붕괴》, 김영사

# 성취감을 얻기 위해 노력한다

자녀교육에 힘쓰는 부모들이 많다. 어떻게 하면 자녀가 올바로 성장하고 뒤처지지 않는 사람이 될지에 대해 고민한다. 사회생활이 녹록치 않다는 것을 체험으로 깨달았기에 자연스럽게 자녀들의 미래에 대해 다양한 모색을 하게 되는 것이다.

자녀들이 좋은 인맥을 쌓고 훌륭한 인프라에서 공부하는 환경을 만들기 위해 강남으로 입성한다. 문제는 강남에서 공부하는 학생들의 수준이 높다는 것이다. 어지간한 실력으로는 상위권을 유지하기도 힘들고 1점이 중요한 수준의 학생들에게 내신 한 등급의 차이는 엄청난데 수능 시험을 잘 봐도 내신이 불리할 수밖에 없다.

이런 사실을 알고 있던 한 지인은 초등학생인 자신의 자녀가 중학교에 갈 때 고민 끝에 강남으로 이사가지 않기로 결정을 했다. 그는 강남에 입성하는 데 아무런 제약이 없는 부를 갖고 있었지만 자녀에게 중요한 것은 성취감을 맛보는 것이라 여겼다. 용의 꼬리보다 뱀의 머리가 되라는 표현처럼 강남의 치열한 환경에서 이리 치이고 저리 치이면서 자존감이 낮아지고 실망과 실패감을 맛보는 것보다는 현재 살고 있는 곳에서 성취감을 통해 자존감을 높이는 것이 훨씬 중요하다고 판단했다.

학교에서도 반장이나 회장에 출마하도록 한 후에 남들과 공정한 경쟁을 통해 당선되는 성취감을 경험하게도 해 줬다. 앞으로 사회생활을 하면서 수많은 어려움에 부딪히게 될텐데 그때 미리 포기하거나 좌절하지 않고 지금까지의 다양한 경험에서 성취했던 감정으로 해낼 것이라 믿고 자녀에게 이러한 것들을 심어주는 것이었다.

부자들도 우리와 비교해 인간으로서 딱히 다를 점은 없다. 그들도 우리처럼 먹고 자고 일한다. 새로운 일을 할 때면 늘 잘 해낼 것인가에 대한 두려움도 갖고 있다. 그럼에도 부자들이 일반인들보다 더 잘할 확률이 높고 실제로 잘하는 이유는 바로 이기는 습관을 갖고 있기 때문이다. 여러 일을 하면서 성공한 경험이 쌓이며 일반 사람들보다 자신감을 갖고 일을 추진하여 더 잘하고 쉽게 하는 것처럼 보이는 것이다.

《베스트 플레이어》라는 책에는 성공한 사람들의 많은 사례와 방법이 설명되어 있다. 성공한 사람들은 결코 똑똑하거나 타고난 사람들이 아니다. 그들은 노력을 통해 자신의 업적을 이룬 것이다. 실패에 대한 두려움에 떨지 않고 끊임없이 성취를 맛보려고 노력한 사람들이라는 것이다.

분명히 유난하게 성공을 잘하고 승리에 익숙한 사람들이 있다. 이들과 나의 차이점을 아는 것은 중요한 출발점이 될 수 있다. 이런 사람들이 대단한 능력자이고 엄청나게 똑똑해서 이룬 것들이 아니라는 것이다. 할 수 있다는 단순한 자신감을 갖고 한 것이 아니라 아주 작은 성취부터 맛본 사람들이 끊임없이 성취한 감정으로 다른 일도 자신감 있게 할 수 있었던 것이다.

그렇다고 성취 지향의 인간이 되라는 의미는 아니다. 많은 성취를 하는 것과 성취 지향의 사람이 되는 것은 엄연히 다르다. 사람에는 성취 지향적인 사람이 있고 안전 지향적인 사람이 있다. 성취 지향적인 사람은 이득이 되는 것에 좀 더 흥미를 갖고 움직이고, 안전 지향적인 사람은 손해를 보지 않는 것에 관심을 기울인다.

성취 지향인 사람에게 아무리 손해 보지 않을 수 있다는 논리로 설명을 해도 마음에 들어 하지 않는다. 그들은 자신이 이 일을 하면 어떤 미래가 펼쳐질 것인지에 대해 그림이 그려지면서 의욕이 생기는 것이다. 반면에 안전 지향인 사람에게는 엄청난 이득이 펼쳐진다는 논리로 설득을 해도 자신이 해야 할 의욕이 쉽사리 생겨나지 않는다.

이처럼 성취감을 맛보는 것과 성취 지향적인 노력은 다른 것이다. 투자를 할 때도 각자 자신의 성향에 따라 성취감은 달라진다. 성취 지향인 사람은 약간의 문제점이 있어도 미래가 더욱 밝다면 과감히 투자를 결정해서 성취감을 맛볼 것이고, 안전 지향인 사람은 조금은 답답하지만 손해보지 않는 기업에 투자해서 성취감을 맛볼 수 있다. 성취 지향인 사람이나 안전 지향인 사람 모두 성취감을 맛볼 수 있다.

자신이 어떤 성향이냐가 중요한 것이 아니라 성취감을 터득하는 것이 중요하다. 처음부터 엄청난 성공을 거두고 이기는 사람은 없다. 아주 작은 성취감이라도 맛보는 것이 중요하다. 작은 것을 해 내지 못한 사람이 큰 것을 자신있게 해낼 것이라고는 주변 사람들은 물론이고 본인도 스스로를 믿지 못할 것이다.

처음부터 회사의 사장이 되는 사람은 없다. 창업주의 자녀라고 하여도 어느 날 갑자기 하늘에서 뚝 떨어져서 사장이 되는 경우는 없다. 사원부터 시작하는 경우도 있고 팀장급으로 출발하는 경우도 있지만 어느 경우든 작은 부서나 작은 업무부터 익히고 배우면서 서서히 경력이 쌓이고 성공 사례를 만들면서 위의 직급으로 올라가는 경우가 대부분이다.

특히 일반 사원들도 프로젝트를 잘 마무리하면 주변 동료와 상사들이 주목을 하면서 점차적으로 좀 더 복잡하고 어려운 프로젝트를 맡기며 연봉과 직급이 올라가는 것처럼 창업주의 자녀들 같은 경우도 이러한 성취감을 맛보기 위해서 프로젝트를 추진할 때 어떻게 하든 성공시키기 위해 노력을 한다.

그렇기에 역시나 초반에는 다소 쉬운 프로젝트를 맡겨 '나도 할 수 있다'는 자신감을 심어주고 점차적으로 어려운 프로젝트를 하더라도 실제 전사적인 차원에서 많은 에너지를 집중시킨다. 우리가 재벌이라고 하는 대기업의 자녀들이나 후세들에게 기업을 경영하기 전에 늘 반복적으로 일어나는 일이다.

물론 이런 것들이 대기업의 경우에는 너무 눈에 보일 정도로 심해서 일감 몰아주기와 같은 역효과를 내서 자유 경쟁 체제에 역행하는 부조리도 생긴다. 자녀가 경영하는 회사에 대기업 전체가 모든 일감을 맡기니 저절로 기업의 이익은 늘어나고 그 기업의 사장인 자녀는 자연스럽게 자신감이 생기고 기업을 운영하는 데 있어 보다 큰 그림을 그리면서 실적을 인정받는 것이다.

안 좋은 방향으로 흐르는 부정적인 측면을 언급했지만 이들이 이렇게 하는 분명한 이유가 있다. 바로 성취감을 얻기 위해서다. 이를 통해 자신감을 얻는 측면도 있지만 주변 사람들에게 작은 성공을 통해서라도 무엇인가 해낸다는 가시적인 성과를 보여줄 수 있고 '저 사람은 믿을 수 있다'라는 믿음마저도 줄 수 있는 훌륭한 역할을 한다.

혹시 성공보다는 실패를 더 자주하고 하는 일마다 잘 안 된다면 아주 작은 일부터 성공시키도록 노력해보라! 아주 작은 것이라도 성공한다면 그 성취감을 통한 자신감은 다른 일을 하는데 있어서도 전염되어 주눅 들고 마지못해 하는 것이 아니라 긍정적인 마음으로 유쾌하게 할 수 있는 원동력이 될 것이다.

부자들도 처음부터 부자가 아니었다. 자신이 하는 일에 있어 성공을 하고 그것이 쌓여 지금의 자리에 오른 것이다. 그들이 했던 것처럼 성취감을 얻기 위해 노력하라! 작은 일이라도 성공하고 승리하고 이기도록 노력하라! 그 경험이 쌓여 보다 큰일을 자신 있게 해 내어 부자와 같은 승리자가 될 수 있을 것이다!

- 매슈 사이드 저, 신승미 역, 유영만 해제, 《베스트 플레이어》, 행성:B웨이브
- 하이디 그랜트 할버슨, 토리 하긴스 공저, 강유리 역, 《어떻게 의욕을 끌어낼 것인가》, 한국경제신문사

# 큰 그릇이 되면
# 돈이 따른다

그릇에 물을 부어 넣으면 어느 순간 물은 흘러넘치게 된다. 그릇의 크기는 한정되어 있고 흘러들어오는 물의 양이 그릇의 범위를 넘다 보니 더 이상 갈 곳이 없는 물은 그릇을 넘어 다른 곳으로 가는 것이다. 이와 같이 흘러넘치는 물을 안 넘치게 할 수 있는 방법에는 어떤 것이 있을까?

먼저 그릇에 구멍을 낸다. 이렇게 하면 최소한 물이 흘러넘치지는 않겠지만 이것도 일시적으로 물이 한꺼번에 그릇으로 쏟아져 들어오면 구멍을 통해 나가는 물도 있겠지만 여전히 흘러넘치는 물이 생긴다. 다음으로 더 이상 물을 그릇에 부어 넣지 않으면 흘러넘칠 물이 없어 그릇에 넘치는 물이 없게 된다. 마지막으로 큰 그릇으로 교체하면 물은 그릇의 크기만큼 차도 흘러넘치지는 않는다. 무한정 쏟아지는 물을 전부 그릇이 받아낼 수는 없겠지만 그런 상황이 아니라면 충분히 물을 받아낼 수 있다.

물을 돈이라고 치환하고 그릇을 본인이라고 생각하면 어떨까? 현재 자신이 갖고 있는 부는 정확하게 자신의 그릇만큼 흘러들어온 부라고 할 수 있다. 더 많은 부가 나에게 들어오고 있는데도 내 그릇의 크기 때문에 더 이상 흘러들어온 부는 남아 있지 못하고 흘러넘쳐 빠져 나가는 것이다.

구멍을 내는 것도 방법이 아니고 더 이상 물(돈)을 받지 않는 것은 더더욱 방법이 아닐 것이다. 과연 더 이상 돈이 필요 없다고 할 사람이 있을까? 그럴 사람은 없다고 볼 때 유일한 방법은 내 그릇을 키워 나에게 들어오는 돈이 흘러넘치지 않고 내 그릇만큼 쌓이고 많아지도록 하는 것이다.

1주일마다 부자들이 탄생한다. 로또라는 복권을 통해 매주 토요일이 되면 순 자산이 거의 10억 원 정도 되는 사람이 몇 명씩 생긴다. 이들은 뜻하지 않은 횡재를 통해 부를 형성하게 되지만 불행히도 이들 중에 그 부를 계속해서 유지하고 더 불리는 사람은 드물다. 지금까지 자신의 그릇만큼 갖고 있었는데 새로운 부가 갑자기 찾아온다고 해도 자신의 그릇이 크지 못한 사람은 행운의 로또 주인공의 그릇만큼 채운 다음에 나머지는 하나도 남김없이 흘러넘쳐 빠져 나간다. 아무리 잡으려 해도 흘러가는 물을 손으로 잡을 방법이 없는 것이다.

뜻하지 않은 부를 가진 다음에 자신의 능력은 전혀 생각하지 않고 사업을 한다고 하지만 아무런 조사도 없고 타당성에 대한 검토도 없이 오로지 갖고 있는 돈만을 믿고 사업을 한 결과 부를 늘리기는커녕 갖고 있는 돈도 줄어들 뿐만 아니라 그릇에 구멍이 뚫려 그나마 그릇에 있던 물(돈)마저 사라지고 마는 것이다.

자신의 그릇을 키우기 위해 노력해야 하는 이유다. 아무리 돈을 벌려고 노력하고 돈이 뜻하지 않게 늘어나도 여전히 그 모습 그대로인 것은 그 정도의 부를 유지할 수 있는 능력이 아직 갖춰지지 못한 내 탓이다. 내가 그릇을 키워야만 부도 그 그릇 크기만큼 형성되어 유지될 수 있는 것이다.

회사는 초기에 회사를 운영하는 사장이 노력하는 만큼 일정 궤도에 오른다. 정직한 땀의 결실로 회사는 성장을 거듭해서 직원들을 채용하고 규모도 커질 수 있다. 하지만 어느 기업이나 일정 수준에 다다르면 더 이상 성장하지 못하고 정체 현상을 맞이하는 순간이 온다. 이때부터 중요한 것은 사장 그릇의 크기이다. 이제까지는 사장의 그릇만큼 기업이 성장을 한 것이다.

여기서 사장이 자신의 그릇을 키워야만 그만큼 기업도 성장할 수 있는 것이다. 그게 힘들다면 사장이 자신보다 뛰어난 직원들의 능력을 보고 채용하여 그들의 능력을 믿고 맡긴다면 직원들의 그릇만큼 능력이 더해져서 기업은 시너지 효과가 생겨 단순히 사장의 그릇이 아닌 회사 전체의 그릇만큼 커질 수 있다. 물론 자신보다 뛰어난 직원들을 고용하고 그들에게 회사의 업무를 믿고 맡기는 것도 사장의 그릇이라 할 수 있을 것이다.

이처럼 회사의 사장이 자신의 능력을 키우지 못한다면 회사 전체의 그릇을 키우면 된다. 이것이 안 된다면 자신의 그릇을 인정하고 그 정도 선에서 회사를 유지하려 노력하면 되는데, 신기하게도 인간은 성장하는 동물이라 자연스럽게 사장이 오랜 기간 동안 유지하면서 터득한 지식과 경험을 토대로 회사는 성장하게 된다.

더 이상 배울 것이 없다고 생각되는 사장들이 CEO들의 조찬 모임에 참여하고 MBA과정에서 경영 기법을 배우고 일반인들보다 더 많은 독서를 하며 쉬지 않고 공부를 한다. 재미있는 것은 어느 정도 부를 이루고 더 이상 공부라는 것을 할 필요가 없을 것이라 생각되는 부자들이 부자가 아닌 사람들보다 훨씬 더 많은 시간을 할애해서 공부를 한다는 것이다. 이들은 늘 끊임없이 새로운 것을 배우려 노력한다.

부동산 투자로 꽤 많은 자산을 모은 사람이 뒤늦게 대학교 부동산 과정에 편입하거나 평생교육원에 들어가 이론을 쌓기도 한다. 또는 자신의 부동산 투자에 좀 더 도움이 될 것이라는 생각에 공인중개사 자격증을 따기 위해 노력한다거나, 재무제표를 읽는 법을 배우는 고가의 유료 강의를 듣는 주식 투자자들의 경우를 주변에서 많이 볼 수 있다.

그들은 현장의 전문 투자자로서 누구보다도 많은 지식을 갖고 있다고 생각되는데도 여전히 자신의 부족함을 깨닫고 끊임없이 공부를 한다. 잠시라도 게으르면 도태된다는 사실을 새겨 놓고 자신의 그릇을 키우는 훈련을 하는 것이다. 더 많은 부를 갖고 싶어 돈을 더 벌기 위한 궁리를 하는 것이 아니다. 어떻게 하면 내 부족한 점을 극복하고 모르는 것을 알 수 있을 것인가에 대한 노력을 하는 것이다. 무조건 아무 분야나 마구잡이로 공부하고 노력하는 것이 아니다. 각자 자신의 전문 분야에서 뒤처지지 않기 위해 노력하는 것이다. 아무리 현재 일정 수준 이상의 자산을 갖고 있어도 그 이상의 자산은 늘어나지 않는다. 자신의 능력이 그대로라면 말이다.

심지어 자산이라는 그릇에 구멍이 나기 일쑤다. 그 구멍을 메우려고 하는 자체가 이미 더 이상 회복될 수 없는 지경에 이르렀다는 뜻이다. 부단히 자신의 그릇을 키우기 위한 노력을 하지 않는 사람에게 벌어지는 현상이다. 싫어도 할 수밖에 없는 노력이다. 남들보다 더 노력하지 않으면 안 된다는 것은 누구나 다 알고 있다.

평생 공깃밥 그릇에 머무를 사람이 있고, 찌개 그릇에 머무를 사람이 있고 대접에 머무를 사람이 있다. 이들은 자신이 왜 이런 취급을 당하는지, 노력을 하는데도 더 이상 자산이 늘어나지 않는지 이유도 모른 채 그저 죽어라고 노력만 한다. 정작 중요한 것은 자신의 그릇을 키워야만 그릇만큼 자신의 부가 늘어난다는 사실을 깨닫지 못한다는 것이다.

과거에 귀족이나 왕족들이 자신의 자녀들에게 분야별로 개인교사를 두어 공부하게 한 이유도 여기에 있다. 멘토라는 단어가 바로 그리스에서 그런 스승의 이름에서 유래된 것처럼 애초부터 무엇을 실행하기에 앞서 그릇을 키우는데 집중한 것이다. 고등학교를 졸업하고 먼저 취업해 돈을 번 사람보다 대학을 나온 후 직장에 들어간 사람의 총수입이 더 많다는 통계처럼 당장의 이익이 중요한 것이 아니라 자신의 능력을 키우는 것이 중요한 것이다.

그릇을 키우면 당신에게 찾아온 돈은 절대로 새지 않는다. 한번 찾아온 돈은 당신의 능력만큼 그 그릇에 머물게 된다. 어느 순간부터 당신의 능력을 벗어난 돈이 당신의 그릇에서 나가게 될 것이다. 인정하기 싫어도 부자들은 당신보다 훨씬 더 큰 그릇인 사람들이다. 부러워하지 말고 지금부터 당신의 그릇을 키워라! 그럼, 돈은 자연스럽게 흘러들어올 것이다!

# 교양의 저력을 알고
# 교양을 쌓는다

교양의 영어 단어는 'culture'이다. 이 단어의 원 뜻은 경작을 의미한다. 경작이라는 것은 땅에 씨를 뿌린 후에 잘 가꿔 열매를 거둔다는 의미라 할 수 있다. 경작이라는 단어를 사전에서 찾으면 땅을 갈아 농사를 짓는다는 뜻으로 나온다. 결국 교양이라는 말은 한 인간이 자신을 개발해서 한 단계 발전한다는 의미를 내포한다.

교양이라는 말은 그리스 로마시대부터 있었지만 본격적으로 개념이 형성된 것은 18세기 후반부터이다. 미성숙한 개인이 성숙한 상태로 거듭나는 것을 의미했다. 철학적인 의미에 인문학적인 개념을 장착하여 교양은 이제 학식 있는 사람을 뜻하는 단어가 되었다. 일반적인 행동을 하지 않거나 남들과 다른 눈살찌푸릴 짓을 할 때면 사람들은 '교양이 없다'라는 표현을 한다.

현대에 와서 교양의 의미는 다소 퇴색한 측면이 있다. 교양의 본뜻은 외양이 아닌 내면을 이야기하는 것인데 사람들은 겉으로 보이는 모습을 갖고 교양이라는 잣대를 들이댄다. 어딘지 고고하고 도도하게 절제 있는 행동을 하는 사람에게 교양 있다는 표현을 하고 거친 행동을 하는 사람에게는 '버릇없다'라는 말과 함께 교양 없다는 인상을 갖게 된다.

레스토랑에서 수저와 포크와 칼을 순서에 따라 음식에 맞는 도구를 써야만 하고, 자선행사에 참석하여 우아한 자태를 뽐내며 살포시 웃어주는 모습에서 교양을 찾기도 한다. 이러한 모습들은 교양 있는 행동일지는 몰라도 실제로는 교양 있는 척하는 것에 가깝다. 진실된 교양은 외양이 아닌 내면에서 우러나오는 것을 말한다.

외양을 꾸미고 치장하는 교양이 아닌 내면을 살찌우는 교양은 억지로 꾸미지 않아도 자연스럽게 교양 있는 사람을 빛나게 만들어 준다. 잠시 이야기만 해도 그런 사람과의 대화는 즐거워질 뿐만 아니라 알게 모르게 깨닫는 것이 있게 된다. 자신의 내면을 끊임없이 가꾼 사람의 생각은 분명히 나와는 다른 측면으로 바라보는 시선을 선사해준다.


교양을 어떻게 키울 것인가? 나보다 훌륭한 사람을 만나 대화를 나누고 그들의 강의를 들으면서 가르침을 받는 것은 좋은 방법이다. 내가 알지 못하는 무엇인가를 전달하는 그들의 이야기를 듣는 것만으로도 이전과는 다른 방법으로 세상을 보는 시선을 공유할 수 있기 때문이다.

다양한 문화 활동을 하는 것도 좋다. 좋은 드라마와 영화와 다큐를 통해 인간의 속성과 세상에 대처하는 인간의 행동을 이해할 수 있다. 좋은 음악은 사람으로 하여금 상상의 나래를 펼 수 있게 해준다. 좋은 미술은 늘 보던 대상을 다른 관점으로 바라볼 수 있게 만들어준다. 이런 문화 체험은 교양을 쌓는 데 큰 도움이 된다.

하지만 인류 역사에 있어 교양을 쌓는 가장 좋은 방법은 역시나 '독서'이다. 세계 부자 순위에서 3등 안에 들 뿐만 아니라 투자로도 성공한 워렌 버핏은 "당신의 인생을 가장 짧은 시간에 가장 위대하게 바꿔줄 방법은 무엇인가? 만약 당신이 독서보다 더 좋은 방법을 알고 있다면 그 방법을 따르기 바란다. 그러나 인류가 현재까지 발견한 방법 가운데서만 찾는다면 당신은 결코 독서보다 더 좋은 방법을 찾을 수 없을 것이다."라는 말로 독서의 중요성을 알렸다.

세계 최고의 부자 순위에서 워렌 버핏 보다 늘 앞서 있는 빌 게이츠는 "오늘날 내가 이 자리에 있게 만든 것은 어릴 적 집 부근에 있던 도서관이었다. 하버드대학교 졸업장보다 책을 읽을 수 있는 도서관이 있다는 게 더 행복하다."라고 말했다. 그는 도서관에 있는 책을 다 읽을 정도로 독서광이었다.

독서를 통해 세상을 제대로 바라보는 관점을 얻고 자신의 사업을 더 높은 경지에 도달하게 만들고 주변 사람들에게 영향력을 행사하고 어려움을 슬기롭게 헤쳐나가는 부자들의 이야기는 끝이 없을 정도라 그들의 이야기만 모아 책에 실어도 한 권으로 부족할 정도이다. 그들이 교양을 쌓은 것은 많은 부분 독서를 통해서였다.

내 인생에 있어서도 독서는 중요한 역할을 했다. 처음에 교양을 쌓기 위한 것이 아닌 공부를 위해 선택한 것이 독서였다. 무엇하나 제대로 알지 못하는 내가 선택할 수 있는 가장 손쉽고 확실한 방법이 독서였으며, 내가 투자를 해나가는 데 있어 큰 버팀목이 되었다. 모르는 것을 알려주고 혼란스러운 감정이 들 때면 차분하게 진실의 빛을 보여줬다.

단지 투자하는 방법을 배우기 위해서 시작한 독서는 점차 투자와 관련 있는 책뿐만 아니라 보다 확장된 분야의 책을 읽으면서 독서의 범위가 넓어지기 시작했다. 신기하게도 교양을 쌓고자 시작한 독서가 아니었는데도 불구하고 어느 날부터 사람들은 나에게 교양이 있다는 것과 비슷한 표현을 해주기 시작했다.

독서를 통해 자연스럽게 내면을 갈고 닦을 수 있게 되었고 다양한 분야의 지식을 습득하면서 세상을 바라보는 시선이 이전과는 달라지는 것을 느낄 수 있었다. 교양의 뜻처럼 내 자신을 경작해서 한 단계 발전하는 계기가 되었던 것이다. 몇 년이 지나 되돌아보니 과거의 나와는 다른 나를 발견하게 되었다.

부자들 중에 독서를 통해 교양을 쌓지 않는 사람은 단 한 명도 본 적이 없다. 대부분은 외부에서 만나지만 가끔은 집에 초대받아 갈 때가 있는데 그때마다 놀라는 것은 부자들의 집에는 언제나 책이 가득하다는 것이다. 벽 한 면이 서가로 되어 있어 책이 빼곡할 뿐만 아니라 방안 가득히 책이 있는 경우도 많다.

이에 반해 우리 주변에서 늘 보는 대부분의 사람들은 교양 쌓는 것을 게을리한다. 바쁘다는 핑계가 그들이 대표적으로 토로하는 말이다. 부자라고 더 많은 시간을 갖고 있는 것이 아니다. 돈을 더 많이 갖고 있는 것은 확실하지만 시간을 더 많이 갖고 있는 사람은 지구 상에 단 한 명도 없다.

경제적 자유를 넘어 시간적 여유까지 있어 책 읽을 시간이 많다는 시각으로 볼 수도 있겠지만 과연 그럴까? 부자들이 정말로 그토록 시간이 남아돌아 그 시간에 책을 읽는 것일까? 그렇다고 믿는 사람은 솔직히 이 책을 더 이상 읽어야 할 이유가 없을 것이다. 이미 잘못된 시선과 삐딱한 시야로 세상을 바라보고 있으니 말이다.

부자들은 과거에도 그랬고 지금도 여전히 교양을 쌓기 위한 노력을 잠시도 쉬지 않고 기울인다. 부자가 부자인 이유는 어제와 다른 오늘의 나를 만난다는 의미이다. 그릇을 키우는 것도 마찬가지로 자신을 개발해야 한다는 의미이고, 교양을 쌓는다는 것도 마찬가지로 자신을 개발해야 한다는 의미이다.

수없이 많은 사람들이 부자가 되기를 꿈꾸고 부자가 되기 위해 노력한다. 누군가는 부자가 되고 누군가는 부자가 되지 못한다. 부자들이 쉬는 시간에 하는 행동을 잘 지켜보면 그들은 끊임없이 어제보다 나은 오늘을 만들기 위해 노력한다. 그들의 노력은 자신을 갈고 닦기 위한 노력이다. 돈을 더 벌기 위해 죽어라고 노력하는 것이 아니라 자신의 교양을 쌓는 것이다.

교양 있는 사람이 되라는 의미는 과거에는 입신양명이라는 의미였을지 몰라도 자본주의 사회에서 교양 있는 사람이 되라는 말은 '부자가 되라'는 의미로 대체해야 하지 않을까 한다. 부자가 되고 싶다면 오늘부터라도 교양을 쌓도록 해야 한다. 교양이 당신을 부자로 만들어준다는 확실한 증거는 되지 못할지라도 부자로 가는 길에서 분명히 피할 수 없는 방법인 것은 확실하다.

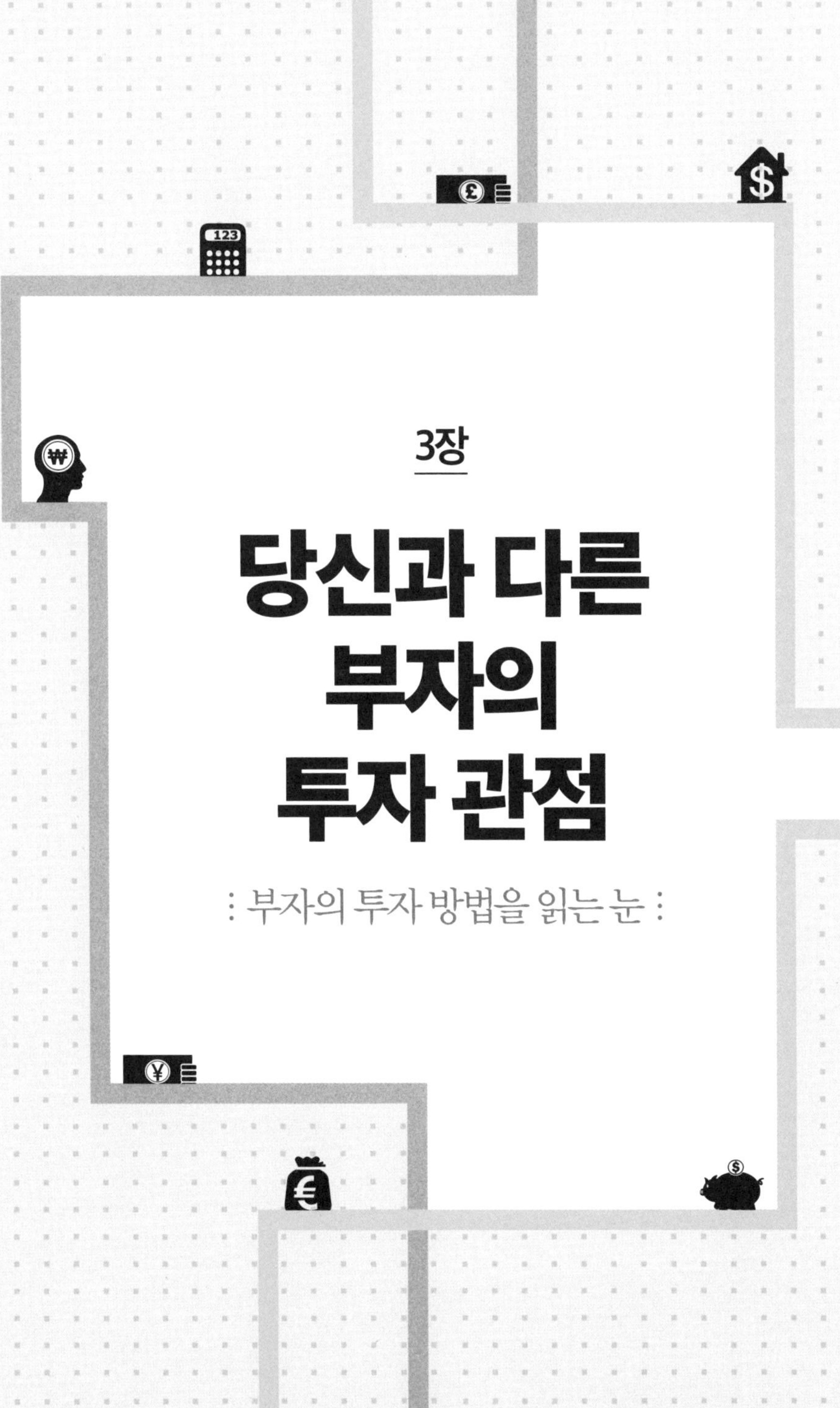


3장

당신과 다른
부자의
투자 관점

: 부자의 투자 방법을 읽는 눈 :

# 돈이란 무엇이고
# 어떻게 써야 하나?

아리스토텔레스로부터 프란츠 아시시, 마르크스, 요한 바울 2세에 이르기까지 많은 사상가들은 한결같이 다음 질문에 지대한 관심을 보였다. "돈에 대한 욕구를 과연 도덕적으로 내세우고 정당화할 수 있을 것인가?"

소포클레스는 돈에서 악의 형상을 찾아냈으나, 내가 좋아하는 에밀 졸라는 그의 소설 《돈》에서 "왜 돈이 모든 오명을 뒤집어써야 하는가?"라고 물었다. 돈을 벌기 위해 사람들은 자신의 창조력과 성실성을 투자하고 어느 정도의 위험 부담을 감수한다.

"어느 누구도 돈에 대해 말하지 않아. 그렇지만 모든 사람들이 그걸 생각하지."


－《돈, 뜨겁게 사랑하고 차갑게 다루어라》 중

현대 사회에서 돈은 필수적이다. 돈으로 모든 것을 살 수 있다. 돈으로 살 수 없는 것도 있지만 실제로는 모든 것을 살 수 있다. 지속성과 영원성에 따라 차이는 있겠지만 어차피 모든 것은 영원히 지속될 수 없지만 돈은 사람을 죽이고 살린다. 돈이 무엇이기에 사람을 죽이기도 하고 살리기도 하는 것일까?

유럽의 전설적인 투자자인 앙드레 코스톨라니는 모든 사람이 돈에 대해 생각을 하지만 그걸 입 밖으로 언급하지는 않는다고 말한다. 누구나 간절히 돈을 원하지만 그걸 타인에게 언급하지 않고 혼자만 간직한다. 돈만 있으면 해결되지만 그 돈이 없어 어려움을 겪는 것에 절망하고 좌절한다.

정작 돈 문제에 대한 걱정은 돈이 없어 힘든 것 보다는 돈에 대한 걱정으로 힘든 경우가 대다수이다. 돈에 대한 걱정으로 인해 돈이 들어오고 벌어도 여전히 걱정은 사라지지 않는다. 돈이 수중에 있어도 돈에 대한 걱정은 평생 나를 따라다니게 된다. 직장을 다니거나 사업을 하거나 무엇을 해서라도 돈은 벌면 되지만 근본적인 해결책이 되지 못한다. 평생 돈 걱정을 하며 살기 때문이다.

갈수록 돈은 사이버머니의 성격으로 변하고 있다. 실제로 돈을 들고 상품을 거래하는 것이 아니라 돈이 보이지 않는 카드로 결제하는 것이다. 돈이라는 것은 신용이라는 뜻이다. 카드로 결제하는 나와 음식점 사장은 서로 돈을 주고받지는 않지만 계산은 완료된다. 어느 누

구도 지폐를 꺼내 주고받지 않는다.

과거에 돈이란 물물교환의 환산 기준이었다. 닭과 쌀을 거래하고 쌀과 생선을 거래할 때 기준점으로서의 역할을 했지만, 이후 금이나 은이 일정량 함유된 동전이 물물교환을 대체하는 역할을 하게 된 것이다. 물물교환이 통용되던 시대와 달리 돈이 모든 것을 대표하고 무엇이든지 돈으로 환산할 수 있게 되었다. 점점 돈을 발행하는 정부가 갖고 있는 신용을 근거로 필요 이상의 돈을 찍어내고 그 돈이 부자들에게 들어갔다. 정확하게는 당장 돈이 필요 없는 사람들의 주머니로 들어가서 나오지 않았다.

돈이 부족한 사람들은 여유가 있는 사람들에게 돈을 빌리고 이자를 지급한다. 점점 돈은 물이 위에서 아래로 흐르는 것과 같이 꼭 필요한 사람에게서 당장 필요하지 않는 사람에게로 흘러간다. 돈이 꼭 필요한 사람에게는 돈이 없고 일정량 이상의 돈을 쓸 데가 없는 사람들에게는 돈이 들어와 나가지 않는다.

당장 쓸 수 있는 정도의 돈을 제외하고는 돈은 만져지지도 않고 어떻게 쓰는지도 모르게 빠져나간다. 불행히도 돈이 하도 많아 어떻게 돈을 써야 할지 모르는 사람은 돈이 남고, 늘 돈이 부족해서 돈을 간절히 원하는 사람에게는 돈이 움켜쥐는 모래처럼 빠져나간다.

돈이 무엇인지를 파악하는 것은 의미 없는 논제이다. 돈이 무엇인가에 대해서는 많은 경제 도서와 철학 책에서 다루고 있고 여기서는 돈을 바라보는 부자의 관점을 논하는 것이 핵심이다. 신기하게도 돈이 정말로 필요한 사람에게는 오지 않고 돈이 더 이상 필요 없는 사람에게는 들어온다. 은행에서도 대출이 필요 없는 부자들에게는 끊임없이 낮은 이자의 좋은 조건을 제시하고 대출이 필요한 사람에게는 고리의 이자뿐만 아니라 대출조차 안 해주려 한다.

정부가 은행의 지급준비율로 시중에 돌아다니는 돈의 유동성을 통제한다는 내용과 같은 돈의 흐름에 대해서는 경제학 책에서 배울 수 있다. 우리는 열심히 일하고 투자해서 나에게 들어오고 나가는 돈에 집중하는 것이 필요하다. 내가 쓰는 돈보다 들어오는 돈이 더 많을 때부터 비로소 돈은 나를 떠나지 않고 머물게 된다.

쓰는 돈보다 더 많은 돈을 벌거나 버는 돈보다 쓰는 돈을 최대한 줄이면 돈은 점점 모이게 된다. 이런 시스템이 완성되었을 때 비로소 우리는 부자가 되었다는 이야기를 듣는다. 전 세계 0.001%에 속하는 부자들은 하루에 1억 원씩 써도 부가 줄어들지 않는다. 그들에게는 그 정도로 쓰는 것보다 더 빠른 속도로 부의 자산증식이 이뤄지기 때문이다.

돈이 왜 필요하고 무엇인지를 안다는 것은 돈에 대한 철학을 갖고 있다는 의미이다. 돈에 대한 철학을 갖추고 돈에 대한 걱정은 일단 접어두자. 돈에 대한 걱정은 평생을 가도 없어지지 않는다. 돈이 들어오는 속도보다 빠져 나가는 속도가 훨씬 빠른 대부분의 사람들이 돈에 대한 걱정을 한다고 해서 변하는 것은 없으니 돈을 어떻게 벌 것인가를 고민하는 것이 훨씬 더 의미 있고 실질적으로 돈을 모을 수 있는 방법이다.

대부분의 사람들은 돈 버는 기술을 알려고 하지, 돈의 역사나 돈을 바라보는 자세에 대해 알려고 하지 않는다. 하지만 돈에 대한 자신만의 관점을 갖는 것이 먼저 할 일이다. 돈이 왜 필요하고 돈을 갖고 무엇을 할 것인지, 돈이 나에게 어떤 존재인지에 대한 고민 없이 단지 돈만 벌고 모으며 돈에 대한 철학이 없는 사람에게 돈은 어울림을 허락하지 않는다.

인류 역사와 더불어 돈은 다양한 방법으로 변화 발전했다. 또한 인류 문화의 발달과 함께 돈의 사용 방식은 변화하고 있다. 이제 돈을 직접 만지는 지불과 교환의 방식은 점차 사라지고 있다. 적은 액수일수록 직접 돈을 만져 교환하고 지불하지만 큰돈일수록 돈은 사이버머니의 성격으로 변하고 있다.

평소에 돈을 어떤 식으로 다루고 있는가? 지폐를 가지고 타인과 거래하여 교환하거나 지불하는가? 아니면, 보이지 않는 사이버머니처럼 교환하고 지불하는가? 적은 돈일수록 직접 만지며 돈의 지출을 스스로 통제해야 하고 큰돈일수록 사이버머니처럼 빠져나가는 돈에 무감각해지지 않도록 노력해야 한다.

적은 돈을 사이버머니처럼 사용하면 돈에 대한 감각이 없이 쓰게 된다. 큰돈은 직접 만지지 않는 거래를 하더라도 인간의 인지능력은 명확하게 돈으로 인식하고 조심한다. 혹시 현재 반대로 하고 있지는 않은지 따져봐야 한다. 몇만 원이나 몇십만 원은 우습지도 않게 사이버머니처럼 쓰게 되지만 몇백만 원, 몇천만 원은 보이지 않는 돈이라 하더라도 쉽게 결정하지 않는다.

돈이란 내가 하고 싶은 것을 할 수 있게 해주고 하기 싫은 것을 하지 않아도 되는 힘을 준다. 최소한 구차한 짓을 하지 않아도 될 수 있게 만들어준다. 자본주의 사회에서 돈이란 극단적으로 볼 때 모든 것이다. 하지만 돈에 대한 철학이 없는 사람에게 돈이란 감당하지 못하는 폭탄을 들고 있는 것과 같다.

> • 앙드레 코스톨라니 저, 김재경 역, 《돈, 뜨겁게 사랑하고 차갑게 다루어라》, 미래의창
> • 존 암스트롱 저, 정미우 역, 《인생학교 돈》, 쌤앤파커스
> • 김찬호 저, 《돈의 인문학》, 문학과지성사

# 가진 자의 언어

"바이탈vital을 체크해 주세요."

"빨리 석션suction 하세요! 급해요!"

"어레스트arrest라고요!!!"

위에 언급한 용어들이 무슨 뜻인지 이해하는 사람들은 의학드라마를 자주 봤거나 현재 의학 분야에 종사하는 사람일 확률이 높다. 의사들은 환자와 보호자를 바로 눈앞에 두고 자기들끼리 생판 모르는 이상한 이야기를 열심히 한다. 환자와 보호자는 눈만 껌벅이며 한국인 의사들이 하는 말을 전혀 알아듣지 못한다.

'주택임대차보호법 제3조의 2 제1항은 대항 요건(주택인도와 주민등

록전입신고)과 임대차계약증서상의 확정일자를 갖춘 주택임차인은 후순위권리자 기타 일반채권자보다 우선하여 보증금을 변제받을 권리가 있음을 규정하고 있는 바, 이는 임대차계약증서에 확정일자를 갖춘 경우에는 부동산 담보권에 유사한 권리를 인정한다는 취지이므로, 부동산 담보권자보다 선순위의 가압류채권자가 있는 경우에 그 담보권자가 선순위의 가압류채권자와 채권액에 비례한 평등배당을 받을 수 있는 것과 마찬가지로 위 규정에 의하여 우선변제권을 갖게 되는 임차보증금채권자도 선순위의 가압류채권자와는 평등배당의 관계에 있게 된다.'

주택임대차보호법에서 임차인이 자신의 보증금을 지킬 수 있는 권리에 대해 임차인과 채권자가 소송을 통해 재판을 했는데 판사는 위에 실려 있는 것과 같은 판결을 내렸다. 분명히 지금 읽고 있는 글은 한글이지만 이 글을 읽고 쉽게 이해하는 사람은 그다지 많지 않을 것이다. 하지만 법조인들은 누구나 다 저 글을 읽고 이해할 뿐만 아니라 저런 식으로 글을 쓴다.

'아이엠투자증권은 삼성전자(005930)에 대해 "최근 동사 주가는 2Q14 실적악재 발표 후, 3Q14 개선 기대와 환율상승 및 내년 Finfet 경쟁에서 TSMC 대비 먼저 우위를 차지한 점 등으로 단기 반등을 하고 있다. 그러나 스마트폰 사업의 매출성장 부진이 지속될 전망이며, 2H14에도 Captive 수요 부진으로 OLED 및 System LSI 사업부 실적은 개선이 제한적일 전망"이라고 분석했다.

또한 "내년 Finfet 경쟁에서 삼성이 먼저 M/S를 올림으로써 파운드리사업부 가동률이 다소 회복될 전망이나, 경쟁관계에 있는 Apple과

퀄컴 고객의 장기 이탈 추세는 계속될 전망이다. 한편 TSMC는 내년 하반기부터 퍼포먼스가 Upgrade된 16nm Finfet Plus로 양산할 것 같다"라고 밝혔다.'

한국에서 제일 잘 나간다는 삼성전자에 대해 투자를 하려고 했더니 위와 같은 정보가 떴다. 신문에 나올 정도이니 쉽게 이해할 수 있으리라 생각하고 읽었지만 도대체 무슨 말인지 알 수 없는 용어들로 가득한 글이 빽빽하게 적혀 있었다. 삼성전자의 실적은 투자하는 데 있어 무척이나 중요한 포인트라고 생각하는데 읽는 것부터 막힌다.

의사들에게는 자신들만이 쓰는 의학용어를 비롯한 언어가 있고, 변호사를 비롯한 법조계 종사자들에게는 법적 용어를 활용한 언어가 있다. 기업의 사장들은 열심히 일을 해서 기업을 키우는 것이 다가 아니라 재무제표라는 기업의 언어를 배워야 한다는 것을 절실히 깨닫게 된다. 평소에는 몰라도 살아가는 데 하등 문제될 것이 없다.

이런 것들은 전부 가진 자의 언어이다. 일반 사람들은 몰라도 살아가는데 딱히 지장이 없다. 아플 때 의사를 찾아가고 법적인 문제가 생길 때 변호사를 찾아가는 것은 그들끼리 쓰는 언어를 그들이 구사하고 상대방에게 설명하기 때문이다. 물론 가진 자의 언어라고 하여 모든 것을 알고 쓸 수 있어야 하는 것은 아니다. 가진 자들의 언어 중에 일부라도 자신이 쓸 수 있는 능력을 갖는 것이 중요하다.

삼성전자 이건희 회장은 법적인 용어를 잘 모르고 굳이 외우려 하거나 이해하려고 노력하지 않아도 회사 내의 법무 팀에서 법률 용어로 점철되어 있는 글과 말을 쉽게 풀어서 알려준다. 마찬가지로 병원에 입원해도 의사들이 자신들의 언어가 아닌 일반인이 알아들을 수 있게 쉽게 풀어서 현재의 상태에 대해 알려준다. 반면에 기업의 수장으로서 재무제표라고 불리는 기업의 언어는 누구보다 잘 알고 지시를 내릴 것이다.

국회의원이나 사회 지도층 인사 중에는 법조계 출신이 많다. 우리는 전혀 의식하지 않고 살고 있지만 우리가 하는 모든 것들은 법과 관련이 되어 있다. 아주 사소한 것들도 법에 의해 규정되어 있다는 것을 알면 깜짝 놀랄 것이다. 이러다 보니 법조계 인사들은 흔히 말하는 가진 자의 언어를 알고 이를 활용해서 돈을 벌고 가진 자들이 궁금해 하는 것을 알려준다.

《뿌리 깊은 나무》를 보면 세종대왕이 한글을 창제할 때 수많은 유생들이 이를 반대한다. 근본적인 숨은 뜻은 바로 자신들이 갖고 있는 헤게모니를 일반인들에게 넘겨주지 않겠다는 의미이다. 자신들이 읽고 쓰며 이해한 후에 아랫것들에게 알려주던 것을 함께 이용하고 이해한다는 사실에 무조건 이를 반대한 것이다.

지금처럼 종이가 흔하지 않던 시절에는 양피지에 글을 남겼지만 짐승의 가죽에 글을 쓰는 것이라 많이 쓸 수도 여러 개를 남길 수도 없었다. 이에 따라 상류 계층은 자신들의 자손들에게 중요한 내용은 암기를 시켜 외우게 했다. 이렇게 어릴 때 암기된 내용은 가진 자들끼리 대대로 내려오는 비급이 되어 고급 정보로서 활용되었다.

종이의 보급과 인쇄술의 발달로 이제는 글만 읽을 줄 알면 누구나 정보와 지식을 갖출 수 있는 시대가 되었다. 특히 인터넷의 발달로 자신들이 알고 있는 지식을 무한정 공짜로 보급하는 시대가 되어 예전에는 읽어도 모를 고급 정보라 할 수 있는 글들을 누구나 접할 수 있게 오픈되는 시대가 되었다.

지금 모습 그대로 평생 살기를 원하는 사람이라면 굳이 더 이상 알려고 하지 않아도 아무런 지장이 없을지도 모른다. 하지만 당신이 창업을 하건, 직장에서 더 높은 지위에 올라가려 하건, 투자를 하려 하건 간에 지금과 다른 인생을 살려 한다면 가진 자의 언어를 배우는 것은 필수이고 피할 수 없는 선택이다.

주식 투자를 하는데 재무제표에 나온 숫자와 용어의 의미를 모른다는 것은 까막눈으로 알지도 못하는 기업에 투자를 한다는 뜻이다. 또 창업할 때 관련 법규를 모른 채 창업을 하는 것은 언제 창업한 사업장이 법적 문제로 고생을 겪게 될지도 모른다는 의미이다. 연봉계약을 할 때도 노동법에 대해 전혀 모른다면 제대로 된 계약을 하지 못한다는 의미이고, 부동산 거래를 할 때 관련 법규를 모른다면 사기를 당할 가능성이 농후하다는 뜻이다.

그동안 가진 자들의 언어는 가진 자들끼리만 통용되고 활용되어 일반인들은 그들이 하는 말을 이해하고 싶어도 알 수 없었다. 멍하니 눈만 뜬 채로 내가 왜 이렇게 되었는지 알지도 못한 채로 당하는 것이었다. 여전히 자신이 부당하게 취급받는다는 사실도 모르고 조금만 가진 자들의 언어를 알면 대처할 수 있다는 것을 감지하지도 못하고 억울하다며 외치는 사람들도 있다.

이제 가진 자들의 언어는 가진 자들만 갖는 것이 아니라 누구나 원하고 노력만 하면 얻을 수 있다. 당신이 성공하고 부자가 되고 싶다면 가진 자들의 언어를 습득하는 것은 필수이다. 그 정도의 노력도 없이 세상에서 부를 형성할 수 있으리라고는 꿈도 꾸지 말아야 한다.

우리 사회에서 돈을 잘 버는 사람들 대부분이 가진 자의 언어를 습득한 후에 이를 활용해서 이룩한 결과라는 것을 알아야 한다. 예전보다는 덜 하지만 여전히 의사, 변호사, 회계사 등이 되려고 하는 이유는 그들이 좀 더 가진 자들과 가깝게 지낼 수 있는 확률이 높고 가진 자의 언어로 그들이 하는 말을 알아듣고 미리 대처를 하기 때문이다.

오늘도 신문에서 TV뉴스에서 수없이 많은 기사들이 넘쳐난다. 가진 자의 언어로 나오는 기사에 일반인들은 제대로 소화도 못하고 읽고 볼 뿐이다. 가진 자의 언어를 알고 난 후에 읽고 보고 들을 때에야 비로소 당신은 가진 자들의 생각을 읽고 그들을 따라 할 수 있게 된다.

처음에는 지금까지와는 다른 가진 자의 언어를 습득하는 것이 힘들고 어려울 것이다. 하지만 당신이 그토록 원하는 부자가 되기 위해서는 가진 자의 언어를 알아야만 한다. 분명히 바로 내 앞에서 떠들고 알려주는데 까막눈이 되고 귀머거리가 되어 들어도 듣지 못하고 봐도 보지 못하는 상태로 살고 싶은가? 가진 자의 언어를 익히고 배워 활용하는 사람만이 부자의 생각과 시야를 얻을 수 있는 것이다.

• 이정명 저, 《뿌리 깊은 나무 1, 2》, 밀리언하우스

# 안전마진

"1달러 지폐를 40센트에 산다는 생각이 사람들에게 즉시 통하는지, 아니면 전혀 먹혀들지 않는지 매우 궁금하다. 이것은 예방주사와 같다. 만약 그러한 생각이 어떤 사람에게 통하지 않는다면, 나는 여러분들이 그 사람에게 수년간 이야기하고 기록들을 보여줄 것이라는 것을 안다. 이것과 마찬가지이다. 그들은 그토록 간단함에도 불구하고 그러한 개념을 모르는 것처럼 보인다. MBA교육을 받지 않은 릭 게린과 같은 친구는 가치에 투자하는 방법을 즉시 이해하고 5분 만에 적용했다. 나는 이러한 방법을 10년 동안 점진적으로 받아들이는 사람을 본 적이 없다. 그것은 IQ나 학문적인 훈련의 문제는 아닌 것 같다. 그것은 순간적으로 이해하거나 그렇지 아니면 아무것도 아닌 것이다."

－《현명한 투자자》중

안전마진은 영어로 'Margin of Safety'라고 한다. 쉽게 표현하면 싸게 산다는 의미다. 1,000원 짜리 물건을 400원에 산다는 것은 엄청나게 할인된 가격으로 산다는 뜻이다. 똑같은 제품을 제 가격에 사는 사람들도 있지만 할인을 할 때까지 기다린 후에 구입하는 사람들도 있다.

몇몇 가전제품들은 패스트 팔로워라고 하여 남들보다 먼저 구입을 하는 사람들이 있다. 이 사람들은 제 가격을 다 주고 산다. 어떤 사람들은 할인을 하면 그제서야 구입한다. 빨리 구입하거나 늦게 구입하거나 제품의 성질이나 기능이 달라질 것은 없다. 그렇다면 쌀 때 구입하는 것이 금전적으로 훨씬 유리하다는 것은 말할 필요도 없다.

개인적으로 우리나라 역사상 가장 많은 부자가 탄생한 시기가 IMF 직후라고 본다. 승승장구하던 많은 기업과 개인들이 무리한 확장과 차입을 통해 몸집을 불렸지만 하루아침에 망하고 말았다. 수없이 많은 자산과 기업이 헐값에 시장에 나왔다. 시장에는 피투성이로 변한 매물들이 잔뜩 널려있었다. 수없이 많은 사람들이 공포에 사로잡혀 있었다.

순식간에 싼 가격에 매수할 수 있는 자산들이 시장에 쏟아져 나왔다. 이 당시에 용기를 갖고 싼 가격에 주목한 사람들이 있었다. 이들이 주목한 것은 바로 본질에는 변함이 없다는 것이었다. 이를테면 2억 원에 거래되던 30평 아파트가 하루아침에 1억 원까지 떨어졌다.

가격이 변한 것 이외에는 아파트라는 본질 자체는 변함이 없었다.

지금은 부유층의 상징이 되어 있는 타워팰리스 마저도 미분양이 될 정도였다. 또한 지금은 100만 원대의 주가를 기록하고 있는 롯데칠성 같은 기업의 주가도 당시에는 겨우 몇만 원 밖에 하지 않았다. 이처럼 기업이나 자산이나 그 가치라고 하는 본질에는 변함이 없는데 가격만 이 달라지는 경우가 많다.

안전마진이라는 것은 싸게 구입을 했기에 자신의 투자가 최소한 손해 보지 않을 가격에 매입했다는 뜻이 된다. 1,000원 짜리 물건을 400원까지 떨어졌을 때 구입했기에 아무리 잘못되더라도 더 이상 떨어질 가격이 없으니 손해 볼 확률이 그만큼 적어져서 이익을 볼 일 만 남게 된다.

가치 투자의 시조인 벤저민 그레이엄이 이 개념을 처음으로 이론적 으로 정립하여 실제로 투자에 적용한 후에 워렌 버핏이 자신의 투자 에서 가장 중요하게 여긴 투자 방법이다. 안전마진이 담보된 투자인 담배꽁초 투자를 통해 손해를 최소화해서 작은 이익이라도 남길 수 있었다. 담배꽁초 투자란 담배꽁초라도 한 모금 정도 필 수 있는 여력 은 남아있기에 저가에 매수한다면 작은 이익이라도 볼 수 있다는 뜻 이다.

일반적으로 모든 사람들이 공통적으로 수긍하는 투자에 대한 명확 한 정의가 없다 보니 안전마진은 투자와 투기를 가르는 기준이 될 수 있다. 거래를 통해 이익에 초점을 두고 투자(투기)를 하는 사람들에게 는 안전마진은 전혀 고려 대상이 되지 않는다. 하지만 진정한 투자의 개념은 안전마진이 확보된 투자를 하는 것을 말한다.

부자들이 가장 중요하게 여기고 핵심적으로 보는 것이 바로 싸게 사는 것이다. 부자들은 무조건 싸게 살 수 있을 때까지 기다리고 또 기다린다. 어설프게 움직여서 투자 자금이 묶이고 손해를 보는 것보다는 싸게 살 수 있을 때까지 기다리는 것이다. 그런 후에 무섭고 게걸스럽게 먹어치운다. 손해 볼 확률이 극히 적다는 것을 알기에 탐욕스럽게 최대한 자신의 욕심을 채운다.

대기업들 중에는 엄청난 이익을 올리는 기업들이 있다. 규모 자체가 조 단위의 이익을 보는데도 불구하고 이 이익을 전부 사내유보금으로 갖고 있다. 쉽사리 투자를 하지 않는다. IMF당시에 이익금에 차입까지 하여 무리한 확장을 하다 실패한 경험이 쌓여 이제는 싸게 살 수 있는 환경이 되어야만 움직이는 것이다.

가면 갈수록 부자들이 더욱 부자가 되고 있다고 한다. 이들에게는 급할 것이 없다. 굳이 제 가격에 구입해야 할 필요가 없는 것이다. 이러다 보니 아무리 상대방이 좋은 투자라 소개해도 가격이 싸질 때까지 기다린다. 결국에는 급한 놈이 지게 되어 있다. 싼 가격에 매수하다 보니 어지간해서는 손해 보는 일이 거의 없는 것이다. 이런 일이 반복되다 보니 부자들은 자산이 줄지 않고 늘기만 하는 것이다.

물론 자신은 최대한 싼 가격이라 판단하여 구입을 했음에도 구입한 가격보다 더 떨어지는 경우도 흔하다. 그렇다 한들 이미 저가에 매입한 자산 가격이 일정 가격 이하까지 떨어지는 경우는 없다. 과도한 가격의 하락까지 경험하는 경우는 희박하다. 무릎에 사야 하는데 발목이나 발바닥까지 떨어지기를 기다리면 실제 매수할 수 있는 자산은 거의 없다.

안전마진을 확보한다는 것은 손해를 최소한으로 줄일 수 있다는 뜻이다. 아주아주 간단한 방법이고 듣자마자 이해할 수 있는 개념이다. 워렌 버핏이 듣자마자 이해하고 5분 만에 적용할 수 있다고 할 정도로 단순한데도 사람들은 안전마진을 확보하기 위한 노력을 좀처럼 기울이지 않는다.

혹자는 이렇게까지 표현한다. 아무리 쓰레기 같은 자산이고 누구도 거들떠보지 않을지라도 싸게만 산다면 무조건 돈이 된다고 한다. 우스갯소리로 싸면 똥도 산다고 한다. 뭐, 싸게 산 똥은 거름으로 팔 수라도 있으니 말이다.

당장에 마트에서 같은 회사의 같은 브랜드 라면을 1,000원에 파는 곳과 500원에 파는 곳이 있다면 어느 곳에 가서 구입을 하겠는가? 물어보지 않아도 대답은 뻔하다. 이와 같이 안전마진은 1,000원 짜리를 500원에 구입하는 것이다. 더 이상 손해 보지 않을 가격에 잡는 것이다. 정확하게는 손해를 최소로 만드는 마지노선이다.

당신이 어떤 선택을 하든 무조건 안전마진이라는 원칙을 지킨다면 필승이 100% 확실하지는 않아도 필패하지 않을 것은 100% 확실하다. 안전마진을 지킨다면 잃고 싶어도 쉽게 잃지 않을 수 있다. 안전마진을 꼭 기억하라!

- 벤저민 그레이엄 저, 제이슨 츠바이크 논평, 박진곤 역, 《현명한 투자자》, 국일증권경제연구소
- 크리스토퍼 리소 길 저, 김상우 역, 《안전마진》, 부크온

# 경제적 해자

예전에는 적의 침입으로부터 방어하기 위해 성을 구축했다. 성으로 둘러싸여 있어 적의 침입에 대처하는 것은 용이했으나, 성에 침입하는 것이 어려운 것은 아니었다. 대규모의 군대가 쳐 들어가면 성 정도는 쉽게 함락할 수 있었다. 성을 쌓은 이유는 적이 쉽게 침입하지 못하게 하려는 목적이었는데, 좀도둑들이나 간단한 적들을 물리칠 수는 있으나 성만으로는 군대의 침입을 대비하기에 부족했다.

이에 성 주변에 길게 땅을 파서 이곳에 물을 채워 넣었다. 이렇게 되면 적이 성을 함락시키기 위해서는 먼저 성 주변에 파 놓은 물을 먼저 없애거나 물을 건너 성에 접근할 수 있는 방법을 마련해야만 했다. 성을 함락시키는 것이 결코 쉽지 않게 된 것이다.

이와 같이 성을 지키기 위해 성 주변에 땅을 파서 물을 넣은 것과 같은 것을 해자(垓子)라고 한다. 공격보다는 방어를 위해 만들어진 연못이라 할 수 있다. 해자로 둘러싸인 성은 난공불락의 요새가 되어 이를 점령하기 위해서는 엄청난 출혈을 감수해야만 한다.

이러한 해자를 경제에 적용한 이가 있으니 바로 '워렌 버핏'이다. 워렌 버핏이 매년 발행하는 버크셔 헤서웨이 연례보고서 중에 1980년대에 처음 언급하면서 알려지게 되었다. 한 기업이 경쟁사들보다 독점적인 경쟁력을 갖고 있을 때 이 기업은 경제적 해자를 갖고 있다고 본다. 한마디로 진입장벽이 있는 기업이라 다른 기업이 쉽게 이 분야로 진입하기 힘들다는 뜻이어서 안정적으로 성장할 수 있는 밑바탕이 된다.

예전에 815라는 콜라가 출시되었었다. 미국의 코카콜라에 대항하기 위해 순수한 국내 자본으로 만들어져 약간의 애국 마케팅과 함께 한때는 사람들의 관심과 더불어 제법 팔렸지만 결국에는 코카콜라에게 점유율은 물론이고 판매에서도 비교가 되지 않아 815콜라는 사업을 접고 말았다. 코카콜라와 815콜라의 콜라 맛은 큰 차이가 없었다고 할 수 있다. 탄산음료는 어차피 톡 쏘는 맛이 중요한데 다수의 사람들은 콜라 하면 코카콜라를 떠올린 것이다.

눈가리개를 한 후에 코카콜라와 펩시콜라의 맛을 비교한 적이 있었다. 다수의 사람들이 콜라 맛을 정확하게 비교할 수 있다고 자신하고 제일 맛있는 콜라를 선택했을 때 대부분의 사람들이 펩시콜라가 가장 맛있는 콜라라고 선정했다. 펩시콜라는 이 조사 결과를 대대적으로

마케팅으로 선전했지만 여전히 사람들은 펩시콜라가 아닌 코카콜라를 마셨다.

이런 점이 바로 경제적 해자에 해당하는 것이다. 펩시콜라가 더 맛이 있었을지는 모르지만 사람들에게 콜라 하면 떠오르는 것은 코카콜라이고, 코카콜라 하면 저절로 목이 타는 갈증을 해소하는 이미지가 선명하게 각인되어 있어 코카콜라라는 브랜드 자체가 바로 콜라에서는 경제적 해자가 되는 것이다.

경제적 해자는 브랜드, 특허, 라이센스, 독과점, 탁월한 원가우위, 믿을 수 있는 AS, 신뢰할 수 있는 CEO 등 다양하다. 중요한 것은 경제적 해자로 인해 고객들이 그 기업을 선택할 수 있으면 된다. 문제는 일회성 경제적 해자에는 속지 말아야 한다는 것이다. 평생 지속되는 경제적 해자는 드물겠지만 오래도록 유지되는 경제적 해자를 갖고 있는 기업이나 자산에 투자해야 한다.

똑같은 핸드백, 가방, 볼펜, 만년필 등이 단지 유명한 브랜드를 다는 것만으로도 엄청나게 가격이 뛴다. 사람들은 유명 브랜드라는 이유만으로 고가라는 것을 의식하지 않고 기꺼이 비용을 지불한다. 브랜드라는 경제적 해자는 사람들의 돈을 집어 삼키는 괴물이다. 사람들은 남과 다르기 위해서 많은 것을 포기하고 구입하는 것이다.

퀄컴이라는 기업이 있다. 무선전화기에 들어가는 칩에 대한 연구 및 개발을 하는 기업인데 핸드폰을 만드는 회사들이 필수적으로 써야 하는 부분의 원천기술을 갖고 특허를 내서 이에 따른 사업을 하는 기업이다. 핸드폰 제조 회사들에서 로열티를 받는 것만으로도 엄청난데, 퀄컴의 경제적 해자가 바로 특허라서 이 회사의 원천기술을 쓰면 무조건 일정의 로열티를 지급해야 한다. 핸드폰이 많이 판매될수록 이익이 늘어나는 것이다.

사회가 점점 서구화되고 고급화되면서 이제 원두커피를 마시는 시대가 되었지만 여전히 커피믹스 등 달달한 커피를 마시는 사람들이 많은데 이 분야에서 절대적인 강자가 바로 동서식품이다. 시장점유율이 80%가 넘어 독과점으로 돈을 벌고 있고, 맥심이라는 브랜드는 커피믹스의 대명사로 사람들의 선택을 받는다.

예전에 아파트는 어느 지역, 어떤 회사의 아파트인지가 중요한 요소의 하나였다. 하지만 이제 아파트는 브랜드의 시대이다. 어떤 브랜드의 아파트인지 여부에 따라 집값의 차이가 크다. 물론 그만큼 아파트 자체의 변별성이 없어 차별화의 요소로 브랜드 전략에 집중한 건설사의 이미지 메이킹이 한몫한 것도 사실이다.

자영업을 하는 사람이나 프리랜서들도 남들과는 다른 자신만의 차별성을 가져야만 오래도록 시장에서 살아남을 수 있다. 사람들에게 싼 가격이나 음식 맛, 믿고 신뢰할 수 있는 품질, 다른 곳에서는 얻을 수 없는 경험 등을 제공하여 다른 곳이나 사람을 찾지 않고 나에게 찾아오게 만들어야 한다.

부자들에게 경제적 해자는 자신이 선택하는 데 있어 중요한 요소이고, 사람들이 자신을 선택하는 데 있어 핵심적인 요소가 되도록 한다. 경제적 해자를 갖고 있는 회사에 투자한다는 것은 투자한 기업이 쉽게 망하지 않는다는 의미이고, 내가 경제적 해자를 갖고 있다는 것은 어지간해서는 안전하게 사업을 할 수 있다는 뜻이다.

경제적 해자는 차별화라고 볼 수도 있고 남들이 흉내낼 수 없는 무언의 요소도 포함된다. 오랜 시간 동안 쌓아온 개인의 신뢰성만으로도 그 사람이 하는 것을 사람들이 믿고 제품을 구입하는 경우가 이에 해당한다. 이를테면 네이버 공식 파워블로거라는 명칭이 주는 신뢰도에 사람들이 믿고 해당 파워블로거가 추천하는 제품을 구입하는 것도 바로 그 사람만이 갖는 경제적 해자이다.

이와 같은 경제적 해자는 얻는 것도 쉽지 않지만 잃는 것도 쉽지 않다. 사람들은 하루 아침에 갑자기 자신들이 애용하는 제품 등을 교체하지 않는다. 경제적 해자가 형성되면 어떨 때는 거의 맹목적으로 아무런 의심도 하지 않고 그 신제품이 나올 때마다 구입을 하는 경우도 많다. 한번 경제적 해자가 되면 엄청난 힘을 획득하게 되는 것이다.

엄청난 자금력을 갖고 있는 기업들이 쉽게 진입하지 못하는 경제적 해자를 갖는다면 이미 당신의 인생은 성공한 것이나 마찬가지다. 자금력만으로는 살 수 없는 무형의 경제적 해자는 바로 나를 부자로 만들어주는 황금알을 낳는 거위가 되기 때문이다.

주식의 경우도 아무리 싼 가격으로 매수하는 것이 중요하다고 해도 경제적 해자가 없는 기업의 미래는 불투명해서 오래도록 함께 할 수 없다. 이 글을 읽고 있는 당신도 당신만의 경제적 해자를 갖기 위해 노력해야 한다. 많은 돈을 갖고 있는 것보다 남들과는 비교도 되지 않는 자신만의 경제적 해자를 갖고 있을 때 비로소 그 사람은 부자의 길에 들어섰을 뿐만 아니라 부자의 대열에서 추락하지 않는 든든한 동아줄을 갖게 된 것이다.

지금부터 고민하고 연구하고 노력해서 경제적 해자를 갖고 있는 기업과 자산에 투자하고 자신만의 경제적 해자를 갖도록 하라!

· 팻도시 저, 전광수 역, 《경제적 해자》, 리더&리더

# 가격과 가치

　중고나라라고 하는 중고 물품을 거래하는 사이트가 있다. 이곳에서는 별의별 것들이 전부 거래된다. 팔고자 하는 사람들이 내놓는 물건 가격과 사고자 하는 사람이 원하는 가격의 차이가 자주 발생한다. 어떤 사람이 1개월 쓴 갤럭시S5를 팔기 위해 60만 원에 내놓았는데 아무에게도 연락이 오지 않았다.

　이 사람이 실수를 한 것은 바로 현재 자신이 팔고자 하는 갤럭시S5가 어느 정도의 가격에 중고나라에서 팔리고 있는지에 대해 전혀 조사를 하지 않은 것이다. 아무리 자신이 산 가격이 있고 사용한 기간이 짧다고 해도 사람들이 원하는 가격에 내놓지 않다 보니 어느 누구도 비싸다고 생각해서 연락을 하지 않은 것이다.

자신이 생각하는 가치에 비해 저렴하게 시장에 내놓았다고 생각했는데 사람들이 생각하는 가격은 가치에 미치지 못한 것이다. 이와 같이 가치와 가격은 자주 불일치하는 경우가 생긴다. 특히 내가 생각하는 가치와 사람들이 생각하는 가치가 달라 거기에서 생긴 불균형으로 인해 균열이 일어나 갭이 벌어질 때가 있다.

가치는 영원 무구한 것이 아니고 가격도 고정 불변이 아니다. 자동차를 구입하면 일정 기간 동안 지속적으로 감가상각이 일어나 나중에는 수리를 하는 것이 더 비싸게 느껴질 수 있을 뿐만 아니라 파는 것보다 폐기처리 하는 것이 더 비싼 가격이 드는 경우도 많다. 자동차가 이동 수단이라는 가치 자체는 변함이 없는데 말이다.

아파트가 건축된다. 분양과 더불어 사람들이 입주를 시작한다. 아무리 아끼고 잘 꾸민다고 해도 시간이 지나면서 점점 감가상각이 일어난다. 아파트는 사람이 거주를 하기 위한 공간이라는 가치 자체는 변함이 없다. 건물의 감각상각이 일어나지만 토지의 공시지가는 계속 올라가기만 한다. 점점 노후화가 진행되어 수도에서는 녹물이 나오고 외벽은 금이가 사람들이 살기 힘들어지는데 신기하게도 가격은 별다른 차이가 없다. 어느 날 재건축 이야기가 나오더니 순식간에 가격이 20%나 뛰는 현상을 경험한다. 아파트라는 가치는 변한 것이 하나도 없는데 가격은 올라갔다 떨어졌다를 반복한다.


우리가 생존을 하는데 필수적으로 사용하는 물은 없어서는 안 되는 물질이다. 물이 없다면 사람은 오래도록 생존을 유지할 수 없다. 이렇게 중요한 물이지만 편의점에서 가격은 대부분 겨우 몇백 원밖에 하지 않는다. 정수 처리한 수돗물은 아껴 쓰지 않아도 씻고 먹는 데 한 달에 지불하는 사용료는 몇만 원이면 충분하다.

이에 반해 없어도 실생활에서 전혀 지장이 없는 다이아몬드와 같은 경우는 하나의 가격이 물과는 비교가 되지도 않을뿐더러 물이라면 몇십 년 동안 마셔도 될 정도의 가격으로 거래가 되고 있다. 다이아몬드가 없다고 사람들이 죽거나 사는데 지장을 받는 것이 전혀 없는데도 불구하고 이러한 현상이 일어난다.

물은 사람들의 생존을 위한 엄청난 가치를 지니고 있지만 실제 가치에 비해 제대로 된 가격으로 거래되지 않는다. 다이아몬드는 생존을 위해 전혀 필요 없지만 사람들은 다이아몬드의 가치를 높게 보고 기꺼이 많은 가격을 지불하고서라도 구입한다.

물이 부족한 시대가 되어 물이 귀해지면 사람들은 그때부터 물을 찾기 위해 노력하고 물 한잔을 마시기 위해 자신이 갖고 있는 다이아몬드를 처분하려고 할 것이다. 다이아몬드의 가치는 물에 비해서 형편없어졌기 때문이다.


가치와 가격은 견우와 직녀가 일 년에 한 번밖에 만나지 못하는 것처럼 서로 함께 접촉하는 지점이 극히 드물다. 언제나 가치에 비해 가격이 싸거나 비싸다. 가치에 맞는 적정 가격으로 지불되는 경우는 희박하다. 그러한 때는 아주 잠시일 뿐만 아니라 순식간에 서로의 관계는 멀어진다. 사람들은 늘 가치에 비해 제 가격을 못 찾는다고 한탄하거나 너무 과도한 쏠림현상이 나타난다고 우려하지만 현실에서 가치와 가격이 일치하는 순간을 만나는 것은 찰나라고 할 정도이다.

주가도 가치에 비해 저평가되었을 때 불황의 시기가 도래하는 것이고 가치에 비해 고평가되었을 때는 버블이 생긴다. 18세기 이후에 자본주의가 본격적으로 펼쳐진 때부터 언제나 호황과 불황이 반복되어 교대로 사람들 앞에 다가왔다. 불황의 시기에 사람들은 이제 모든 것이 끝났다며 공포에 휩싸이고, 호황의 시기가 오면 이번에는 잡아야 한다며 탐욕에 눈이 먼다.

똑같은 현상과 사물에 대해 사람들은 각자 자신이 판단하는 가치와 가격이 다르다. 각자 생각하는 가치에 따른 가격이 있다. 본인이 생각할 때 형편없는 가치를 지닌 것이라면 충분한 가격을 지불할 의사가 전혀 없을 것이다. 엄청난 가치를 지녔다면 반대로 어떠한 가격을 치르고서라도 구입하려고 할 것이다.

각자 자신의 가치관과 판단력에 따라 가치와 가격에 대한 갭이 존재하지만 보유하고 있는 부에 따라서도 각자가 의의를 두고 있는 가치가 달라진다. 누군가에게는 가치에 비해 가격이 너무 비싸다고 생각되어 쳐다보지도 않지만 부자는 가치에 비해 가격이 좀 비싸더라도 구입하면 조만간 가치가 더 올라 가격이 상관없을 것이라 여긴다.

자신의 관점으로만 가치를 파악해서는 안 된다. 내가 생각하는 가치는 대다수 사람들과는 다를 수 있다. 아직 사업을 보는 눈도 없고 투자를 해본 적도 없는 내가 바라보는 관점에서 가치에 비해 싼지 비싼지를 판단하는 것은 잘못된 행동이다. 이럴 때는 오히려 가치에 비해 싸게 느껴지는 가격이나 비싸게 느껴지는 가격이 정답일 수 있다. 세상 대부분의 사람들은 결코 바보가 아니기 때문이다.

특히 내가 전혀 이해할 수 없는 가격에 부자가 구입을 한다면 그 가격을 지불하는 부자의 관점에서 가치를 파악해야 한다. 부자들은 가치와 가격의 차이를 정확하고도 냉정하게 파악해서 취득한다. 결코 가치에 비해 고평가된 가격으로 취득하려 하지 않는다. 분명히 가치에 비해 비싸 보일지라도 그 가격에 매수하는 이유가 있다. 또는 가치가 형편없다고 생각되어 고려 대상이 아닌데도 저렴하게 구입하는 사람들이 있다면 반드시 그 이유를 알도록 해야 한다.

항상 가치와 가격은 차이가 생긴다는 것을 몸속 깊이 각인하고 있어야 한다. 가치는 내가 판단하는 것이고 가격은 남이 제안한다는 이야기도 있다. 이 말도 꼭 정답은 아니다. 내 판단과 상관없이 다른 사람들이 생각하는 가격이 정답이라는 이야기도 있다. 여하튼 현재 사람들이 그 가격을 지불하고 있으니 말이다. 내가 생각하는 가치와 가격이 다를 때 이익을 보거나 손해를 볼 수 있다.

무엇인가를 할 때면 늘 가치와 가격을 유념해야 한다. 내가 지금 가치를 제대로 판단하고 있는지 여부는 물론이고 과연 최소한의 적정가격을 지불하고 있느냐를 따져봐야 한다. 가치보다 저평가되어 있는 것을 싼 가격에 지불하고 구입하는 것만큼 최상의 거래는 없을 것이다. 그렇기에 늘 제대로 된 가치를 파악하기 위한 노력을 게을리하면 안 된다. 바로 눈앞에 제시되는 가격에 우리는 영향을 받을 수밖에 없다. 가격은 인정하기 싫어도 대부분의 사람들이 합의한 지점이다. 가치를 바라보는 눈은 다들 다르기 때문이다.

가격과 가치! 가치와 가격!

어느 것이 당신 눈앞에 보인다 하더라도 그 본질을 잃지 않고 똑바로 파악할 수 있는 능력만 있다면 당신이 제대로 파악한 가치를 바탕으로 적정한 가격의 매수와 매도로 수익을 낼 수 있을 것이다.

· 하워드 막스 저, 김경미 역, 《투자에 대한 생각》, 비즈니스맵

# 역발상 투자

"강세장은 비관 속에서 태어나 회의 속에서 자라며 낙관 속에서 성숙해
행복 속에서 죽는다. 기억하라. 최고로 비관적일 때가 가장 좋은 매수
시점이고 최고로 낙관적일 때가 가장 좋은 매도 시점이다."

– 존 템플턴

2차 세계대전이 한창일 때 한 젊은이가 객장에서 1주에 1달러 미만
으로 거래되는 모든 상장기업의 주식을 매수했다. 그것도 1939년 당
시 돈으로 10,000달러를 빌려 투자를 한 것이다. 이 젊은이의 이름은
존 템플턴이다.

전쟁으로 미국은 물론이고 유럽의 많은 투자자들도 공황상태에 빠져 절망 속에 휩싸여 있었지만 템플턴은 금이나 채권과 같은 안전 자산에 돈을 넣어두지 않고 뉴욕 증권거래소에 상장된 모든 기업 중에 주식 가격이 1달러 이하인 104개 기업의 주식을 각각 100주씩 매수했다. 게다가 빌린 돈으로. 104개의 기업은 대부분 신생기업이었고 당시에는 혁신적인 기업에 해당되었다.

이 기업들 중 34개 기업이 4년 안에 도산했지만 그는 4년 동안 자신의 포트폴리오에 속한 기업들의 출렁임은 철저히 무시했다. 그 결과 그의 투자 금액은 4배가 되어 있었다. 그는 남들이 공포에 휩싸여 있을 때 투자 결정을 한 것이다. 이 뿐만 아니라 템플턴은 1980년대에 미국이 고평가되었다고 판단하여 전 세계로 투자 대상을 넓힌 후 남들보다 먼저 일본을 발견하여 수익을 올렸고 한국도 마찬가지 방법으로 남들이 거들떠보지 않을 때 선점하여 많은 수익을 거뒀다.


IMF 직후에 가장 많은 부자들이 탄생했다고 밝혔듯이 당시 사람들은 더 이상 주택은 보유의 개념이 아니라 거주의 개념으로 바뀌었고 주식은 투기꾼의 투기장이라 생각할 뿐이었다. 모든 사람이 공포에 떨며 두려움을 느끼고 있을 때 어떤 사람은 오히려 공포를 이겨내고 자산 시장에서 이삭줍기처럼 저가로 떨어진 자산들을 헐값에 주워 담았다.

결과론적인 이야기이지만 당시에 과감하게 역발상 투자를 실행한 사람들은 그 후에 상당한 자산을 축적하고 부자의 대열에 진입했다. 떨어질 대로 떨어진 가격에 불안한 마음을 억누르고 실행한 결과가 좋게 나왔다는 비아냥을 들을 수 있을지라도 분명한 것은 승리자가 되었다는 것을 역사가 증명하고 있다.

역발상이라는 뜻은 일반적으로 사람들이 생각하는 것과는 다른 생각을 하거나 실행에 옮기는 것을 말한다. 군중심리와도 반대로 한다는 것이다. 이런 광고가 있었다. "남들이 모두 '예'라고 할 때 '아니오'라고 말하며 남들이 모두 '아니오'라고 외칠 때 '예'라고 외치겠다." 남들이 하는 것과 똑같이 하는 것이 꼭 올바른 길도 아니고 정답도 아니라는 의미다.

역발상은 엄청난 용기가 필요하고 남들에게 비난을 받을 각오를 해야만 한다. 남들이 무서워서 던져 버리는 물건을 기쁜 마음으로 거둬들이고 남들이 잡으려고 난리가 날 때 더러운 것이 묻을까봐 피하는 것처럼 한 발 물러나는 배짱도 필요하다. 남들과 다른 길을 간다는 것은 쉽지 않은 일이다.

남들이 살 때 무조건 팔고 남들이 팔 때 무조건 살 수 있는 것이 역발상이 아니다. 그것은 역발상이 아닌 무모함이고 객기이다. 남들과 반대로 한다는 것은 엄청난 용기가 필요한만큼 철저한 분석과 냉정한 시세 파악을 통해 현재 벌어지는 현상에서 본질이 무엇인지를 정확하게 인지해야만 가능하다.

무엇보다 중요한 것은 남들과는 다른 시선으로 사물을 보는 눈을 기르는 것이다. 모든 사람이 한 가지에 집중하고 다른 면을 보지 못할 때 반대 면을 보는 것만으로도 기회를 잡는 경우가 왕왕 있는데 이런 것들도 역발상이라 할 수 있다.

19세기 미국의 황금시대에는 너도 나도 황금을 캐기 위해 서부로

서부로 이동했다. 그 중에서도 캘리포니아는 금이 엄청나게 매장되어 있다는 소문에 일확천금을 꿈꾸는 수많은 사람들이 몰려들었다. 이렇게 몰려든 사람들로 인해 금을 찾는 것이 어려운 것은 말할 것도 없고 캘리포니아의 건조한 기후에 물은 더더욱 귀중한 요소가 되었다.

황금을 캐기 위해 뛰어든 젊은이 중에는 열일곱 살의 아무르가 있었다. 그는 금을 찾기 위해 동분서주했지만 아무런 성과도 없이 늘 굶기 일쑤였다. 게다가 물까지 부족하자 거꾸로 황금이 아닌 물에 주목하기 시작했다. 누구나 다 황금을 찾기 위해 집중하면서 부족한 물을 사먹기 시작하자 사금 채취를 그만두고 물을 찾기 위해 노력했다.

아무르는 금을 캐는 작업을 중단하고 물을 잘 정제해서 팔기 시작했다. 늘 물이 부족하던 사람들은 그 물을 찾고 구입하였다. 금을 캐기 위해 전국에서 모여든 대부분의 사람들은 빈손으로 다시 자신의 고향으로 돌아갔지만 물을 정제해서 판 아무르는 물장사로 당시 6,000달러나 되는 큰돈을 벌어 그에게는 물이 곧 금이 되어 버렸다.


재건축 재개발로 서울을 비롯한 수도권의 모든 주택들이 하루가 다르게 오르던 시절에 수많은 사람들이 사기만 하면 올라가는 주택 가격에 신나서 대출을 끼고 매수를 할 때 지인은 도저히 그 가격을 이해할 수 없고 너무 과도하다는 판단으로 지방에 관심을 갖기 시작했다.

그 당시에는 누구나 부동산 투자는 서울을 비롯한 수도권에 해야만 한다고 믿었다. 재건축, 재개발로 인해 주택을 산다는 것은 부의 길에 드디어 진입했다는 느낌마저 들 정도였다. 하지만 저렴한 가격에 매매가와 전세가의 차이가 작은 지방 부동산을 골라 매수를 한 지인은 최소의 금액으로 여러 채의 주택을 구입하게 된다.

누구도 지방 부동산 투자에 주목하지 않던 시기에 지방 아파트만 집중적으로 매수한 지인은 몇 년 후 금융위기가 터지면서 서울과 수도권의 주택들이 과도한 오버슈팅으로 가격이 떨어질 때 그가 투자한 지방 주택들은 전세와 매매가격의 차이가 없어 덜 떨어진 것은 물론이고 본격적으로 매매가격 뿐만 아니라 전세가격까지 올라 주택을 팔지 않아도 전세금으로 회수되는 금액만으로도 자신의 투자액을 능가하고 남았다.

당시에 주변 사람들은 누가 지방에 투자하느냐는 핀잔을 하기 일쑤였고 이를 듣는 것도 하루 이틀이지 나중에는 자신이 투자한다는 사실조차도 알리지 않았을 정도였다. 사기만 하면 오르던 서울과 수도권에 투자하던 사람들이 가련한 눈빛으로 지인을 봤었지만, 이제 전세가 역전되어 당사자들은 떨어진 가격에 팔지도 못하고 대출도 갚지 못해 이자로 허덕일 때 그는 유유히 오른 전세금으로 대출을 갚으면서 순자산이 늘어난 것이다.


부자들에게 역발상 투자는 상식에 해당할 정도이다. 남들과는 다른 쉽지 않은 투자이지만 늘 염두에 두고 역발상으로 투자 자산을 바라본다. 미국의 데이비드 드레먼 같은 경우는 아예 《역발상 투자》라는 책을 펴내고 자신의 평생 투자 방법은 역발상 투자였다고 당당히 밝혔다. 앞에 나온 존 템플턴도 마찬가지로 역발상 투자의 대가였다.

우리가 알고 있는 수많은 위대한 투자자들의 투자 방법의 공통점이 바로 역발상 투자이다. 남들이 무서워할 때 탐욕을 부리고 남들이 탐욕을 부릴 때 공포에 떨며 물러난다. 이를 위해서는 강인한 정신력과 다수에 동참하지 않는 뚝심이 필요하다.

존 템플턴은 이야기한다. "비관론이 팽배할 때 투자하라."는 나의 첫 번째 투자 원칙이다.

· 데이비드 드레먼 저, 이건, 김홍식 공역, 《데이비드 드레먼의 역발상 투자》, 흐름출판
· 로렌 템플턴, 스콧 필립스 저, 김기준 역, 《존 템플턴의 가치투자전략》, 비즈니스북스

# 나는 모른다

눈이나 비가 오는 날보다 안개가 끼거나 흐린 날 발생한 교통사고에서 사망자가 발생할 확률이 훨씬 더 높은 것으로 나타나 각별한 주의가 요구된다. 이와 함께 면허취득 2~3년차 운전자들이 사고를 낼 경우 사망자 발생률이 높은 것으로 나타났다. 한편 면허 취득 후 15년 이상 경과된 운전자들의 상대사망사고율이 1.04로 가장 높았으며, 2~3년차 운전자들이 1.03의 상대사망사고율을 기록해 상대사망사고율이 모두 1.0 미만인 다른 운전자들에 비해 상대적으로 사망자가 발생하는 대형 사고를 많이 발생시키는 것으로 나타났다.

– 문화일보, '2~3년차 운전자, 안개낀 날 사망사고 가장 많다(2014.01.07.)'

운전하는 사람들이 초보를 막 지났을 때 사고를 가장 많이 낸다는 이야기가 있다. 통계적으로도 그렇다는 사실이 기사로 확인되었다. 예전에는 '초보'라는 스티커를 법적으로 차에 붙이게 해서 표시가 났다. 스티커를 붙이지 않더라도 초보들이 운전하는 차를 보면 금방 티가 나서 근처에서 운전하는 사람들이 알아서 방어운전을 하며 조심한다.

2~3년차 운전자들이 가장 사고를 많이 내고 큰 사고가 나는 이유는 바로 자신이 이제는 운전에 대해 어느 정도는 알고 있다고 생각하고 안이한 마음가짐으로 운전을 하기 때문이다. 특히 안개가 낀 위험한 환경에서도 자신의 운전 실력을 과신하는 마음에서 큰 사고가 터지게 되는 것이다.


교만이라고 하면 교만이 생기는 시점이 바로 이제 무엇인가를 막 알고 몇 번 해본 후가 대부분이다. 처음에는 두렵고 무섭고 어렵다. 내가 잘할 수 있을까에 대한 걱정으로 시작해 보지만 막상 해보면 생각보다 쉽다는 것을 느낀다. 처음에는 돌다리도 두드리면서 조심하면서 A부터 Z까지 전부 확인한다. 조만간 시간이 지나면 초반에 신경을 쓰던 것들이 정말로 별것도 아닌 것들을 신경 썼다는 것을 깨닫게 된다.

처음에는 엄청나게 중요한 것이라 여기며 작은 것 하나라도 놓치지 않으려 하지만 어느 순간부터 경험이 쌓이면서 처음 시작할 때와는 달리 자세하게 들여다보지도 않고 대략적으로 문제가 없다고 생각되면 더 이상 깊고 꼼꼼하게 살피지 않게 된다. 이럴 때 가장 큰 사고가 발생하는 것이다.

처음에는 모르면 절대로 투자를 하지 않는다. 아는 것이 없다고 스스로 생각하고 있기에 조금이라도 의심이 나거나 이상하게 느껴지면 지레짐작으로 포기해 버린다. 이러다 보니 큰 수익을 내지는 못해도 손실을 보지는 않는다. 한두 번 수익을 내면서 점점 간댕이가 붓기 시작한다. 비슷하다고 생각되면 더 이상 주의를 기울이지 않고 그냥 넘어간다. 이럴 때 바로 위험신호가 깜박이지만 의식하지 못한다.

안개가 낀 위험한 순간이지만 그동안 무사고로 운전한 얄팍한 경험을 믿고 평소처럼 운전을 한다. 시야가 제대로 확보되지 않았음에도 무시한다. 지금까지 별일이 없었으니 안개가 꼈어도 별일이 없을 것이라며 얼마 되지 않는 경험을 믿고 운전한 2~3년 차의 사람들이 낸 사고가 높은 이유이다.

대부분의 사람들은 자신이 잘 알고 있다고 생각할 때 문제가 생긴다는 것을 모른다. 아예 자신이 잘 모르는 영역이나 분야에는 신경도 쓰지 않고 엄두도 내지 않기에 특별히 사고가 터질 일이 없지만 이제 어느 정도 감이 잡힌다고 이야기하는 사람들이 그 분야에서 돌이킬 수 없는 사고로 되돌릴 수 없는 손실을 입는다.

부동산 경매에서 가장 큰 사고를 내고 손실을 입는 사람들은 이제 막 부동산 경매를 시작한 사람들이 아니다. 이들은 아는 것이 없다고 생각하여 자신이 검색해서 발견한 물건의 권리분석을 스스로 하는 것은 물론이고 주변에 자신보다 실력이 좋다고 생각되는 사람들에게 다시 한번 물어보고 질문한다. 물건 현장에 가서도 중개업소에 들려 꼭 부동산 중개인이 하는 브리핑을 잘 기억해 놓는다. 입찰장에 가서 입찰서류에도 꼼꼼히 실수하는 것은 없는지 확인하고 또 확인하며 기입을 한다.

이 정도로 조심하면서 낙찰을 받아 실수하는 경우는 없다. 명도 부분에서 다소 힘들어하는 경우는 있어도 권리분석이나 물건분석에서 실수하는 경우는 희박하다. 반면에 이제 몇 건의 입찰과 낙찰로 수익을 낸 투자자들이 가장 큰 실수를 한다. 분명히 대항력 있는 임차인이 있어 낙찰가격에 추가로 임차인의 보증금까지 떠안아야 하는 물건인데도 문제없다고 낙찰을 받아 보증금을 날리는 경우도 적지 않고, 하자가 있는 물건임에도 현장에 가서 제대로 된 물건분석도 하지 않고 대략 살펴본 후에 낙찰받아 낭패를 당하는 경우도 많다.

40~50대에 은퇴 후 사업을 시작하는 경우도 마찬가지이다. 은퇴를 하고 이전 직장에서 하던 일과 연계해서 직장이나 직업을 갖고 싶어도 여건상 마땅하지 않아 창업을 준비한다. 20년이라는 기간 동안 회사에서 업무를 보고 사회를 배웠다고 생각한 은퇴자는 이제는 남 밑에서 일하는 것보다는 사장이 되어 돈을 벌고자 한다.

한참 유행하는 프랜차이즈 창업 설명회를 돌아다니며 여러 가지 사업 아이템을 모색한다. 창업 박람회도 참석해 나름 꼼꼼하게 준비해서 드디어 창업을 한다. 프랜차이즈 본사에서는 화려한 인테리어와 시스템을 통한 프로세스를 믿으라고 한다. 본격적인 창업 후 며칠간 손님도 많고 들어오는 수입도 제법 괜찮다. 얼마 지나지 않아 손님은 점점 줄어들고 비용은 빠져나가고 견디지 못하고 폐업을 한다.

초반의 손님들은 주변 지인들이 개업 인사로 방문을 했던 것이었다. 자신이 그 업종에 대해서 아는 것이 거의 없다보니 운영을 하면서 생기는 각종 문제에 제대로 대처를 하지 못했다. 마케팅부터 손님 접대까지 무엇 하나 뜻대로 되는 것이 없었다. 바로 자신이 무엇을 모르는지조차도 모르고 쉽게 창업을 한 대가였다.

창업을 하기 위해서는 업종을 선택해야 하고 그 업종에 대한 전반적인 사전 지식을 쌓아야 하고 자신의 적성과 잘 맞는지 파악해야 한다. 또 트렌드와 얼마나 연관성이 있는 업종인지 살펴보고 자신이 입주할 상가에 대한 분석을 통해 과연 성공할 만한 장소이고 사람들이 자신의 영업장으로 찾아올 것인지 여부 등을 다각적으로 검토한 후에 창업을 해도 성공할까 말까인데 그저, 프랜차이즈 업체의 말만 믿고 그들이 소개하는 위치에 창업을 한 것이다.

단순히 프랜차이즈 본사에서 교육받은 정도의 지식으로 창업을 한다는 것은 이제 겨우 사칙연산을 알고 있는 사람이 수능 시험을 보겠다는 것과 같은 일이다. 자신이 무엇을 모르는지를 모르니 오히려 무식이 티나지 않아 용감할 수 있다. 자신이 아는 것이 전부라고 믿고 있으니 과감히 자신의 전 재산을 투자할 수 있었던 것이다.

투자나 사업에서 가장 힘든 것은 예상할 수 없는 예측불허의 상황이 전개되는 것이다. 미리 데이터를 만들고 가상 시나리오를 써놓아도 뜻대로 되지 않는다. 자신이 아는 것을 정확하게 알고 모르는 것이 무엇인지 정확하게 아는 것이 그래서 중요하다. 아는 것에 집중하고 모르는 것은 제외하면 된다. 모르는 것을 안다는 것은 모르는 것은 배우면 된다는 뜻이 된다.

자신이 다 알고 있다고 생각하는 그 순간부터 당신은 바로 모든 사람들의 호구가 되는 것이다. 자신이 모르는 것을 인식하지 못하고 다 안다고 생각하기에 당하는 그 순간까지도 알지 못한다. 왜 내가 실패하고 성공하지 못했는지에 대해서.

논어(論語)의 위정(爲政)편에는 다음과 같은 말이 있다.

지지위지지(知之爲知之)

부지위부지(不知爲不知)

아는 것을 안다고 하고 모르는 것을 모른다고 하는 것이 바로 '앎'
이다.

- 이상규 저, 《식당부자들》, 이상media
- 강도현 저, 《골목사장 분투기》, 북인더갭

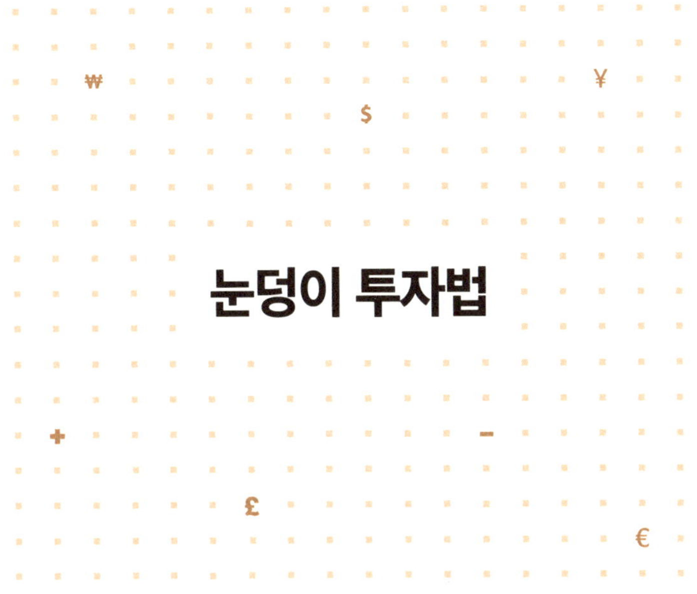

# 눈덩이 투자법

눈이 오는 날에 눈을 굴리면 눈이 점점 쌓여지면서 커진다. 만약 언덕에서 눈을 일정량 이상으로 잘 다듬은 다음에 언덕 꼭대기에서 밑으로 굴리면 눈은 밑으로 내려가면서 주변에 있는 눈들을 흡수하면서 점점 커진다. 처음에 주먹만 한 눈덩이가 점점 커져 집채만 한 크기가 될 수도 있다. 언덕이 길면 길수록 눈덩이 크기는 가늠할 수 없을 정도로 커질 것이다.

이번에는 눈이 아니라 돈이라고 생각해 보자! 언덕에서 눈을 굴리면 내려가면서 눈덩이가 커지는 것처럼 돈을 굴려 계속 불어난다면 이보다 더 좋은 방법은 없을 것이다. 돈이 점점 불어난다는 생각만으로도 흐뭇한 미소가 입가에서 떠나지 않을 것이다. 문제는 과연 그런 일이 생길 수 있을까에 대한 부분이다.

한편으로 이보다 더 쉬운 일은 없을 듯하다. 돈이 돈을 번다는 표현이 바로 이를 두고 하는 것이 아닐까? 돈이 굴러가며 돈을 번다. 이 방법은 돈을 버는 가장 막강한 방법이고 위대한 투자자들과 부자들이 이룩해낸 비법이자 비결이다. 돈을 지속적으로 굴리는 방법이 바로 부자가 부자 된 이유다.

많은 사람들이 간단하지만 확실한 눈덩이 투자를 하지 못한다. 간단한 듯하지만 돈을 지속적으로 굴리지 못한다는 것이다. 처음 시작한 100만 원이 일정 수준이 될 때까지는 절대로 건드리지 말고 계속 굴려 돈을 불려야 한다. 처음 시작한 1,000만 원이 의미 있는 금액이 될 때까지 어떤 위기 상황이 와도 손도 대지 말아야 한다.

참 간단한 방법 같지만 대부분의 사람들은 이를 해내지 못한다. 당신이 부자가 되기 위해 모은 종자돈을 갖고 투자를 할 때 그 돈은 어떤 일이 생겨도 건드리지 말아야 한다. 허나, 이익이 생겨 돈이 불어나면 일부를 찾아 쓰게 된다. 그렇다고 해도 처음 시작한 원금을 생각하면 충분히 불어나 있다는 생각에 부담 없이 일부를 쓰게 된다.

여기서 말하는 핵심은 바로 자제력이다. 인내라고 말하는.《마시멜론 이야기》는 인내에 대해 알려주는 대표적인 예화다. 아이들에게 마시멜론을 탁자에 올려놓고 먹지 않는 친구들에게는 마시멜론을 더 주겠다고 제안한다. 대부분의 아이들은 참지 못하고 마시멜론을 먹지만 일부 친구들은 끝까지 참아 더 많은 마시멜론을 획득한다. 후에 마시멜론을 먹지 않은 친구들을 조사했더니 전부 사회에서 성공한 인물로 살아가고 있다는 내용이다.

인내를 하고 자제를 하라는 이야기는 평생 그렇게 하라는 의미가 아니다. 일정 기간까지만 참으라는 것이다. 굴리는 돈도 건드리지 말라는 의미는 일정 규모 이상으로 커져 그 돈 중의 일부를 찾아도 돈 자체의 규모에 차이가 없다면 그때는 상관이 없다는 것이다. 이를테면 돈이 계속 불어나서 그 돈의 이자나 배당이나 월세만으로도 의미가 있게 되었을 때라면 이미 충분히 커진 눈덩이는 티가 나지 않는다.


주식 투자를 하는 사람들에게 꿈과 같은 수익률이 있다. 바로 10루타 종목을 찾는 것이다. 10루타라는 것은 10배의 수익을 은유적으로 에둘러 말한 것이다. 100만 원을 넣었으면 1,000만 원이 된다는 의미다. 이런 종목을 몇 개만 찾아 투자를 하면 부자가 되는 것은 시간문제다. 실제로 그 정도로 투자 수익을 본 종목들은 제법 많다.

2005년 1월에 43,550원 하던 오뚜기 주식의 가격은 2014년 9월에는 650,000원으로 10루타를 이뤄냈다. 2001년 1월에 150,000원 정도였던 롯데칠성의 주가는 2014년 9월에 2,200,000원을 기록했다. 2004년 10월에 90,000원을 오르내리던 오리온은 2014년 12월에 1,000,000원의 주가를 기록했다.

과거의 기록과 현재의 기록을 살펴볼 때 이보다 쉬운 투자가 없다. 단지 갖고만 있으면 내가 투자한 돈이 무려 10배나 오른 것이다. 최초 주식가격이 몇만 원을 하든 몇십만 원을 하든 결과적으로 큰돈을 벌었을 것이다. 앙드레 코스톨라니가 좋은 주식을 산 후에 수면제를 먹고 몇 년 후에 깨어나는 것이 가장 좋다고 한 이유다. 이토록 쉬운데도 정

작 그 열매를 따먹는 사람은 극소수에 지나지 않는다는 사실이다.

2005년에 43,550원에 오뚜기 주식을 산 사람들은 느긋이 기다리기만 하면 무려 10배의 수익을 본다는 사실을 알고 있지 못한 사람들이었다. 2006년에 120,000원까지 올랐던 오뚜기 주식은 2007년 3월에 80,000원까지 떨어졌다. 2배가 올랐다고 기뻐할 사람은 없다. 오히려 40,000원이나 손해를 봤다고 생각하고 이미 충분한 이익을 봤으니 더 떨어지기 전에 팔아야겠다는 생각으로 가득해진다. 이때 팔지 않고 참은 사람들은 몇 달 후인 10월에 2배로 오른 160,000원까지 오른 주식 가격을 두 눈으로 확인하게 된다. 이렇게 지난한 과정을 거쳐 65만원까지 오를 것이다.

오리온도 주가가 올랐다가 내렸다가를 반복하며 최대 120만 원까지 올랐지만 현재는 100만 원의 주가를 기록하고 있고 롯데칠성도

2007년 150만 원까지 올랐다가 2008년에는 50만 원까지 떨어졌다가 다시 오르기 시작하여 지금 가격인 200만 원대의 주식 가격으로 충분한 수익을 안겨줬다.

대부분의 사람들이 저가 매수에 혈안이 되어 치밀한 분석으로 투자를 하지만 정작 그들에게 그보다 더 중요한 것은 바로 투자한 대상이 충분한 수익이 날 때까지 기다리고 또 기다려야 한다는 점이다. 수많은 사람들이 성공이라는 열매를 맛보지 못하는 가장 큰 이유가 바로 눈덩이 투자법을 제대로 실행하지 못하기 때문이다.


눈덩이 투자법을 확실하게 실행하기 위해서는 먼저 제대로 된 투자처를 발견해야 한다. 오랜 연구와 조사 후에 투자처에 대한 확신이 생긴다면 눈을 굴릴 준비가 끝난 것이다. 남은 것은 눈덩이가 높은 언덕에서 떨어져서 계속 굴러가는지 확인하고 또 확인하며 살펴보는 것이다. 눈덩이가 굴러간다면 눈은 지속적으로 커져갈 것이다.

분명히 눈덩이가 굴러가는 동안 온갖 잡생각과 불안감이 수시로 찾아오고 기쁨에 찬 희열을 맛보기도 하면서 희망과 절망이 반복될 것이다. 끊임없는 자신과의 싸움이 시작된 것이다. 이토록 간단한 눈덩이 투자에서 최후에 웃는 사람이 극히 드문 것은 이 눈덩이가 굴러가는 길고 긴 시간 동안 버티고 버텨 눈덩이가 엄청나게 커진 순간까지 인내력과 자제력을 발휘하는 사람을 찾기 힘들기 때문이다.

"가장 먼저 인식해야 할 점은 이것이 시간이 많이 걸린다는 사실입니다. 저는 11살 때 시작했습니다. 돈을 모으는 것은 눈덩이를 언덕 아래로 굴리는 것과 비슷한 면이 있습니다. 눈을 굴릴 때는 긴 언덕

위에서 하는 게 중요한 것입니다. 저는 56년짜리 언덕에서 굴렸습니다. 그리고 또 잘 뭉쳐지는 눈을 굴리는 것이 좋습니다." 워렌 버핏의 이야기다.

당신은 현재 몇 년짜리 언덕에서 눈을 언덕 밑으로 내리려고 하고 있는가?

- 가오위엔 저, 김경숙 역, 《자제력》, 인플루엔셜
- 서준식 저, 《눈덩이주식 투자법》, 부크온

# 직관을
# 조심하라

메사추세츠 대학교 심리학자들이 작은 그릇과 큰 그릇에 젤리빈이라는 과자를 넣었다. 작은 그릇에는 10개의 젤리빈이 있었고 그 중 9개가 흰색이고 1개가 빨간색이었다. 큰 그릇에는 100개의 젤리빈이 있는데 실험을 하면 91개 내지 95개가 흰색이었고 나머지는 빨간색이었다. 사람들에게 두 그릇 중에 하나를 선택해서 빨간색의 젤리빈을 고르면 1달러를 준다고 했다. 작은 그릇은 빨간 젤리빈이 10퍼센트를 차지하지만 큰 그릇은 9퍼센트를 넘지 않는다는 사실까지도 실험 참가자들에게 알려줬다.

당신이라면 과연 어떤 그릇을 선택하겠는가?

실험 참가자들은 빨간 젤리빈이 선택될 확률이 10퍼센트인 작은 그릇이 아니라 9퍼센트를 넘지 않는 큰 그릇을 선택했다. 그것도 실험 참가자의 3분의 2가 큰 그릇을 선택했다. 큰 그릇에서 빨간 젤리빈을 선택할 확률이 9퍼센트를 넘지 않는다는 사실을 이미 알려줬고 실험 참가자들도 알고 있음에도 선택은 변하지 않았다.

심지어 큰 그릇에는 빨간 젤리빈이 5퍼센트 정도만 있다고 알려줘도 실험 참가자들 중의 4분의 1은 여전히 큰 그릇을 선호했다. 실험에 참가한 사람들의 생각은 이러했다. 10퍼센트의 확률을 갖고 있지만 작은 그릇에는 딱 한 개의 빨간 젤리빈이 있을 뿐이고, 큰 그릇에는 무려 5개에서 9개까지의 빨간 젤리빈이 있으니 빨간색 젤리빈을 뽑을 가능성이 훨씬 크게 느껴진 것이다.

대부분의 참가자들은 자신의 행동이 합리적이지 못하다는 것을 순순히 인정했다. 그럼에도 성공 가능성이 훨씬 크게 느껴지는 큰 그릇을 선택했다. 이를 젤리빈 증후군이라고 하여 '분모 맹목demominator blindness'이라는 전문용어로 통용된다.

$$\frac{\text{수익 혹은 손실 액수(분자)}}{\text{전체 부의 규모(분모)}}$$

전체에서 분자인 수익과 손실은 변화의 폭이 상당하다. 반면에 분모인 전체 자산은 변화의 폭과 속도가 느리다. 전체 투자자산이 1,000만 원이 있다. 이 중에서 당신은 투자수익으로 50만 원을 기록했다. 50만 원은 상당한 수익이지만 전체 자산인 분모에서 보면 미미한 금액이다. 그러나 대부분의 사람들은 그렇게 생각하지 않고 분자인 50

만 원에 집중한다.

중요한 것은 분모인 전체 자산이다. 수익이나 손실을 본 액수보다 전체 부의 규모가 훨씬 중요하지만 사람들은 특정한 날에 증가한 액수나 감소한 액수에 일희일비한다. 훨씬 더 큰 금액인 전체 부의 규모에는 주의를 기울이지 않는 우를 범하게 된다. 단기간의 이익에 치중한 사람들은 전체 자산의 부 규모를 고려하지 않고 빈번한 거래를 하지만 분모에 집중하는 사람들은 그러하지 않는다.


노벨 경제학상은 경제학자들에게 매년 주는 상인데 특이하게도 심리학자가 노벨 경제학상을 받기도 했다. 대니얼 카너먼은 인간이 경제적인 선택을 하는 심리학적인 근본 원인을 파헤친 공로를 인정받아 그 업적으로 노벨 경제학상을 받았다. 대니얼 카너먼의 《생각에 관한 생각》에서는 인간의 행동을 시스템 1과 시스템 2로 구분을 한다.

시스템 1은 즉각적이고 말초적으로 보이는 대로 믿고 생각하는 것을 말하고, 시스템 2는 느리고 이성적이면서 노력으로 얻는 개념이다. 우리는 평소에 시스템 1에 의해 지배를 받는 삶을 살아간다. 문제는 시스템 2가 경고를 하고 위험 신호를 우리에게 알려도 시스템 1은 즉각적으로 반응을 하게 만든다는 것이다. 미처 생각할 여지마저도 박탈한다.

기존 경제학은 애덤 스미스가 《국부론》에서 밝힌 '보이지 않는 손'을 신봉했다. 각 개인들이 자신의 이익을 위해 노력하지만 그 이익이 모여 사회 전체 이익과 부합된다면서 합리적인 개인을 말했다. 인간은 합리적이라는 이야기다. 자신에게 손해를 보지 않을 가능성에서 절대로 움직이지 않고 이익을 추구한다. 지금까지 모든 경제학자들은 이에 대해 추호의 의심도 없이 신봉했고 모든 사람들의 행동을 합리적인 의사 판단으로 믿어 의심치 않았다.

하지만 인간의 행동을 연구하고 행동의 이면에 대한 연구를 하는 심리학이 발달하면서 똑똑한 인간들이 바보 같은 행동을 버젓이 한다는 것을 깨닫게 되었다. 대니얼 카너먼을 비롯한 심리학자들은 이 사실을 확인하기 위해 다양한 실험을 했는데 — 젤리빈 실험도 그 중에 하나다 — 그토록 합리적이고 이성적인 판단을 내린다고 믿었던 인간들이 전혀 그렇지 않다는 것을 밝혀낸 것이다.

기존의 경제학에서 말한 인간은 시스템 2로 움직이지만 현대에 와서 인간은 시스템 1에 의해 움직인다는 것을 알게 되었다. 이것은 WYSIA라는 개념으로 설명할 수 있다. 'What you see is all there is'의 약자로 '당신에게 보이는 것이 세상의 전부다'라고 풀어 쓸 수가 있는데 이 뜻은 바로 인간은 보고 싶은 것만 본다는 것이다. 바로 로마시대의 시저인 카이사르가 했던 말이다.

시스템 1에 해당하는 직관을 피하고 믿지 말라는 이야기가 아니다. 인간은 바로 이 직관 덕분에 지금까지 존재할 수 있었고 살아남아 후손을 남길 수 있었던 것이다. 숲을 걸어가는데 나뭇가지가 흔들리고 무엇인가 느낌이 좋지 않다고 생각되면 뒤도 돌아보지 않고 도망간 결과 자신보다 강한 맹수와 만나지 않고 살아남을 수 있었다.

이렇게 직관으로 행동한 덕분에 인간들은 살아남을 수 있었고 이러한 DNA가 우리에게 남겨져 있어 우리는 지금도 여전히 직관에 의존하는 선택을 한다. 거래 상대방이 화려한 스펙을 갖고 눈에 보이는 분명한 숫자를 제시하는데도 불구하고 직관적으로 안 좋은 인상 때문에 거래를 하지 않아 피해를 줄인 경우도 종종 있다. 위기의 순간에 합리적인 판단이 아닌 본능에 충실한 직관적인 판단으로 살아남았다는 여러 위기 극복담도 듣게 된다.

현대인들에게 생존을 위협하는 급박한 위기의 상황이 오는 경우는 희박하다. 차분히 생각하고 고려해서 판단을 내려도 아무런 피해가 없는 경우가 대부분이다. 긴박한 순간에는 본능에 충실한 직관에 따라야 하겠지만 그렇지 않은 순간에는 합리적인 판단을 하여 현명한 행동을 해야 한다.

상대방이 하는 이야기가 이해되지 않는다면 쉽게 풀어달라고 하고 그래도 이해가 되지 않으면 하지 말아야 한다. 이해가 되지 않는데도 직관적으로 판단하고 결정내릴 때 이미 당신은 먹이가 되는 것이다. 또한 거꾸로 생각을 해보도록 한다. 과학자들이 자신의 연구 결과를 발표할 때 자신의 주장을 입증하는 실험 못지않게 중요하게 생각하는 것이 반대 증거를 찾는 것이다. 이를 통해 증명이 된다면 참이라는 실험 결과를 발표해서 더욱 신뢰를 쌓는 것과 마찬가지로, 되는 이유에는 안 되는 증거를 안 되는 이유에는 되는 증거로 분명한 사실을 밝히는 것도 시스템 2를 이용하는 합리적인 방법이다.

즉각적으로 반응하지 않도록 노력한다. 숫자를 열까지 세면서 본능이 사라질 때를 노리고 긴 호흡을 한 후에 다시 한번 차분하게 생각해본다. 상식적으로 볼 때 과연 타당한가를 곰곰이 검토한다. 각자 자신의 원칙에 따라 행동한다. 원칙에 어긋난다고 생각되면 본능에 충실하지 말고 어기도록 해야 한다. 원칙을 어기면 당장의 결과가 좋아도 뒷맛은 씁쓸하고 최종 결과가 좋지 않다.

직관은 당신을 위기에서 탈출시켜 주는 훌륭한 도구가 될 수 있지만 평소에 직관은 당신을 어려움에 빠뜨리는 위험한 친구가 될 수 있다. 당신이 아이큐 200에 독서량이 10,000권이 넘어도 마찬가지로 직관은 아무런 도움이 되지 못할 때가 많다. 오히려 자기 기만에 빠질 수 있다.

직관과 합리적인 판단을 적절히 잘 조화시켜야 한다. 너무 어렵다고 생각한다면 그게 정답이다. 부자 되는 길이 그렇게 쉽지 않다.

- 제이슨 츠바이크 저, 오성환, 이상근 공역, 《머니 앤드 브레인》, 까치
- 대니얼 카너먼 저, 이진원 역, 《생각에 관한 생각》, 김영사

# 테스토스테론 말고 에스트로겐으로 투자하라

테스토스테론은 대표적인 남성 호르몬이다. 어린아이 때에는 티가 나지 않다가 2차 성징이 나타날 때 남성 성기의 발육을 촉진하고 남자들의 뼈와 근육이 발달하는데 큰 역할을 한다. 주로 남성의 고환에서 분비되고 남성을 남성으로 만들어주는 대표적인 호르몬이다. 성인 남성의 경우에는 여성보다 10배나 더 많은 테스토스테론이 생성된다고 한다. 이런 이유로 운동선수들이 스테로이드로 테스토스테론 주사를 맞고 체내에 과도한 호르몬 분비를 발생시키기도 한다.

에스트로겐은 대표적인 여성 호르몬이다. 태반에서도 분비되고 남성의 정소에서도 일정 정도 분비된다고 한다. 여성의 2차 성징기에 많은 양이 분비되어 가슴이 나오고 몸매가 형성되는데 영향을 준다. 생식 주기를 조절하기도 한다. 남성이 여성으로 전환 수술을 한 경우에도 에스트로겐을 주입하여 여성적으로 보이게 한다. 여성이 폐경 후에 갱년기장애를 겪는 이유가 바로 에스트로겐이 부족하기 때문이라고 한다.

남성은 테스토스테론으로 남성다운 것이고 여성은 에스트로겐으로 여성다운 것인데 나이를 먹어감에 따라 남성은 테스토스테론이 줄어들면서 공격적인 성향이 줄고 여성스러운 태도를 보이기도 하고, 여성은 에스트로겐이 줄어들면서 보다 공격적으로 변모하여 부부관계에서 부인이 남편보다 더욱 적극적인 리드를 하는 경우가 많아진다.

남성의 특징으로는 우락부락, 단순함, 직선적, 목표지향적, 논리적, 상명하복, 공격적, 성취지향 같은 것들이 떠오르고 여성의 특징으로는 섬세함, 감정적, 안전지향, 연약함, 공감, 분위기와 같은 것들이 떠오른다. 이 밖에도 각자의 성(性)에 따라 대표되는 이미지가 겹치기보다는 서로 상반되는 것이 대부분이다.

남성이라고 하여 상대방과 공감하는 것에 약하고 섬세하지 못하다는 의미는 아니고 여성이라고 하여 목표도 없고 논리적인 생각을 못한다는 것은 결코 아니지만 대체적으로 남성과 여성이 틀린 것이 아니라 다르다는 것은 다들 공통적으로 인식하고 있다. 존 그레이의 《화성에서 온 남자 금성에서 온 여자》가 엄청난 베스트셀러가 되어 지금도 많은 사람들에게 선택을 받고 있는 것처럼 남성과 여성은 차이가 있고, 똑같은 환경과 상황에서도 다른 생각과 행동을 한다.

무엇이 옳고 그른지를 판별하자는 말이 아니라 각자 타고난 성(性)차가 있다는 말이다. 전통적으로 투자와 사업과 같은 분야는 남성들의 전유물이었다. 점차 여성의 비율이 높아지고 있지만 여전히 남성들의 특징이 우선되는 분야라는 인식이 지배적이다. 실제로는 사업이나 투자에서 각자의 분야에 따라 남성적인 성향과 여성적인 성향이 필요한 부분이 있을 뿐이지 명확하게 가를 수는 없다.

지금까지 사업은 공격적으로 목표를 향해 직진하는 남성들이 잘한다는 편견이 지배적이었지만 예전과 달리 구글을 거쳐 페이스북의 COO가 된 셰릴 샌드버그나 미국의 유력한 민주당 대통령 후보인 힐러리 클린턴은 물론이고 호텔신라의 이부진 사장처럼 훌륭하게 사업을 영위하고 있는 여성도 많다.

투자를 도박이라는 관점에서 바라보고 '인생은 한방'이라는 적극적인 사고방식으로 행동 하는 사람들은 대부분 남성이다. 투자보다는 저축을 선호하고 한방에 모든 것을 얻는 일확천금보다는 차근차근 자산을 늘려가는 투자를 선호하는 사람들은 대부분 여성이다.

남자와 여자라는 성적인 개념으로 설명을 했지만 정확하게 표현하면 남성적인 투자 성향과 여성적인 투자 성향이라고 해야 할 것이다. 꼭 남자라고 남성적인 투자 성향을 갖고 있는 것이 아니고 여자라고 여성적인 투자 성향을 갖고 있는 것이 아니라 각자의 성(性)과 상관없이 투자 성향에 따른 차이가 있는 것이다.

대체적으로 남성이 여성보다는 위험을 더 많이 감수하며 적극적으로 투자를 하려고 한다. 적극적인 투자의 결과로 남성이 여성보다 보다 큰 수익률을 얻게 되고 여성들은 다소 보수적인 투자의 결과로 남성보다 수익률에서 다소 낮은 결과를 얻지만 남자들의 경우에는 위험을 많이 감수해서 여성보다 훨씬 더 높은 확률로 손실을 크게 본다.

예전에 증권 포탈 팍스넷에서 설문조사를 한 결과에 따르면 여성의 대다수는 수익이 크지 않더라도 안정적인 종목을 선호하는 경향이 있고, 대다수의 남성들은 위험성이 다소 있더라도 급등 가능성이 있는 종목을 선호한다. 여성들은 일부만이 위험성이 있는 종목을 선호하는 것으로 나타났다.

또한 종목의 보유 기간도 여성은 최소한 3개월 이상은 보유하고 있다고 응답한 사람이 대다수를 차지했지만, 남성들은 3개월 미만으로 종목을 보유하고 있다고 대답한 사람이 절대다수를 이루고 있었다. 심지어 기대 수익률에 있어서도 과반수의 남성들은 최소한 연간 30% 이상의 수익을 기대한다고 했지만 여성들은 10% 이상의 연간 수익을 기대한다고 답변했다.

실제 투자 수익률을 묻는 질문에 여성들에 비해 남성들이 훨씬 더 많은 수익을 냈지만 손해를 봤다고 답변한 남성들의 숫자가 여성들에 비해 압도적으로 많았다. 남성들은 큰 수익을 위해서는 위험의 상당 부분을 감당했지만 수익보다는 손실을 본 경우가 많아 오래도록 투자를 지속하는 경우가 드물었다.

"저의 첫 번째 투자 원칙은 돈을 잃지 않는 것입니다. 두 번째 투자 원칙은 첫 번째 원칙을 지키는 겁니다." 이 말은 투자만으로 전 세계 부자 순위에 오른 워렌 버핏의 말이다. 투자로 가장 많은 돈을 번 사람이 잃지 않는 투자를 한다는 것이다. 더 많이 벌기 위한 투자를 하는 것이 아니라.

투자라는 것 자체의 속성은 불확실성이 존재하는 곳에 돈을 넣는 것이다. 불확실성이라는 말에는 돈을 얻을 가능성도 있지만 잃을 가능성도 있다는 의미가 있다. 투자할 대상을 조사하고 연구하고 제반 사항을 검토하고 과거를 추적 관찰하여 현재를 확인하고 미래를 예측해야 한다. 미래를 예측하는 것이 투자의 어려움이자 희망과 절망이 교차하는 지점이다.

어느 누구도 투자 대상의 미래를 예측하면서 미래가 없다는 판단이 서면 투자할 엄두를 내지 못하고 피할 것이다. 미래가 밝다는 판단이 서야만 여러 가지를 고려한 끝에 투자를 결정하는 것이다. 손해를 볼 것이라고 생각하면서 투자하는 사람은 단 한 명도 없을 것이다.

투자라는 것 자체가 현재보다 미래를 좋게 본다는 뜻이다. 여기서 테스토스테론이 과다 분비한 상태에서 투자를 하면 냉정하게 투자 대상을 바라보지 못하고 너무 큰 기대에 차서 미래 전망을 편협하게 바라보게 된다. 최대한 에스트로겐을 분비하게 만들어 잃지 않는 투자에 집중해야 한다.

성공한 투자자들 대부분이 남자들이다. 이들은 젊었을 때에 테스토스테론을 앞세운 과감한 투자가 성공한 사람들이지만 나이가 들어 테스토스테론이 감소하면서 자연 발생적으로 분비되는 에스트로겐을 거부하지 않고 받아들여 투자에서도 보수적으로 접근한 결과로 여전히 성공한 투자자로 남아있다고 하면 억지라고 생각되는가?

투자에서는 다소 답답하고 성에 차지 않더라도 소심하게 투자를 결정하고 안정적으로 자산이 불어나는 곳에 투자하는 것이 훨씬 더 올바른 방법으로 귀결되는 경우가 많다. 당신의 테스토스테론을 억제하고 에스트로겐을 분비시켜 투자에 임하고 결정하라. 자고로 세상은 남자가 지배하고 그 남자를 지배하는 것은 여자라고 하지 않는가?

· 루앤 로프턴 저, 이종호 역, 《워렌 버핏은 왜 여자처럼 투자할까?》, 서울
  문화사

# 4장

# 부자는
# 보는 눈이
# 다르다

: 부자의 다른 점을 읽는 눈 :

# 부자는
# 인간 심리를 읽는 데 강하다

"주말에 영화를 보기로 하고 극장에 갔다. 최근 유행하고 있는 영화를 친구들과 보려고 예매를 하고 현장에서 입장권을 출력했다. 상영 시간이 되어 극장 안으로 들어가려고 하는데 어딘지 모르게 아쉽다. 코를 유혹하는 달달한 팝콘 냄새에 이끌려 콜라와 함께 구매한다. 극장에서 영화만 보면 심심하고 제대로 관람하는 느낌이 아니다. 친구들과 함께 신나는 마음으로 팝콘에 콜라를 먹으며 영화 상영 전에 나오는 광고를 보면서 떠들었다."

위 상황은 우리가 평소 주말에 극장에서 영화를 즐기는 패턴이다. 사람들은 극장이 영화  상영만으로 돈을 번다고 생각하지만 실제로 극장은 영화가 아닌 매점에서 판매하는 음식과 영화 상영 전에 나오는 광고에서 벌어들이는 돈이 훨씬 더 짭짤하다. 매출 비중에서는 영화 상영을 통해 버는 돈이 클지 몰라도 영화표를 통해 버는 수익과 비교해 매점에서 판매하는 음식과 광고를 통해 벌어들이는 수익이 만만치 않은 것이다.

극장 점유율 1위를 하고 있는 CJ CGV의 재무제표를 보면 매출 구성이 다음과 같다. 영화 티켓으로 버는 매출의 비중이 60%대이지만 매점 판매와 광고로 올리는 매출이 25%나 된다. 극장에서 상영관에 들어가려면 극장에서 판매하는 음식만 갖고 들어가게 하는 이유가 바로 엄청난 수익에 그 비밀이 있는 것이다. 극장에 가서 영화를 본다는 행동에는 자연스럽게 팝콘을 콜라와 함께 먹는 것까지를 포함한다. 상영 예정 시간이 10시면 거의 대부분 실제 상영시간은 10시 5~10분인

**CJ CGV의 매출 구성**

(단위 : 백만원, %)

| 구분 | 2012년 | | 2013년 | |
|---|---|---|---|---|
| | 금액 | 비중 | 금액 | 비중 |
| 티켓 판매 | 481,109 | 61.7 | 579,104 | 63.2 |
| 매점 판매 | 123,000 | 15.8 | 151,933 | 16.6 |
| 광고 판매 | 71,298 | 9.1 | 85,887 | 9.4 |
| 장비 판매 | 11,322 | 1.5 | 23,677 | 2.6 |
| 기타 판매 | 92,603 | 11.9 | 75,329 | 8.2 |
| 합계 | 779,333 | 100.0 | 915,930 | 100.0 |

경우가 대부분이고 그 시간 동안 우리는 우리의 의지와 상관없이 강제적으로 광고를 봐야만 한다. TV시청을 할 때는 리모컨으로 채널을 돌릴 수 있지만 극장에서는 강제적으로 모든 사람이 함께 관람을 해야만 한다.

대기업들은 승자독식으로 중소 자영업까지 침해하여 비난을 받는 실정이지만 사람에게서 어떤 식으로 돈을 벌어야 하는지 가장 확실하게 파악하여 돈을 긁어모은다. 대기업들이 마케팅 부서를 활발하게 운영하고 심리학자와 함께 자신들의 제품을 판매하는데 가장 효과적인 방법을 연구하는 이유가 여기에 있다.

새 집을 마련하기 위해 중개업소를 통해 주택을 둘러볼 때 일부 중개인은 중개 성사율을 높이기 위해 다음과 같은 방법을 쓴다. 고객이 원하는 조건을 파악한 후에 고객과 함께 주택을 구경할 때 초반에는 고객이 원하는 조건과 비슷하지만 약간 부족한 주택을 소개해준다. 고객이 약간 부족함을 느끼고 좋은 주택이 없음을 실망스러워 할 때 중개인이 이야기를 한다. 아주 약간 더 비싸기는 하지만 괜찮은 집이 있다며 볼 생각이 있냐고 묻는다. 고객은 아쉬움에 보자고 한다. 중개인은 지금까지와는 달리 괜찮은 주택을 소개한다. 비록 금액은 약간 더 비싸지만 충분히 감당할 수 있는 금액이다. 고객은 이전까지의 주택과는 달리 마음에 쏙 든다. 가격이 약간 문제지만 이미 마음을 빼앗긴 지 오래다.

판매자들은 대부분 최고의 가격으로 판매하기를 원하지만 쉽지 않은 것이 현실이다. 주택 임차인을 구할 때 다음과 같은 방법을 쓴 사람이 있다. 중개인을 거치지 않고 인터넷을 통해 직거래로 임차인을 구하는데 주택 사진을 아주 잘 찍어 여러 사람들이 관심을 갖게 만든다. 집을 보고 싶다는 문자가 온다. 이럴 때 의도적으로 집을 보려고 오는 사람들의 시간을 겹치게 만든다. 한 팀은 1시에 오라고 하고 한 팀은 1시 5분 정도에 오라고 한다.

한 팀에게 주택을 구경시키고 있으면 마음에 들어 하지만 보통의 임차인들은 딱 하나의 주택만 구경하는 것이 아니라 다른 주택도 구경하기 위해 스케줄을 잡는 경우가 대부분이다. 이럴 때 대개의 임차인들은 잘 봤다는 인사와 함께 다른 주택을 다 본 후에 최종 결정을 하려 한다. 그런데 갑자기 뜻하지 않게 새로운 임차인이 주택을 구경하려고 들어온다. 주택을 구경하는 두 팀의 임차인들은 전부 갑자기 마음이 급해진다. 지금 계약하지 않으면 이 주택의 계약은 물 건너간다는 심리적 압박에 몰리게 된다. 두 팀 중에 한 팀의 임차인은 계약을 하자는 이야기를 꺼내게 된다.

어떤가? 비겁하다는 생각이 드는가? 철저하게 남을 이용해서 이익을 추구하는 못된 놈이라는 판단이 드는가? 그렇게 생각해도 어쩔 수 없다. 바로 현재 매일같이 벌어지고 있는 현실이다. 사업을 잘하고 투자를 잘하는 사람이 부자가 된다. 사업으로 돈을 모았으니 부자가 된 것이고 투자로 돈을 벌었으니 부자가 된 것이다.

사업을 하는 과정에서 단순히 제품을 잘 만든다고 팔리는 것은 아니다. 투자 역시 싸다고 하여 무조건 수익을 낼 수 있는 것도 아니다. 사람들이 제품에 관심을 갖고 구매하게 만들어야만 제품이 팔리는 것이고, 저가의 투자 대상에 사람들이 호감을 갖고 싸다고 생각해야 투자를 하게 된다.

그 과정에서 인간의 심리를 파악해서 자신에게 유리한 방향으로 이끌도록 노력한 결과 돈이 함께 따라온 경우가 많다. 이러한 행동을 했을 때 과연 사람들이 좋아할 것인가를 고심하고 어떻게 해야 사람들의 관심과 호기심을 유도할 수 있을지에 대해 연구하고 다양한 시도를 한다. 시행착오를 거치면서 점점 능숙하게 타인을 활용해서 돈을 번다. 타인을 이용한다는 것이 결코 대상을 바보로 만들고 멍청이로 취급한다는 뜻이 아니다.

자신의 이익은 최대한 추구하고 상대방의 이익은 고려하지 않는다는 의미도 아니다. 상대방을 호구로 만들지도 않는다. 본인이 호구라고 느끼는데 그 제품을 구매하겠는가? 절대로 호구라고 느끼지 않도록 최대한 공감하게 만든다. 어떤 이익이 생기고 어떤 즐거움이 찾아오는지 설명해준다. 그로 인해 자기에게는 어떤 이익이 생기는지를 굳이 표현하지 않을 뿐이다.

우리가 부자들과 협상을 할 때 항상 불리한 조건으로 계약을 체결하게 되는 이유는 부자는 자신에게 유리한 조건을 포기하지 않아도 지장이 없다는 것을 나에게 납득시켜 선택의 대안을 최소로 만들어 피할 수 없는 협상안을 제시해서 계약하게 만들기 때문이다. 내 상황을 정확하게 알고 내 심리 상태를 파악하여 그에 걸맞는 제안을 하는 것이다.

극장에 가서 영화만 보고 나와도 관람하는데 전혀 지장이 없지만 꼭 팝콘과 콜라를 함께 곁들여야 하고, 충분히 다른 주택을 좀 더 살펴본 후에 계약하자고 해도 무방한데도 불구하고 사람들은 그러지 않는다. 내 심리를 정확하게 파악한 상대는 절대로 그런 상황을 만들지 않는다. 내가 돈을 쓰면서도 전혀 거부감 없게 만들고, 주택이 아주 좋다고 착각하게 만들어 계약한다.

당신이 하는 모든 일은 결국에는 인간과 인간이 함께 만들어 내는 것이다. 인간이 어떤 심리를 갖고 행동하느냐를 파악하는 것은 돈을 벌 수 있는 가장 기초적이지만 힘든 여정의 출발점이다. 인간의 심리를 정확하게 파악해서 돈을 번 것이 아니라 돈을 벌기 위해 상대방의 심리를 고려하다 보니 알게 된 측면이 좀 더 강하다고 할 수 있다.

지금부터라도 인간 행동의 근본적인 이유를 밝히고 호기심을 갖고 접근하다 보면 자연스럽게 돈이 보일 것이다. 결국 당신에게 돈을 주는 것은 인간이다!

- 로버트 치알디니 저, 황혜숙 역, 《설득의 심리학》, 21세기북스
- 허브 코헨 저, 강영희 역, 《허브 코헨, 협상의 법칙》, 청년정신

# 경제 흐름을
# 늘 주시한다

다음의 입학안내는 모 대학에서 최고경영자과정을 모집하는 안내 공고문이다. 6개월 코스에 수강료가 500만 원이다. 수강료가 비싸지만 돈이 있다고 누구나 들어갈 수 있는 과정은 아니다. 지원서를 제출하면 대학에서 심사를 거쳐 합격 여부를 알려준다. 예전에는 특별한 심사를 하지 않고 신청한 사람들 대부분이 다닐 수 있었지만, 영업직에 있는 사람들이 부자를 만나기 위한 방법으로 많이 활용하다 보니 여러 문제가 있어 지금은 일정 자격요건에 필요한 증빙서류를 요구한다.

경영자 중에 단순히 인맥을 쌓기 위해 최고경영자과정을 다니는 사

람도 있을 것이라 예상하기 쉽다. 분명 인맥도 무시할 수 없는 요소

중의 하나지만 그보다 더 중요한 것은 끊임없이 변하는 경제 환경에

뒤처지지 않는 것이다. 아무리 한 기업의 CEO이고 자산가라고 하여

도 경제의 흐름을 전부 파악할 수 있는 것은 아니다. 각 기업에서도 경제 동향에 대해 파악하고 자료를 제공하고 알려주지만 전문가들에게서 나오는 고급 정보까지 받아 보는 것은 아니다.

어지간한 대기업들은 하나도 빠짐없이 경제연구소를 운영하고 있다. 세리SERI라고 불리며 가장 유명한 삼성경제연구소를 비롯해서 LG경제연구원, 현대경제연구원처럼 대기업에서 운영하고 있는 연구소들도 있지만 선대인경제연구소나 공병호 경영연구소처럼 개인이 운영하며 경제현상에 대해 알려주고 미래에 대한 전망을 해주는 곳들도 많다.

약간의 시간차를 두고 이미 대기업이 검토를 끝낸 후에 받게 되는 단점은 있지만 대기업의 연구소에서 발표하는 자료를 각 연구소의 홈페이지에 들어가 신청하면 메일로 받을 수 있다. 이들은 자신의 기업에 해당하는 다양한 산업에 대해 연구하고 관련 자료를 제공하여 기업이 운영을 하는데 있어 큰 그림을 제시한다. 경제 흐름에 대한 분석뿐만 아니라 향후 전망을 해주기도 하고 꼭 읽어야 할 책을 선정하기도 한다. 한 해 동안 유행했던 트렌드를 알려주기도 하고 다음 해에 유행할 트렌드를 예측하기도 한다.

대기업 경제연구소들이 이러한 연구를 하는 이유는 끊임없이 변화하는 시장 환경에서 살아남기 위함이다. 살아있는 생물체처럼 움직이는 경제라는 생물을 넋 놓고 바라보다가는 기업이 도태되는 것은 한순간이라는 것을 익히 알고 있기 때문이다. 각 기업의 연구소에서 보내주는 자료만 읽어도 현재 벌어지는 경제현상뿐만 아니라 향후 경제 전망까지도 주시하며 파악할 수 있다.

평일 낮에 상당히 많은 유무료 강연이 열린다. 주식, 부동산, 경제전 망 등에 대해 각 기업의 금융사나 연구소를 비롯한 경제 단체에서 주 최를 하는데 참석해 보면 엄청나게 많은 사람들이 참가하는 것을 알 수 있다. 100석이나 200석이 가득 차는 것은 물론이고 강연이 끝난 후에 서로 손을 들어 강사들에게 질문을 쏟아내는 것을 보면 그 열기 에 깜짝 놀란다.

게다가 강연에 참석하는 사람들 중에는 양복을 입은 사람들보다는 일상복을 입은 50대에서 60대에 해당하는 사람들이 많은 것에 다시 놀라게 된다. 진짜 부자들은 양복을 입고 다니지 않는다. 거추장스러 운 양복을 입지도 않고 겉모습에 얽매이지 않는 모습으로 이런 강연 에 참석해서 끊임없이 안경을 쓰고 공부하는 모습을 보게 된다.

이런 강연에 참가하는 사람들이 할 일이 없어 심심하니 시간이나 때우자며 참가하는 것이 아니다. 강연에 참가하면 선물을 선사하니 선물을 받자고 참가하는 것은 더더욱 아니다. 혼자서는 현재 벌어지 고 있는 경제현상을 전부 다 알고 쫓아가기 힘들어서 전문가들의 이 야기를 듣고자 참가하는 것이다.

전문가의 이야기를 들으며 혀를 찰 때도 있고 고개를 끄덕일 때도 있다. 전문가라고 하는 사람들이 엉뚱한 소리를 하거나 제대로 된 전 망을 하지 않으면 마음에 들지 않아 혀를 차는 것이고 전문가답게 논 리적으로 데이터를 보여주면서 조목조목 설명을 하면 고개를 끄덕이 면서 경청하는 모습을 현장에서 목격하게 된다.

경제 흐름을 조금이라도 놓치지 않기 위해 강연장을 찾아다니는 것 은 물론이고 경제뉴스 읽는 것을 하루도 소홀히 하지 않는다. 비행기를 탔을 때 부자인 사람과 아닌 사람을 구별하는 방법이 있다고 한다. 비행기에서 신문을 읽으라고 나눠준다. 이때 부자들은 주로 경제신문을 읽지만 부자가 아닌 사람들은 스포츠신문을 읽는다고 한다. 가장 극명하게 알 수 있는 것이 퍼스트 클래스에 타는 사람들은 전부 경제신문만 찾는다고 한다.

꼭 경제신문을 읽지 않더라도 최근에는 일반 신문에서도 경제뉴스 섹션을 따로 만들어 많은 지면을 할애하고 있다. 인터넷을 보더라도 습관적으로 스포츠면이나 연예인들에 대한 가십거리에 먼저 눈이 돌아가는 나를 발견하게 되는데 의도적으로 경제면을 보는 연습을 해야만 한다.

당신보다 훨씬 돈도 많고 지위도 높고 가진 것도 많은 부자들은 쉬지 않고 경제의 흐름을 놓치지 않기 위해 노력하고 있다. 이번 주에 당신은 얼마나 자주 경제뉴스를 접했는가? 현재 어떤 경제 문제가 이슈인지 여부는 알고 있는가? 나와는 전혀 상관없는 일이라 생각하며 관심조차도 갖지 않으면서 부자는 되고 싶은가?

대한민국은 세계에서 10위권 정도의 경제규모를 갖고 있는 나라이지만 불행히도 한국 돈의 가치는 그다지 매력적이지 못해 거의 대부분 달러에 연동되어 환율이 움직이는데 이 부분은 엄청나게 중요하다. 알기 싫다고 해도 환율이 어떻게 움직이느냐에 따라 대한민국에 들어오는 달러의 규모가 달라지며 자산 시장이 들썩거리는 것을 목격하게 된다.

한국 돈이 어떻게 움직일 것인지를 예측하고 알아보는 것은 그래서 중요하다. 정확하게는 한국 돈이 어떻게 움직이는 것이 아니라 달러

가 어떻게 변동되는지를 아는 것이 중요하다. 이런 경제 흐름을 알아야 하는 것은 필수를 넘어 생존의 조건이다. 홍춘욱의 《원화의 미래》와 같은 경제 도서를 읽으면서 공부를 해야 한다. 뿐만 아니라 주식투자를 하기 위해서도 경제 흐름을 알지 못하면 필패한다는 것을 알게 된다. 이 역시도 같은 저자인 홍춘욱의 《주식투자가 부의 지도를 바꾼다》를 통해 공부할 수 있다. 홍춘욱은 경제 분야의 파워블로거로서 그의 블로그에는 하루에도 끊임없이 많은 경제 문제와 흐름에 대한 각종 연구소와 전문가들의 정보를 비롯해서 자신의 관점까지 올라온다. 이런 전문가들의 블로그나 글을 계속 읽으면서 잠시도 경제 흐름을 놓치지 않도록 해야 한다.

100년이 지나도 큰 변화가 없던 과거와 달리 지금은 단 일주일만 문명의 혜택을 받지 못하는 장소에 있다 돌아와도 최신의 경제 현상에 대한 감이 떨어지는 시대이다. 다행히 일주일 동안 아무 일도 없었다면 상관없겠지만 IMF사태나 금융위기와 같은 큰 사건이 일어나고, 한국은행의 금리 결정 같은 걸 놓치게 된다면, 봄이 되면 아무리 추워도 아지랑이가 보이면서 땅 밑에서는 씨앗이 발아되어 줄기가 조금씩 조금씩 땅 위로 올라온다는 사실을 깨닫지 못하는 것처럼 자신의 자산이 순식간에 위험에 노출되는 것도 모르는 것이다.

부자가 되기 위한 노력 중에 가장 어렵고 단 한순간도 쉬지 않고 해야 하는 것의 으뜸이 바로 경제 흐름을 파악하는 것이다. 경제 흐름을 파악하기 위해 노력한다 해도 제대로 된 경제 흐름의 올바른 바람에 몸을 맡기는 것도 쉽지 않다. 잘못 판단해서 한순간의 오판이 밝혀졌을 때는 이미 늦는다. 그만큼 경제 흐름은 배워도 배워도 알기 어렵고 잠시라도 게을리하면 안 되는 요물과 같은 괴물이다.

난 돈도 없고 강연장을 다닐 시간도 없고 경제뉴스를 봐도 잘 알지 못한다고 포기할 것인가? 평생 부자가 되고 싶지 않다고 고백하는 것이나 마찬가지다. 부자 되는 것이 그리 쉽고 유지하는 것이 그리 쉬울 것이라 생각하는가?

- 홍춘욱 저, 《원화의 미래》, 에이지21
- 홍춘욱 저, 《주식투자가 부의 지도를 바꾼다》, 원앤원북스

# 자본주의는 불평등하다

대한민국 프로야구팀 중에 성적이 가장 좋지 않은 팀에서 오랫동안 에이스 역할을 했던 류현진은 모든 야구선수들의 꿈의 무대인 메이저리그에 입성하여 훌륭한 성적을 올리고 있어 사람들의 열광과 환호를 받고 있다. 류현진 선수가 받는 연봉에 대해서는 누구도 딴지를 걸지 않고 기쁜 마음으로 바라본다.

류현진 선수가 받는 연봉을 부러워하며 지금부터 죽어라고 야구 연습을 해서 메이저리그에 입성하겠다는 욕망을 갖고 노력하는 사람은 없다. 류현진 선수는 나와는 다르다며 그저 말없이 그의 활약을 응원하는 사람이 대다수다. 메이저리그는 고사하고 한국 프로야구에 입성하는 것도 노력하는 것만으로 달성할 수 없다는 현실을 직시하는 것이다.

내가 아무리 노력해도 류현진과 같은 신체 능력과 야구 센스를 가질 수 없다는 것을 해 보지 않아도 깨닫고 있기에 취미로 사회인 야구 활동은 할지라도 프로선수는 꿈도 꾸지 않는것이다. 아니 사회인 야구를 하면서 오히려 선수들이 얼마나 대단한지 간접적으로 깨닫는다.


민주적인 국가가 생기기 전에는 천민 신분이 있었고 양반 신분이 있었고 왕족이 있었다. 이는 태어날 때부터 정해지는 것이다. 인도에서는 불가촉천민이라고 하여 사회에서 가장 밑바닥의 계층이 존재한다. 과거에만 있었던 계층이 아니라 지금도 여전히 인도에서 불가촉천민들은 제대로 된 대접을 받지 못한다. 배우고 싶어도 배울 수 없고 사회 활동을 제대로 하고 싶어도 공식적인 제도로는 풀려 있어도 여전히 사람들의 인식에 가로막히는 경우가 많아 불가촉천민 계층의 인도인들은 외국으로 이민을 가기도 한다. 그마저도 어느 정도 능력이 되는 불가촉천민에게만 해당하는 사치라 할 수 있다.

아직도 일부 국가나 민족에서는 신분이 존재하지만 대부분의 국가에서는 신분 차별이 없다. 누구나 태어날 때부터 동등한 권리를 갖는다. 대기업 사장의 자녀로 태어나거나 판잣집 자녀로 태어나거나 똑같은 한 명의 국민이다. 부모의 사랑을 받는 것도 같다. 대기업 사장 자녀가 판잣집 자녀보다 더 큰 사랑을 받는 것은 분명 아니다.

그러나 불행히도 부잣집 자녀로 태어나는 것이 가난한 집 자녀로 태어나는 것보다 출발선에서 앞서 있는 것이 사실이다. 과거와 달리 개천에서 용 나는 경우는 점점 힘들어지고 있다. 서울 강남에 그토록 많은 사람들이 몰려드는 중요한 이유 중의 하나는 자녀를 좋은 대학에 보내려는 것이다. 좋은 대학을 가지 못하면 외국으로 나가 대학 타이틀을 따서 한국으로 돌아오는 경우도 많다.

부잣집 자녀로 살면 다양한 경험을 할 수 있지만 안타깝게도 가난한 집 자녀로 태어나면 그렇지 못하다. 예전과 달리 현장 체험학습이라고 하여 학교에 부모와 함께 여행을 간다고 제출하면 출석으로 인정받고 직접 외국 문물을 체험하고 돌아올 수 있다. 일부 부자 동네의 초등학교는 6월 말이면 한 반의 반 이상이 학교를 나오지 않고 외국으로 단기유학을 떠나기도 한다.

어릴 때부터 보고 느끼는 경험의 범위가 달라지면 꿈의 크기도 달라진다. 나와는 완전히 다른 가치관과 세계관을 가진 또래의 외국인들을 만나고 TV나 책에서 보던 외국의 문물을 직접 경험한 아이와 그렇지 않은 아이가 바라보는 시각은 다를 수밖에 없다. 경험의 차이는 꿈의 차이로 나타나 자라면서 공부에 대한 의지도 달라지고 살아가야 하는 이유에서도 차이가 날 수밖에 없다.

대한민국이 못살던 60~70년대까지만 해도 부자든 가난한 사람이든 경험의 차이는 크지 않았다. 오히려 개인 간의 경험의 차이가 컸다고 할 수 있다. 80년대까지만 해도 외국 여행은 아무나 갈 수 있는 것이 아니었고 절차도 복잡해 두려움이 앞서는 일생의 프로젝트였다. 돈이 있다고 해서 부자라고 해서 쉽게 즐길 수 있는 경험이 결코 아니었다.

어느 누구도 민주주의를 이룩한 자본주의 국가에서 신분이 존재한다고 믿지 않는다. 내가 하고 싶어 하는 것을 제도나 법에 따른 신분 차이로 막지 못한다. 하지만 불행히도 눈에 보이지 않는 차별과 제약이 존재한다는 사실은 또 누구나 인정한다. 이미 누군가의 자녀로 태어난다는 것은 다른 출발선에서 시작한다는 것을 크면 누구나 알게 된다.

평등한 존재로 태어나지만 누구나 다 평등하게 살아갈 수 있는 것은 아니다. 인류가 지금과 같은 문명을 이룩한 근본적인 원동력의 하나가 경쟁이다. 끊임없는 경쟁이 인류를 발전시켜온 것이다. 자본주의가 인류 역사에서 지금 현재 최종적으로 득세를 하고 있는 것은 경쟁을 통해 승자가 많은 것을 가질 수 있도록 하는 인간의 욕망을 해소해줬기 때문이다.

이 과정에서 자본주의의 탐욕이 극에 달해 승자독식으로 부익부 빈익빈을 고착하고 심화시켰을 뿐만 아니라, 가난한 사람들이 부자의 길로 들어서지 못하게 사다리를 걷어차는 일까지도 서슴치 않고 벌이고 있다. 부자 나라들이 자신들이 했던 방식과 똑같은 방법으로 성장하려는 국가들에게 온갖 회유와 압박으로 성장하지 못하게 하는 이유도 전부 부자 나라가 계속 부자로 남아 가난한 나라들로부터 이익을 챙기려 하기 때문이다.

다행히도 한국은 가난한 나라가 아니고 제도적, 법적으로 평등한 나라이다. 자신이 하고자 하는 것을 법이나 제도 때문에 못하지는 않는다. 기회가 주어지지 않는다는 불평불만에 귀를 기울여야겠지만 아직은 — 앞으로도 그럴 것이라 믿는다 — 개인의 의지와 노력만큼 원하는 것을 얻을 수 있는 나라이다.

평등한 나라라는 사실 때문에 자본주의가 평등하다는 착각은 하지 말아야 한다. 자본주의는 불평등하고 가진 사람이 더 갖는 승자독식이 가능하다. 가진 자가 더 갖는 불균형을 해소하기 위해 정부가 복지로 달래고 있지만 최소한의 생활을 가능하게 만드는 정도이다.

물론 자본주의의 속성을 극한으로 밀어부친 신자유주의 사상이 금융위기와 더불어 한계를 드러냈지만 자본주의는 인간의 욕망을 끊임없이 자극한다. 이와 맞물려 1대 99라는 논리로 부의 편중과 슈퍼리치들의 탐욕을 개선하기 위해 노력하는 것이 인류를 위해서도 큰 도움이 되겠지만 자본주의의 속성과 인간의 근원적인 본능을 따져볼 때 자본주의는 불평등하다는 현실을 직시할 필요가 있다.

적당히 일을 해도 먹고 살 걱정을 전혀 하지 않아도 되고 살아갈 집이 마련되어 있고 휴가도 마음껏 즐길 수 있는 유토피아는 상상 속에서나 가능하다. 북유럽 국가의 복지를 모두들 부러워하지만 복지를 구현하기 위해 수입의 40% 이상을 세금으로 낸다는 사실과 노르웨이 같은 경우는 석유 덕분이라는 사실은 잊어 먹거나 의도적으로 무시한다.

가난한 사람들이 살아갈 수 있도록 경제적 지원을 하고, 부자들이 비열하게 가난한 사람들의 사다리를 걷어차는 행위를 감시하여 법이나 제도적으로 막아야 하겠지만 자본주의 안에서 살아가는 사람들은 경쟁을 통해 각자가 원하는 것을 얻을 수 있다는 사실마저 소홀히 하면 안 된다.

더러운 세상이라며 한탄을 하고 세상에 대한 원망과 저주를 한다고 해서 변하는 것은 전혀 없다. 가진 자들의 세상이라며 사회 정복을 꿈꾼다고 한들 가진 자는 계속 얼굴을 바꿔가며 나타날 뿐이다. 내가 부자가 되려고 하는 욕망은 왜 가지지 못하는가? 자본주의는 그런 사람들을 원하고 그런 사람들이 인류를 발전시켜왔다.

각자 개인의 능력이 다르고 잘할 수 있는 분야가 다르다. 모든 사람이 똑같이 획일적인 능력을 갖고 있는 것이 아니다. 누구나 남보다 잘할 수 있는 분야는 존재한다. 자본주의는 상대적으로 잘할 수 있는 분야에서 자신의 능력을 발휘하며 먹고사는 시스템이다. 당신도 자신이 종사하는 분야에서 노력을 통해 무엇인가 얻었는데도 사람의 능력은 평등하다고 말할 텐가? 내가 노력한 만큼 남들보다 앞설 수 있게 된다. 불평등은 당신을 남과 다른 존재로 만들어준다. 자본주의는 바로 그 불평등을 근거로 돈을 버는 시스템이다.

- 장하준 저, 형성백 역, 《사다리 걷어차기》, 부키
- 에릭 라이너트 저, 김병화 역, 《부자나라는 어떻게 부자가 되었고 가난한 나라는 왜 여전히 가난한가》, 부키
- 나렌드라 자다브 저, 강수정 역, 《신도 버린 사람들》, 김영사

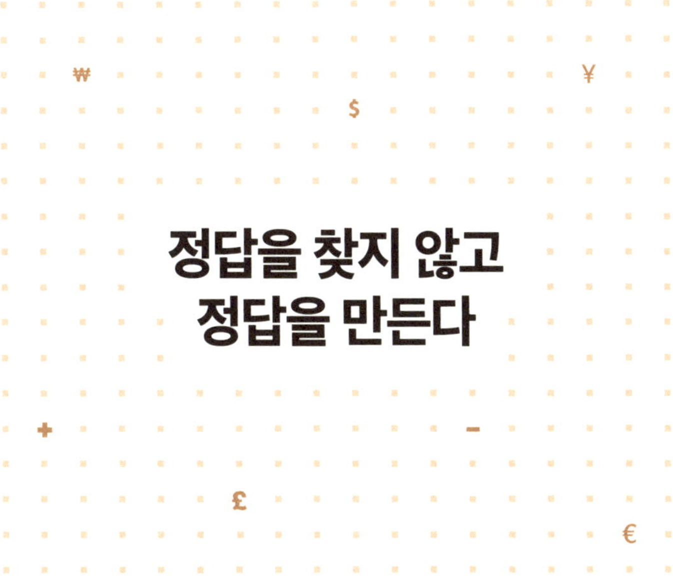

# 정답을 찾지 않고
# 정답을 만든다

어떠한 부연설명도 없고 이야기 도중에 나온 것도 아니고 느닷없이 '배' 라는 단어를 듣는다면 어떤 이미지가 떠오를까?

맛있게 먹을 수 있는 배?

신체의 일부분인 배?

물 위에 떠 있는 배?

어떤 수의 제곱인 배?

각자의 인식의 차이에 따라 떠오르는 이미지는 달라진다. 직전에 듣고 보고 생각했던 단어에 영향을 받아 관련된 '배'의 이미지가 떠오를 수 있다. 그럼에도 다수의 사람들이 지목하는 이미지가 있게 마련이다. 10명 중에 5명이 먹는 배를 떠올렸다면 다수가 떠올린 이미지로 인해 정답은 먹는 배가 될 수 있다.

각자 자신이 떠올린 이미지를 상대방과 비교하여 맞다고 고개를 끄덕이기도 하고 자신이 떠올린 이미지가 틀렸다고 — 다르다가 아니라 — 멋쩍은 웃음을 지을 수도 있다. 그렇다면 다수의 사람들이 제시한 이미지는 정답이 될 수 있는 것인가? 다른 이미지를 떠올린 사람들은 오답인가?

여기서 중요한 것은 문제를 출제한 사람이 갖고 있던 이미지이다. 그 사람이 말하는 답이 비로소 정답이 될 수 있다. 문제 출제자가 질문만 던져 놓고 사라진다면 절대 다수의 이미지가 정답이 되어버리는 현상이 나타나게 된다.

누군가 '배'라는 단어는 원래 먹는 배를 말하는 것이 당연하다는 주장을 펼친다. 이 사람은 직전에 밥을 먹고 왔을 가능성이 존재한다. 어떤 사람은 '배'라는 단어는 원래 인체의 일부가 자연스러운 것이라고 주장한다. 이 사람은 직전에 배가 아파 화장실을 다녀왔을 수도 있다. 그러나 결국 10명 중에 5명이 떠올린 이미지가 먹는 배라서 정답은 '먹는 배'가 되어 나머지 사람들은 서서히 입을 다물게 된다.

모든 상황이 제압되고 절대 다수의 의견이 모아진 상태에서 문제 출제자가 다시 등장한다. 자신이 생각했던 배는 바로 '제곱의 배'였다고 한다. 즉시 한 명이 외친다. "그럴 줄 알았어! 내가 생각했던 이미지가 바로 그거였어!" 하면서 자신은 말하고 싶었지만 분위기에 주눅 들어 말하지 못했다고 한다.

모든 사람은 상대방의 의도를 정확하게 파악한 영웅에게 찬사를 보낸다. 그전까지 그가 영웅이 될 것이라는 어떤 힌트나 조짐도 없었다. 실제로 그가 제곱의 배를 생각했는지에 대한 검증도 없고 알려고도 않는다. '그런 말은 나도 하겠다'라며 먼저 외치지 못한 자신을 한탄하는 사람도 있다.

정답은 출제자의 마음속에 있었다. 정답이 대다수가 외치는 것이었는지 딱 한 명만 외치는 것이었는지 여부는 중요하지 않다. 출제자가 생각하는 정답이 중요한 것이다. 다들 출제자가 생각하는 정답을 찾으려고 한다. 고민하고 연구해서 내 의견이나 생각이 아닌 출제자의 정답을 맞히려고 한다. 그게 최선이라 믿는다.

정답을 찾기 위해 공식을 외운다. 외운 공식대로 행동하면 성공한다고 믿는다. 수학공식처럼 공식을 외우면 저절로 문제의 정답을 풀 수 있다고 믿는다. 공식을 알려준다고 하는 책과 강의에는 연일 사람들이 몰리고 환호성이 넘친다. 나만 믿고 따라하면 당신도 성공할 수 있다고 외치는 카리스마에 별 의심 없이 따라한다.

하지만 공식을 따라 하라는 책이나 다른 사람의 성공담은 결코 정답이 아니다. 그 사람이 성공한 공식이고 행운과 노력이 결부되어 성공한 것이지 경제 환경과 제도와 정책 등에 따라 얼마든지 달라질 수 있다. 어제는 정답이라고 생각했던 것이 오늘은 완전히 오답으로 판명되는 경우도 무척이나 많다. 이럼에도 정답을 외우라고 외치며 나를 따라오라고 하는 것은 잘못된 길로 유도하고 더 많은 것을 잃게 만든다.

정답을 외우는 것이 아니라 정답에 접근하는 방법을 배워야 한다. 기본 원리를 배우고 다양한 경우의 수 중에 택한 이유를 파악하고 문제에 어떤 식으로 접근하여 어떻게 적용해서 정답을 찾을지를 발견하는 것이 훨씬 더 중요하다.

성공한 사람은 무조건 옳다고 여기며 그가 공부한 방법을 그대로 따라 하며, 사업을 하라고 하니 사업을 하고 부동산을 샀다고 하니 부동산을 구입하고 주식투자를 했다고 하니 주식투자를 한다고 해서 과연 성공할 수 있을까? 단순히 성공한 사람의 행동을 모방한다고 해서 성공하는 것은 아니다. 그보다는 성공한 사람이 그런 행동을 한 이유에 대해 고민하며 당시의 상황에 대해 파악하고 그러한 결론을 내린 생각에 대해 이해하는 노력이 필요하다.

산업혁명 이후에 기업들은 단순 조립과 생산을 할 수 있을 정도로 적당히 교육받은 노동력이 필요했다. 이에 따라 가장 효율적이고 효과적인 교육을 위해 발전된 형태가 현재의 학교 교육 형태이고, 높은 성적을 올릴 수 있도록 빠르게 정답을 찾는 방식이 정착되었다.

보다 효율적으로 인간의 노동력을 활용하기 위해 성적을 매긴 후 줄을 세워 필요한 인력을 뽑아 썼다. 인간 각자의 매력과 능력치는 전혀 중요한 요소가 아니었다. 이러한 교육의 결과로 사람들은 정답을 찾는 데에 익숙해졌고 공식을 외워 고득점을 맞는 것이 인생의 지름길처럼 보였지만 공식을 외워 찾은 정답은 일정수준까지만 효율적인 방법이다.

고득점을 받기 위해 공식을 외워야 하며 출제자의 의도를 파악해서 문제의 정답을 발견해야 한다. 내가 생각하는 바는 전혀 중요하지 않다. 출제자가 제시하는 정답을 체크해야 원하는 점수를 얻을 수 있는 것이다.

재미있게도 '이렇게 해야 성공할 수 있다'는 류의 책들이 베스트셀러에 오른다. 패턴을 알려주고 따라하면 원하는 정답을 찾는다고 하는 책이나 강의는 지금도 열렬한 환호를 얻는다. 정답을 찾는 방법이 아니라 정답을 만드는 방법에 대해 알려주는 책은 인기가 없다.

아래는 초등학교를 다니는 조카가 정답을 틀린 문제이다.

> 다음 중 학교에서 집으로 돌아오면 가장 먼저 해야 할 일은 무엇입니까?
> ① 과자 먹기 ② 만화 영화 보기 ③ 컴퓨터 게임하기 ④ 친구와 만나서 놀기 ⑤ 준비물과 숙제 확인하기

이 문제에 조카는 1번을 정답이라고 제출했고 오답이 되었다. 이 문제에 정답이 존재한다고 생각하는가? 1번을 정답으로 제출한 조카는 자신이 생각하는 정답이 아닌 출제자가 생각하는 정답을 이제부터 찾으려고 할 것이다. 자신의 생각이 아닌 남의 생각에 눈치를 봐야 하고 획일적인 사고방식을 어릴 때부터 기르게 되어 성인이 되어서도 정답을 찾으려고 노력할 것이다. 자신이 생각하는 정답이 아니라.

세상에 절대적인 공식에 따른 정답은 결코 없다. 정답을 찾아서는 안 되고 정답을 만들어야 한다. 우리가 사는 인생에 있어 눈앞에 놓여 있는 길은 누구도 가보지 않은 길이다. 그 길은 공식에 나와 있지 않아 나 스스로 개척해야 하는 길이다. 처음 가는 길이라고 길을 찾아주거나 빠른 길을 알려주는 지도가 있을까?

당신 앞에 놓여있는 길을 찾아가는 지도를 판매하는 사람이 과연 당신이 가는 길에 대해 정확하고도 확실한 지도를 보여주고 판매하는

것일까? 누구도 가본 적이 없고 오로지 당신만이 가야 할 길인데도. 그 길은 당신만이 만들어야 하는 길이다. 누군가 알려주고 찾아주는 길이 아니다. 정답(길)을 찾으려 하지 말고 정답(길)을 스스로 만들어야 한다.

"여러분에게 주어진 시간은 한정적이다. 다른 사람 인생을 살면서 삶을 허비하지 마라. '도그마'에 갇히지 마라. 이건 다른 사람들이 만들어 놓은 것이다. 다른 사람 의견이 당신 내부 목소리를 가라앉히게 하지 마라. 가장 중요한 건, 당신 마음과 직감을 따를 용기를 가져야 한다는 것이다."(Your time is limited, so don't waste it living someone else's life. Don't be trapped by dogma – which is living with the results of other people's thinking. your own inner voice. And most important, have the courage to follow your heart and intuition. They somehow already know what your truly want to become. Everything else is secondary.)

- 스티브 잡스

- 박종하 저, 《생각이 부자를 만든다》, 한국경제신문사
- 켄 베인 저, 이영아 역, 《최고의 공부》, 와이즈베리

# 금리를
# 항상 염두에 둔다

한국은행이 온건파dovish로 입장을 전환했다는 내용이 공식 문서에 기록됐다.

2014년 7월 10일에 열렸던 제13차 금융통화위원회 의사록이 29일(화) 발표됐다. 이 의사록에서 정해방 금융통화위원회(이하 금통위) 위원은 기준금리를 1년 넘게 동결해온 한은의 결정에 대해 처음으로 반대 의사를 표시했다.

정 위원은 "최근 경제 상황을 종합적으로 판단해 볼 때 경제 주체의 심리 위축이 장기화될 우려가 있기 때문에 선제적인 경기 대응이 필요한 것으로 보인다."며 기준금리 인하를 주장했다.

한은의 '만장일치 (기준금리) 동결' 기조가 14개월 만에 깨지면서, 한은이 경기 부양을 위해 올해 8월에 기준금리를 인하할지도 모른다는 온갖 추측이 난무했다.

한은이 기준금리를 인하할지도 모른다는 견해는 '제13차 금통위 의사록' 다른 부분에서도 발견됐다. 또 다른 익명의 금통위 위원은 기준금리 동결에 한 표를 행사하기는 했지만, 금융정책을 완화할 여지가 여전히 크다는 의견을 밝혔다. 금통위 위원 최소 4명(익명)은 기준금리 동결을 찬성하기는 했으나, 한은이 경제 성장의 발목을 잡는 하방 리스크 downside risk를 해결하기 위해서 조치를 취해야 한다고 주장했다.

경제 전문가들은 올해 8월에 기준금리를 인하하라는 목소리가 커지고 있다는 사실에 주목한다. 최경환 신임 경제부총리가 추진하는 경기부양책과 일관되게 한은도 금융정책을 완화하라는 압력이 거세지고 있기 때문이다.

- 월스트리트저널 2014년 7월 30일 By Kwanwoo Jun

매월 둘째 주 목요일이면 대한민국에서 아주 중요한 정책이 발표된다. 한국은행에서 기준금리를 발표하는 것이다. 한국은행에서 기준금리를 지난달에 비해 올리느냐 내리느냐에 따라 전체 자산 시장은 물론이고 각 기업들의 실적까지도 들썩거릴 정도로 막강한 영향력을 발휘하는 것이 금리이다.

당신이 금리에 관심도 없고 살아가면서 아무런 영향도 피부로 느끼지 못한다면 십중팔구 부자가 아니다. 경제활동을 하는 주체들에게 금리는 우리 몸속에 흐르는 피와 같은 역할을 하는데 부자라고 다를

바 없다. 금리가 오르면 당장 은행에서 받는 이자가 더 많아진다. 지난달 보다 더 많은 이자를 받을 수 있으니 위험을 감수하고 투자하려는 심리가 낮아질 것이다.

금리가 내린다면 이번 달에 받는 이자가 줄어든다. 은행 이자로 매월 먹고 사는 자산가가 있다면 지난달보다 적게 받는 이자로 생활비가 줄어들 것이다. 기업 입장에서 금리가 올라간다는 것은 은행에서 빌린 대출 이자를 더 많이 지출해야 하기에 기업 이익이 줄어드는 결과를 낳는다. 금리가 내려간다면 대출 이자가 줄어드니 줄어든 만큼 투자를 할 수도 있고 급한 돈을 은행에서 빌려 신규 투자를 단행할 수도 있다.

외국인 입장에서도 자기 나라의 금리가 1%인데 한국의 금리가 3%

라고 하면 자국 은행에서 돈을 빼서 한국 시중 은행에 돈을 예치하는 것이 유리하다. 무려 2%나 되는 이자 차익을 얻을 수 있다. 이렇게 외국에서 이자 차익을 노리고 들어온 달러는 원화로 교체되어 은행들은 넘치는 돈을 주체하지 못해 대출을 하려고 노력한다.

은행에 쌓인 돈은 투자를 하려는 사람들에게 대출로 나간다. 낮은 이자에 좋은 조건으로 받을 수 있는 대출은 부동산 가격 상승을 유발한다. 자신이 보유하고 있는 현금에 대출까지 받아 부동산을 구입할 수 있는 환경이 조성되어 사람들이 부동산을 구입하기 시작하니 부동산 가격이 오르는 것이다. 부동산 가격이 올라 사람들은 예전보다 자산이 더 많이 늘어난다. 그만큼 쓸 수 있는 금액이 많아져서 자신도 이제 부자가 되었다고 느껴 소비를 한다. 늘어난 소비는 시장에 돈을 돌게 만들어 돈을 버는 사람들이 많아지며 호황을 맞이하게 된다.

반대로 금리가 올라가면 사람들은 은행을 통해 쉽게 대출을 받지 못한다. 어제보다 더 많은 이자를 은행에 지급해야 하니 몸을 사리게 되고 돈이 있는 사람들은 은행 금리보다 더 많은 수익을 얻기 위해 위험을 감수하고 투자한 자산에서 돈을 빼서 은행에 예치를 하니 점점 자산 시장은 위축되고 돈이 돌지 않아 소비가 줄어들어 돈을 버는 사람이 적어진다.

이와 같은 금리는 현대 국가에서 처음으로 새롭게 시행한 정책이 아니라 과거부터 존재해왔다. 기원전 1750년경 바빌로니아의 함무라비 법전에도 이자에 대한 언급이 있을 정도로 인류 역사와 함께 금리는 늘 존재했다. 현대에 와서 금리가 더욱 중요해진 이유는 바로 돈의 역할 때문이다. 생활필수품을 물물교환하던 시대와 달리 필수품을 비롯한 모든 것을 돈으로 교환할 수 있는 시대가 되면서 돈을 주고받고 빌려주고 빌려 받으면서 이자라는 개념이 확고하게 자리 잡으며 금리는 바로 이자의 수준을 결정하는 중요한 수단으로 정부가 국가의 경제 흐름을 통제하는 방법이 되었다.

그 외에도 투자나 사업의 이익을 계산할 때 기준이 되는 것이 있어야 하는데 금리는 가장 확실하고도 분명한 기준이 된다. 내가 10%의 수익을 냈다고 해도 누군가 20%의 수익을 냈다고 하면 실패한 투자가 되어버린다. 5%의 수익을 냈는데 누군가 2%의 수익을 냈다면 성공한 투자가 되어버린다. 하지만 우리 주변의 누군가와 비교하는 것은 그 대상 범위가 너무 넓어 공정한 비교가 되지 못한다.

이럴 때 금리는 가장 확실하고도 분명한 기준으로서의 역할을 한다. 내가 10%의 수익을 냈는데 기준금리가 11%라면 나는 은행에 돈을 넣는 것보다 못한 투자를 한 것이다. 2% 수익을 냈는데 기준금리가 1%라면 수익이 확실하게 잘나온 것이다. 이런 이유로 금리는 투자 수익을 내는 사람들에게는 벤치마크가 된다.

아무리 훌륭한 수익을 냈다고 해도 기준금리보다 못한 수익률이라면 하지 않느니만 못한 결과가 되어버린다. 차라리 그 돈을 은행에 넣었으면 아무런 위험을 감수하지 않고도 더 큰 이익을 볼 수 있었으니 말이다. 그리하여 투자를 할 때면 은행 금리보다 위험을 감수한 만큼을 합쳐서 금리＋알파를 기준으로 삼는다.

경제성장률이 10%대까지 나왔던 시절에는 투자라는 개념은 전혀 중요하지 않았다. 은행에 넣는 것만으로도 상당히 높은 무위험 수익을 얻을 수 있는데 누가 위험을 감수하며 투자를 하겠는가? 아니면 최소한 20% 이상의 수익이 나지 않는다면 투자에는 눈도 돌리지 않았을 것이다. 이제 경제성장률 3~4%가 겨우 되는 저성장 국가로 진입한 대한민국은 은행에 돈을 넣어서는 만족스러운 수익을 낼 수 없게 되었다.

대한민국의 자산 시장이 본격적으로 고수익을 가져온 시기는 경제성장률이 높게 나왔던 시절이 아니라 경제성장률이 점점 꺾이는 시절이었다. 주식도 부동산도 은행 금리에 만족하지 못한 사람들이 본격적으로 은행 금리 이상의 수익을 낼 수 있는 자산 시장에 돈을 넣으면서 오르기 시작한 것이다. 기업들이 예전보다 성장률이 하락하고 정체하는데도 불구하고 주가가 오른 이유가 바로 여기에 있다.

부자에게 특히 금리가 더욱 중요한 이유는 바로 규모가 다르기 때문이다. 100억 부자가 은행에 예치할 때 은행 금리가 5%라면 매년 받는 이자는 5억 원이다. 세금을 제한다고 해도 이 정도의 금액이라면 위험을 감수하며 투자해야 할 필요성을 전혀 느끼지 못한다. 하지만 1,000만 원을 갖고 있는 당신이 이 돈을 은행에 예치하면 겨우 50만 원을 받는다.

자연스럽게 1,000만 원을 갖고 있는 사람은 어지간한 금리에는 신경도 쓰지 않고 투자로 더 큰 수익을 노리게 된다. 훨씬 더 큰 위험을 감수하고라도 돈을 불리기 위해 노력하는 것이다. 하지만 전체 자산 시장의 흐름은 금리에 따라 움직인다는 사실을 모른 체 무조건 위험을 감수하는 투자를 한다고 이익을 보는 것은 아니다. 큰 틀에서 금리가 어떤 식으로 움직이고 있는지 파악하여 그에 맞는 투자를 할 때 훨씬 안전한 투자가 이뤄진다.

자산 시장이 호황일 때 금리는 최고에 다다를 때가 많고 자산 시장이 침체에 빠져 있을 때 금리가 최저 수준인 경우가 많다. 정부에서 정책 금리를 의도적으로 올리고 내려 국가 경제가 과열되는 것을 억제하고 침체되는 것을 방지하기 위해 노력하기 때문이다. 문제는 국가 정책 금리의 변경이 자산 시장에 영향을 미치는 시간적인 차이가 발생해서 이 갭을 이해하지 못하는 일반인들이 한발 늦는다는 것이다.

부동산 투자를 하는 사람들 대부분은 금리의 오르내림에 따라 은행에 지급하는 대출이자가 요동치기에 늘 주시를 한다. 주식 투자를 하는 사람들은 단지 한국은행에서 기준금리를 내리거나 올린다는 시그널만 보여도 주가가 움직인다는 사실을 체감한다. 사업하는 사람들은 은행의 금리에 따라 자신이 지출해야 하는 이자 금액의 변동을 보고 신규 투자를 고려하게 된다. 이 밖에도 부자들은 늘 금리를 주시하면서 자신의 자산을 재편성한다.

현재 금리가 몇 퍼센트 인지도 관심 없고 한국은행에서 이번 달 기준금리를 발표하는 뉴스에 채널을 돌리거나 신문을 무심히 넘긴다면 당신은 분명히 부자가 아니다. 앞으로도 금리와는 전혀 무관한 삶을 살고자 한다면 한 가지는 확실하다. 당신은 불행히도 부자가 될 가능성은 극히 희박하다!

- 시드니 호머, 리처드 실라 공저, 이은주 역, 《금리의 역사》, 리딩리더
- 박경철 저, 《시골의사의 부자경제학》, 리더스북

# 돈의 흐름을
# 끊임없이 주시한다

　지구 위에 대형 접시가 있다고 가정하자. 대형 접시는 나무막대 2개로 된 받침대 위에 놓여 있고 물(돈)이 끊임없이 유입되어 흐르고 있다. 평소에는 접시가 평형 상태를 유지하며 넘치는 물은 골고루 지구 위에 떨어진다. 특정 지역에 편중되지 않고 떨어지는 물은 모든 사람들에게 퍼져서 전 세계에 똑같은 속도로 돈이 흘러 다 함께 풍요로운 시절을 누린다.

　실제 현실에서는 이와 같이 이상적으로 돈이 흘러가지는 않는다. 그것도 절대로!!

　대형 접시는 아주 클 뿐만 아니라 받침대는 불안정하다. 받침대 아래에는 대형 접시 위에 있는 물을 자신의 쪽으로 흐르게 만들려고 하는 무리들이 있다. 자신들이 원하는 방향으로 물이 떨어지게 만들기 위해 합심해서 받침대를 밀어버린다. 균형 상태로 흐르던 물(돈)이 한쪽으로 과도하게 흐르면서 물이 넘쳐나게 된다.

접시에서 쏟아지는 물이 바이오, IT업종, 유통 쪽으로 쏟아지거나 수도권 아파트, 지방 아파트로 밀려가면 넘쳐흐르는 물에 의해 돈을 버는 사람들이 생겨난다. 이러한 물은 여론을 만드는 사람들 즉, 애널리스트, 투자 예측가, 정치인, 경제학자 등이 떠들어대는 여론의 정보(조작)에 따라 움직인다.

물을 한쪽 방향으로 흐르게 하려고 노력하는 무리들은 어떻게 하든 투자자들을 움직이게 만들려고 한다. 이들을 움직여서 어떻게 하면 더 많은 돈을 벌까만 생각한다. 단 하나의 목표를 위해 움직인다. 투자자들에게 이리 움직이고 저리 움직이라는 시그널을 지속적으로 보낸다. 투자자들이 얼마나 그들의 신호를 알아듣고 — 또는 착각하고 — 많이 움직이느냐에 따라 커다란 이익이 결정된다. 이런 물은 다른 지역, 산업부문, 자산으로 흘러간다.

접시가 어느 쪽으로 움직여 물(돈)이 떨어지느냐에 따라 물(돈)이 흘러들어 물(돈)이 넘쳐 오르는 자산이 있고 반대로 물(돈)이 하나도 유입되지 않아 떨어지는 자산이 생긴다. 자산 시장에서도 부익부 빈익빈이 생기는 것이다.

돈이 금에 연동되어 유통되던 시대와 달리 신용에 의해 돈이 계속 공급되는 오늘날의 금융 통화시스템에서는 언제나 돈이 흘러 들어가는 자산이 반드시 생기기 마련이다. 무조건 돈이 흘러갈 수 있는 새로운 호재를 만들어 낸다. 신기하고도 특별한 기술이 중요한 것이 아니라 사람들의 관심을 유도하는 것이 중요하다.

대부분의 일반 투자자들은 돈의 큰 흐름에는 관심이 없다. 오로지 텔레비전 방송, 증권가 루머, 정부 발표 등 당장 눈앞에 보이는 것에만 관심을 갖는다. 접시의 물이 흘러넘쳐 한쪽으로 쏟아져 특정 시장이 뜨고 난 한참 후에야 상황 파악을 하고 뒤늦게 모든 사람들이 물이 쏟아지고 있는 곳으로 달려간다. 이 상황을 파악하고 뛰어든 때가 가장 많은 돈이 넘쳐나지만 바로 그 때가 상투의 절정이라는 것은 모른다.

특정 시장으로 돈이 흘러 들어가기 시작하면 모든 사람들이 그곳으로 몰려든다. 일단 돈이 몰리기 시작하면 그 누구도 통제할 수 없는 상황으로 치닫는다. 접시의 물이 떨어지고 사람들은 몰려들고 돈이 모이기 시작하여 한동안 그 자산의 가격은 하늘 높은 줄 모르고 올라 멈추지 않게 된다.

몇몇 똑똑한 사람들은 가격이 너무 올라 위험하다는 것을 감지하고 자산 가격이 떨어진 곳과 차이가 벌어졌다는 것을 눈치채고 높이 올라간 자산을 팔아버리고 낮은 자산을 매입한다. 여전히 높아진 자산 시장에서는 정직하지 못한 인간들이 후발주자들에게 장밋빛 청사진을 계속 제시한다. 이미 오를 만큼 오른 자산 시장은 영악한 투자자들이 후발주자들에게 전부 넘겨버린다.

돈이 계속 유입되고 있는데도 불구하고 가격은 더 이상 오르지 않는다. 돈이 유입되는 것에만 관심 있는 사람들은 더 이상 채워지지 않는 돈이 다른 시장으로 서서히 흘러 들어가고 있다는 것을 눈치채지 못하고 마지막 최후를 만끽한다. 대다수 사람들은 현재의 상황에 도취되어 상황 파악을 전혀 하지 못한다.

나름대로 시장에서 똑똑하다고 인정받는 투자자들이나 상당한 수익을 낸 투자자들도 돈을 번 것에만 정신이 집중되어 무엇인가 조금씩 변하고 있다는 사실을 소홀히 한다. 이제 받침대를 밀어대는 무리들이 빠져버려 돈이 흘러 들어오지 않는다. 더 이상 큰돈이 유입되지 않으니 개인들이 투자하는 돈으로는 가격이 쉽게 오르지 않는다.

어느 순간부터 돈은 유입되는데도 불구하고 마치 '밑빠진 항아리에 물 붓기'처럼 돈이 쌓이지를 않는다. 어디에선가 누수가 생기고 있다. 물의 유입이 끝난 자산 시장은 물이 위에서 아래로 흘러가듯이 다른 자산 시장으로 흘러 들어간다. 조금씩 새고 있다고 생각한 물이 순식간에 밀물처럼 빠져 나간다.

이제 모든 사람들이 깨닫는다. 많은 돈이 흘러 들어와도 더 이상 올라갈 곳이 없는 자산 시장은 떨어진다는 사실을 몸소 체험한다. 서로 자신들이 가장 고점에 물렸다는 사실을 직시하고 빠져 나가려고 난리가 난다. 서로 더 큰 손해를 보지 않으려고 손해를 보고서라도 빠져 나가려 한다. 폐허가 된 자산 시장은 다음 물이 유입될 때까지 누구의 관심도 없이 조용히 패잔병들만 쓸쓸히 남아있다.

대형 접시가 평형 상태를 유지하며 물이 떨어진다면 아무런 문제가 생기지 않는다. 물은 골고루 균형 있게 흘러간다. 그러나 인간은 절대로 균형 있게 물이 흐르도록 두지 않는다. 특정 자산 시장으로 물이 흐르도록 밀어버린다. 돈이 어느 방향으로 흘러갈 것인지 개인들이 미리 파악해서 선점하기는 쉽지 않은 것이 사실이다.

아무리 뛰어난 투자자라고 하여도 돈의 흐름과 반대되는 곳에 투자를 하면 백전백패이다. 돈의 흐름을 전혀 이해하지도 못하고 돈이 유입된다는 사실만 믿고 들어간다는 것은 대형 접시 위에 있는 물을 의도적으로 한쪽으로 밀어부친 무리들에게 마지막 이용을 당하는 처지가 되어 버릴 수 있다.

물은 잠시도 멈추지 않고 흐른다. 지구의 중력으로 인해 물은 위에서 아래로만 흐른다. 흐를 수 있을 때까지 멈추지 않고 계속 흐른다. 물이 더 이상 흐르지 않고 고여 있게 되는 장소가 나온다. 장소가 협소하면 물은 썩어 버린다. 더 이상 마실 수 없는 물로 변질된다. 물이 흐를 수 있도록 물길을 터줘야만 물은 계속 공급되고 갈 길을 찾아가게 된다.

돈도 마찬가지로 끊임없이 시중에 유동성이 공급되고 있다. 우리가 인식하지도 못하고 있는 사이에 각국의 중앙은행은 돈을 공급한다. 돈이 시중에 흘러넘친다고 모든 사람들에게 공평하게 돈이 흘러가는 것은 아니다. 특정한 자산으로 누군가 터주는 물길을 따라 돈이 흘러가서 돈을 버는 사람들이 생긴다.

아무리 비관적으로 미래는 없다고 외치고 신기술이 나오지 않는다고 하여도 시중에 풀려 있는 돈은 어느 곳인가로 흐른다. 그곳이 어느 곳이 될지는 알기 힘들다. 분명히 어느 곳에서는 돈이 쌓이고 쌓여 계속 차올라 눈치채지 못한 순간에 돈이 넘친다는 것을 깨닫게 된다. 흘러넘친 돈은 또 다시 다른 곳으로 흘러간다.

돈의 흐름을 모른다면 저평가된 자산에서 오랜 시간을 기다리고 있어야 한다. 그 시기가 언제일지는 누구도 모른다. 돈의 흐름을 파악해서 그 시간을 단축하면 훨씬 더 효율적으로 저평가된 자산에서 돈을 벌 수 있다. 우리가 돈의 흐름을 미리 파악해서 남들보다 먼저 선점하는 것은 힘들다.

돈의 흐름을 파악하기 위해 끊임없이 책을 읽고 뉴스를 보고 현재 벌어지는 현상을 생각해보고 유추하고 과거를 반면교사 삼아 지속적으로 노력하는 것이 필요한 이유이다. 돈이 흘러가는 곳에 조금 늦더라도 가면 된다. 그럼 돈을 벌 수 있다. 단, 돈이 움직이는 것을 관찰한 사람에게만 해당된다.

• 마크 파버 저, 구홍표, 이현숙 공역, 《내일의 금맥》, 필맥

5장

부자가
되려면
움직여라

: 부자가 되는 길을 읽는 눈 :

# 돈이 없으면
# 남의 돈을 써라

"기억하라. 돈이란 본질적으로 새로운 돈을 창출할 수 있는 본성을 갖고 있다. 돈이 돈을 버는 것이다. 그리고 그렇게 벌어들인 돈이 또한 더 많은 돈을 벌어들이는 것이다."

"명심하라. 일 년에 6파운드라면, 하루로 따져 4그로트 정도 밖에 안 되는 정말 작은 돈이다. 따지고 보면, 이 정도의 돈은 어느 순간인지 모르게, 어디에 썼는지도 모르게 사라질 수 있는 돈이다. 그러나 신용이 있는 사람은 이런 적은 비용을 들여 수백만 달러의 돈을 소유하고, 그 돈을 유용할 수 있는 것이다."

– 벤저민 프랭클린

정주영 회장이 A&P의 애플도어의 찰스 롱바툼 회장을 찾아가 주머니에 있는 500원짜리 지폐를 꺼내 보이면서 "이걸 보라. 우리의 거북선이다. 당신네 영국의 조선 역사는 1800년대부터라고 알고 있는데 우리는 1500년대에 이미 이런 철갑선을 만들었다."고 하며 협상을 이끌어낸 일화가 있다. 무엇 때문에 이런 협상을 펼쳤겠는가? 당시 울산에 조선소를 만들려고 했지만 아무것도 없었다. 기술은 말할 것도 없고 그 보다 더 중요한 돈이 없었다.

이에 정주영 회장은 '임자 해 보기는 했어?'라는 배짱을 갖고 조선소를 짓기 위해 외국에서 차관을 들여오기로 한다. 한국은 그때까지 큰돈을 융통할 수 있는 환경이 아니었다. 일본도 가고 미국도 갔지만 누구도 거들떠보지 않았다. 후진국에서 조선소를 짓는다는 것이 말도 안 된다며 상대를 해 주지 않았다. 마지막으로 영국 은행에 문을 두드려 드디어 거북선이 그려진 500원짜리 지폐를 보여주면서 성사해낸 것이다.

당시에 정주영 회장은 기술도 자본도 없었다. 갖고 있었던 것은 오로지 아이디어와 비전뿐이었다. 돈이 있어야만 무엇인가를 할 수 있다는 것은 말도 안 된다. 중요한 것은 '당신이 하려고 하는 의지가 있느냐' 여부다. 사업을 하기 위해서는 자본을 갖고 있거나 아이템이 있어야 한다. 아이템만 있으면 자신의 노력 여하에 따라 얼마든지 다양한 루트를 통해 자본을 투자받을 수 있다.


필자가 저술한 《부동산 경매 시장의 마법사들》에 다음과 같은 일화가 나온다. 자유롭게님의 사례인데 강의를 듣던 중에 강사가 갑자기

수강생들에게 돈이 있으면 빌려달라고 한다. 어느 누구도 선뜻 빌려주지 않고 돈이 없어도 투자로 돈버는 방법을 알려주겠다고 하는데도 아무도 나서지 않자 학생들을 데리고 은행에 가서 현금서비스로 부동산 경매 입찰 보증금을 마련하고 그 돈으로 입찰해서 낙찰받자마자 바로 부동산 중개업소에 의뢰해 매매를 해서 실제로 매매 영수증을 보여준 것이다.

이 이야기를 듣고 투자를 잘하는 사람의 기행이나 나와는 전혀 상관도 없는 남의 일이라고 여기면서 감탄만 하고 있을 것인가? 아무래도 돈이 있어야 무엇이든 할 수 있다며 꾸준히 돈을 모아야 한다고 생각하는가? 적금 풍차돌리기를 하며 돈을 차곡차곡 모으면 모든 것이

해결될 것이라고 믿고 있는 것은 아닌가?

돈이 없어 투자나 사업을 못하겠다고 하는 사람들은 실제로 투자를 할 마음도 사업을 할 마음도 없는 것이다. 차라리 아이템이 없어 사업을 못하고 투자할 곳이 없어 투자를 못하겠다고 한다면 그것은 수긍이 간다. 아이템도 없고 투자할 곳도 없어 돈을 갖고 있는 것은 현명한 처신이지만, 아이템도 있고 투자할 곳도 확실하게 있는데 돈이 없어 못하겠다고 하는 것은 확신이 아직 없다는 뜻과 마찬가지다.

부동산 경매에서 확실한 현장조사와 권리분석으로 위험을 해결할 수 있다는 자신감이 있는데 돈이 부족하다면 주변 지인들에게 찾아가서 브리핑을 한다. 부동산이라는 실제하는 자산을 보여주면서 어떤 식으로 현재 발생한 문제를 해결할 것인지 이해시키고 수익을 어떻게 나눌 것인지 납득을 시킨다면 충분히 지인으로부터 돈을 받아 투자로 수익을 낼 수 있다. 그 정도의 실력과 확신이 없는 것이 문제다.


세계적인 체인 호텔로 유명한 힐튼 호텔의 창업자인 콘래드 니콜스 힐튼은 가정 형편이 어려워 호텔 청소부로 일을 하며 세계에서 가장 큰 호텔의 주인이 되는 꿈을 꾸게 된다. 1919년 모블리 호텔을 인수하며 호텔 경영을 시작하는데 갖고 있는 돈이 거의 없었다. 청소부가 돈을 모아봤자 얼마나 모았겠는가?

힐튼은 돈을 빌릴 수밖에 없었다. 그는 많은 돈을 빌리기 위해서 '콘래드 니콜스 힐튼'이라는 자신을 담보로 내세웠다. 힐튼에게는 바로 정직이라는 엄청나게 큰 담보물건이 있었다. 어느 누구도 대신할 수 없는 힐튼이야말로 최고의 신용이 될 수 있었던 것이다. 지금까지 힐튼이 살아온 방식과 평판 등이 바로 돈을 빌릴 수 있었던 비결이었다.

누군가에게 돈을 빌린다는 것은 바로 나 자신을 믿어달라는 이야기이다. 내가 하는 사업의 비전과 가능성, 내 투자 실력이 중요한 잣대가 되지만 그보다 더 중요한 것은 바로 지금까지 내가 살아온 인생 과정과 믿을 수 있는 사람인가의 여부다. 당신이라면 아무리 뛰어난 투자 실력과 사업 가능성이 있다고 해도 믿을 수 없는 사람에게 돈을 빌려줄 수 있겠는가?

평생 빚을 지지 않고 살아온 인생을 가장 떳떳하게 생각하는 사람들도 있지만 정작 그의 인생은 그저 그런 삶을 살아가는 경우를 많이 목격하게 된다. 은행에서 대출받지 않는 것은 분명히 무난한 인생을 살았다고 평할 수 있어도 성공한 인생이라고도 할 수 없다. 은행에서 대출을 받는 것은 사업 파트너로서 은행을 택한 것과 마찬가지다. 은행은 당신에게 돈을 빌려줘서 이자라는 수익을 얻을 수 있는 것이고, 당신은 부족한 돈을 사업 파트너인 은행을 통해 조달받아 안정적으로 사업을 영위해서 더 큰 수익을 볼 수 있는 것이다.

현재 대한민국에서 엄청난 이익을 내는 대기업은 전부 하나도 빠짐없이 은행으로부터 대출을 받아 성공했다. 그들의 사업 초기에 아이템은 있어도 자본이 부족했기에 은행에서 대출을 받아 이자를 갚으며 사업을 확장했다. 이제 몇몇 기업들은 은행에서 대출을 받지 않아도 될 정도의 수익을 내고 있지만 역시나 언제든지 돈이 부족하면 은행에서 돈을 빌리려 하고 은행은 돈을 빌려주지 못해 안달이다. 지금까지 사업을 하면서 보여준 신용이 밑바탕이 되어 돈을 빌려주는 것이 오히려 이득이라는 것을 알기 때문이다.

워렌 버핏은 사상 최대의 현금을 보유하고 있다고 한다. 당장이라도 투자할 수 있는 보유 현금이 몇 조원에 달한다고 하니 남의 돈을 쓸 이유도 없을 것처럼 보이지만 그도 사실 남의 돈으로 투자를 해서 성공한 것이다. 그 비결은 바로 보험사의 돈이었다. 워렌 버핏이 인수한 보험사에는 고객이 납입한 보험료가 있다. 이 돈은 보험금으로 지급하기 전까지는 보험사에서 갖고 있을 수 있다. 보험금을 지급할 수 있는 일정 정도의 돈만 갖고 있으면 되기에 잉여자금을 투자로 활용했던 것이다.

지금도 돈이 없어 아무것도 못하고 있다고 스스로 자책하는가? 돈이 없는 것이 아니라 투자할 실력과 사업할 아이템이 없어서 못하는 것이 아니고? 당신에게 필요한 것은 돈이 아니다. 돈을 이용할 수 있는 방법을 모르는 것이다. 당신만 확실하다면 돈을 빌려주려고 하는 사람은 수없이 많다. 오히려 먼저 당신에게 와서 수많은 제안을 할 것이다. 당신에게 돈을 빌려주고 싶다고.

조심해야 할 점은 바로 당신이 정직한가에 대한 여부와 평판이다. 당신의 정직과 평판에 금이 갈 정도로 남의 돈을 이용하지 말고 감당할 범위 내에서 이용해야 한다. 남의 돈을 갖고 튀어 사기를 치라는 이야기가 아니다. 과도하게 신용을 남발하면 돌아오는 것은 사기꾼이라는 오명과 인간관계의 단절과 더불어 법의 심판이다.

은행은 당신의 사업 파트너이고 당신이 갖고 있는 실력이 바로 남의 돈을 이용할 수 있는 신용이다. 돈이 남아돌아 사업을 하고 투자를 한 사람이 성공한 사례는 오히려 드물다. 돈은 없지만 자신의 실력과 비전을 믿고 주변 사람들의 돈을 이용해서 성공한 사례는 당장 주변에서 찾아보면 수두룩할 것이다.

아직도 돈이 없어 문제인가? 실력이 없어 자신이 없는 것은 아니고? 돈이 없어 못한다는 비겁한 핑계를 대지 말자!

- 나폴레온 힐 저, 성필원 역, 《행동하라! 부자가 되리라》, 도전과성취
- 이재범 저, 《부동산 경매 시장의 마법사들》, 매일경제신문사

# 문제를
# 두려워하지 마라

꽤 높은 연봉을 받으면서 단란한 가정을 꾸리던 한 여인이 있었다. 어느 날 암에 걸렸다는 것을 알게 되었다. 이미 이혼한 상태에서 어머니도 돌아가시고 아이도 두명 키워야 했다. 그 어느 것 하나 만만치 않은 현실이 찾아온 것이다. 회사에서 인정은 받았지만 항암치료로 인해 지속적으로 회사를 다니는 것은 힘들어 퇴사를 하게 되었다. 여느 사람 같으면 포기하고 세상에 대한 저주와 한탄을 했을 만한 상황에 《싱글맘 부동산 경매로 홀로서기》의 저자인 이선미에게는 문제는 해결하면 된다는 긍정적인 마음과 추진력이 있었다.

과거에 부동산 경매로 수익을 올린 것을 기억해 내고는 움직이기 시작했다. 암 투병으로 힘든 와중에도 컨디션이 좋은 날이면 현장조사를 하고 입찰을 해서 요양 중에만 무려 10건의 낙찰을 받았다. 그 이후 2년 만에 30채를 매입하여 성공기를 썼다. 암이라는 커다란 시련 앞에 굴복하지 않고 적극적으로 노력하여 암이 생기기 전보다 훨씬 더 풍요롭고 만족스런 삶을 두 자녀와 함께 살아가고 있다.

사람들은 문제를 회피하려고 한다. 문제가 생기면 겁부터 먹고 도망가려 한다. 될 수 있는 한 문제에 맞부딪히지 않으려고 한다. 살아가다 보면 언제 어디서든 문제는 생길 수 있다. 최대한 피한다고 해도 문제는 우리 앞에 닥쳐온다. 그럴 때마다 문제를 회피하려고 한다면 아무런 발전이 없다. 신은 인간이 감당할 수 있을 정도의 시련을 준다고 한다. 당신이 감당할 수 없는 문제는 결코 당신에게 오지 않는다.

당신에게 문제가 생겼다는 것은 바로 당신이 움직이지 않았다는 증거이고 당신이 하는 일이 무엇인가 어긋나고 있다는 것을 알려주기 위한 신호이다. 고여있는 물은 썩은 물로 변하여 문제를 알려주고 잘못된 생활습관이나 식습관은 병이라는 문제로 당신을 찾아온다. 문제는 이유 없이 찾아오는 것이 아니라 당신을 더 발전시키기 위해 찾아오는 것이다.

하루 종일 앉아 공부를 한다고 서울대에 갈 수 있는 것이 아니다. 서울대를 가기 위해서는 문제를 풀어야만 한다. 문제를 푼다는 것은 자신의 현재 위치를 정확하게 파악할 수 있는 근거가 된다. 문제가 잘 풀리지 않고 답도 틀려 봐야만 실력이 늘어난다. 자신 있게 풀 수 있는 문제만 수없이 푼다고 고득점이 되는 것이 아니다. 자신 있게 풀 수 있는 문제는 이미 문제가 아니다.

현재 당신 눈앞의 문제를 해결하면 당신은 훌쩍 커 있는 자신을 발견하는 것은 물론이고 덤으로 돈까지 생기는 것이 바로 자본주의이다. 아무것도 하지 않으면 문제도 생기지 않고 얻는 것도 없다. 실제로 문제를 푼 것이 아니라 회피한 것이다. 문제를 제대로 푼 사람만이 비슷한 유형으로 다시 찾아오는 문제를 슬기롭게 헤쳐 나갈 수 있게 되는 것이다.

모든 성공은 자신에게 찾아온 역경이라는 문제를 푼 사람만이 얻을 수 있다. 사람은 저마다 자신만의 문제를 갖고 있기 마련이다. 자신에게 닥친 문제 하나를 풀면 하나의 계단 위로 올라가는 것이나 마찬가지이다. 성공이라는 계단은 하나의 문제당 하나의 계단씩 올라가게 된다. 어려운 문제를 풀면 한 계단이 아니라 성공으로 가는 몇 개의 계단을 올라가는 것과 마찬가지로 오히려 즐거운 일이라 여기며 받아들이면 좋다.


"남자에게 참 좋은데 표현할 방법이 없네."라는 광고가 한때 회자된 적이 있다. 유명하지도 않은 중년의 남자가 TV 광고에 나와 세련되지도 않은 말투로 중얼거리는 광고인데 많은 사람들에게 촌스럽지만 강렬한 이미지를 심어준 것이다. 천호식품의 산수유라는 제품을 사람들에게 각인시켜 폭발적인 매출로 이어졌고 천호식품 뿐만 아니라 천호식품의 김영식 회장마저도 일약 스타로 만든 광고이다.

이토록 독특한 광고를 내세워 승승장구하고 있는 김영식 회장이지만 그도 부도를 경험할 뻔했다. 한때는 부산에서 현금보유 기준으로 100위 안에 들 정도였지만 자신의 전문 분야가 아닌 사업을 시작했다가 갚아야 할 빚만 20억 원이 넘을 정도로 추락했었다. 완전히 박살난 것이다. 자신의 모든 것을 잃은 것도 부족해서 빚독촉에도 시달려야 했다.

대부분의 사람은 이런 상황을 회피하기 위해 도망쳤을 것이다. 연락이 두절되고 도망치는 신세로 전락해서 노숙자 생활을 했을 것이지만 김영식 회장은 문제를 피하지 않고 정면으로 맞서기로 했다. 사업을 하던 9층 사무실에서 뛰어내리는 자살도 생각했지만 지금까지 사업하면서 갖고 있던 전화번호도 변경하지 않을 정도로 문제를 회피하지 않고 정면으로 맞서서 풀어내기로 마음을 먹은 것이다.

자살을 생각했던 그 마음을 갖고 죽을 각오로 목숨 걸고 다시 열정적으로 사업을 시작했다. 그리하여 1년 11개월 만에 20억 원의 빚을 모두 갚았을 뿐만 아니라 압류 당했던 집마저 다시 찾았다. 결국 문제를 두려워하지 않고 정면으로 맞섰기에 지금의 천호식품이 있을 수 있었던 것이다.

"남자에게 참 좋은데 표현할 방법이 없네."라는 카피도 건강 식품이라 TV 광고의 제약이 너무 많자 정면으로 맞서는 방법으로 해결점을 찾은 것이다. 남자에게 좋지만 직접적으로 이야기할 수 없다는 것을 솔직하게 이야기한 것이 오히려 더 큰 반향을 불러일으킨 것이다. 커다란 문제에 부닥쳤지만 그 문제를 풀어 더 큰 성공이 찾아온 것이다.

이것은 삶의 태도도 마찬가지이다. 당신이 어떤 삶의 태도를 갖고 있느냐에 따라 문제를 두려워하지 않고 정면으로 맞설 수도 있고 회피할 수도 있는 것이다. 어떤 선택을 하느냐는 전적으로 당신의 몫이다. 결과 또한 온전히 내가 선택한 몫이다. 신비롭게도 우리가 내린 선택은 결과를 불러일으킨다. 억울하다고 외쳐도 소용없다.

공부를 하지 않은 학생은 문제를 풀기 싫어한다. 문제를 풀어도 정답을 못 맞힌다는 것을 알기에 문제를 풀지 않는다. 하지만 성적을 올리려면 문제를 풀어야만 내가 무엇을 모르고 있는지 정확한 판단을 내릴 수 있다. 초등학생에게 수능에 나오는 문제를 풀라고 시험내지는 않는다. 정확하게 초등 수준에 맞는 문제가 나온다. 노력하면 충분히 풀 수 있는 수준이다.

이와 마찬가지로 우리에게 닥친 문제들도 우리가 풀 수 있는 문제가 대부분이다. 문제를 보자마자 즉시 풀 수 있지는 않더라도 문제를 두려워하지 않고 차분하게 정면으로 맞서서 풀면 얼마든지 풀 수 있다. 풀어보지도 않고 왜 문제에서 도망가려 하는가? 문제를 풀어야만 풀 수 없는지 알 수 있지 않을까? 문제를 풀어보지도 않고 문제를 풀 수 없다고 하는 것은 잘못이다.


성공한 사람의 공통점은 자신에게 찾아온 문제를 결코 피하지 않았다는 것이다. 감당할 수 없는 문제는 결코 찾아오지 않는다. 감당할 수 없다고 믿고 문제를 회피했기에 문제를 풀 수 없었던 것이다. 문제가 문제가 아니라 당신이 문제를 바라보는 태도가 문제다. 당신이 맞서지 않으면 평생 그 문제는 당신을 쫓아다니면서 풀리지 않는 숙제가 되어버릴 것이다.

당신이 암에 걸려 투병 생활을 하며 두 아이를 양육해야 할 정도로 어려운가? 손가락 꼽을 정도의 자산을 갖고 있다가 빚만 20억 원에 달할 정도로 망해서 희망 없이 절망만이 있는가? 그렇지 않다면 도대체 뭐가 문제라고 피하는가?

큰 문제에 맞닥뜨릴수록 '도대체 얼마나 큰 인물이 되려고 이런 기회가 나에게 오나?'라는 마음으로 임하는 것은 어떤가?

· 이선미 저, 《싱글맘 부동산 경매로 홀로서기》, 지혜로
· 김영식 저, 《10미터만 더 뛰어봐!》, 21세기북스

# 닮고 싶은
# 사람을 만나라

"어떤 성격을 원한다면 이미 그런 성격을 가지고 있는 사람처럼 행동
하라."

— 윌리엄 제임스

빅토리아 시대의 철학자이자 심리학자인 윌리엄 제임스는 유명하
지는 않지만 현대 심리학자들에게 많은 영향을 미쳐 '심리학의 아버
지'라는 칭호를 받고 있다. 윌리엄 제임스는 감정이 행동을 만드는 것
이 아니라 행동이 감정을 만들어낸다고 했다. 이것을 '가정 원칙'이라
고 한다.

　사람들이 화가 났을 때 화가 풀릴 때까지 감정을 분출하는 것이 아니라 전혀 상관없는 이야기를 할 때 오히려 화가 가라앉는다는 것이다. 우울하다고 기분이 가라앉아 밑바닥까지 갔다 오는 것이 아니라 일부러 웃으려고 노력하고 웃는 표정을 짓고 즐겁게 춤을 추는 흉내라도 내면 우울을 풀어버리는데 훨씬 도움이 된다는 것이다.

　긍정적인 생각을 하면서 우울을 벗어나려고 노력하는 것보다는 지금 기분이 좋다고 생각하고 행동을 하는 것만으로도 우울에서 벗어날 수 있다는 것이다. 이와 같은 '가정 원칙'을 통해 행동이 정신을 이끌 수 있다는 것을 보여줬다. 소극적인 행동을 하면 외향적인 사람도 내향적인 사람이 되고, 적극적인 행동을 하면 내향적인 사람도 얼마든지 외향적인 사람이 될 수 있다는 것을 윌리엄 제임스가 알려준 것이다.

　《부자들은 왜 장지갑을 쓸까》,《퍼스트클래스 승객은 펜을 빌리지 않는다》,《부자에게 점심을 사라》,《가난해도 부자의 줄에 서라》와 같은 책들은 부자를 따라 하라고 말한다. 바로 행동을 통해 정신을 개조하라는 의미다. 백날 부자가 되고 싶다고 외치는 것보다는 차라리 부자가 하는 행동을 흉내라도 내는 것이 백번 낫다는 이야기다.

　주식과 부동산 분야를 비롯한 수많은 투자 카페가 있다. 각 카페의 주인장들 중에는 투자나 사업에 성공한 사람들이 있다. 이들에게는 전부 팬들이 존재한다. 팬들은 카페에서 주인장이 올린 글을 읽고 주인장이 했던 방법을 그대로 흉내 내려 한다. 그가 했던 사업 방법이나 투자 방법과 관련된 내용을 출력하여 전부 습득한 후에 자신도 똑같이 따라 하는 것이다. 상황이나 조건이 변했어도 성공한 사람의 성공 방법을 따라 하는 것은 놀라운 결과를 보여준다. 아무것도 모르는 사람이 바위에 계란치기처럼 무식한 방법으로 무에서 유를 창조하는 것이 아니라 이미 성공한 방법을 따라 하며 자신에게 맞는 방법으로 응용을 할 수 있어 좋은 방법이 되는 것이다.

실제로 벤저민 그레이엄의 투자 공식 중의 하나인 '주가가 주당 순유동자산(순운전자산)의 2/3 이하일 때 매입하라'를 적용하기 위해 모든 상장 기업의 주가와 자산을 조사해서 투자한 사람도 있다. 그 엄청난 조사와 노력에 감탄을 금치 못할 정도인데 엑셀을 만들어 전부 공식에 대입해서 필터링으로 걸러진 기업을 다시 조사해서 투자했기에 성공할 수 있었던 것이다.

누구나 자신이 닮고 싶은 사람이 최소한 한 명은 있을 것이다. 그가 투자로 성공한 사람이든 사업으로 성공한 사람이든 그를 알게 된 계기가 있을 것이고, 그 정도로 성공한 사람들은 어떻게 성공했는지에 대해 거의 대부분 알려진다. 감추려 해도 감출 수 없는 것이다. 앞에 나왔던 매슬로우의 욕구 5단계에서 보았던 것처럼 성공한 사람은 자신의 성공을 사람들에게 알리고 싶어 하는 것이 인지상정이기 때문이다.

당장 서점에 가서 성공했다고 하는 사람들의 책 중에 아무거나 한 권을 집어 들어 읽어보라. 그가 마음에 든다면 그 책을 구입해서 읽고 만나라. 분명히 성공한 저자에게 연락할 방법이 반드시 그 책에 나와 있을 것이다. 메일이든, 블로그 주소이든, 카페든 연락할 방법이 있다. 혹시 아무런 연락처가 없다면 출판사에 연락하는 방법도 있다. 궁하면 통한다고 하지 않는가?

그런 후에 그에게 나 자신을 어필하라. 왜 내가 당신을 만나고 싶어

하는지와 어떻게 당신의 책을 읽고 도움을 받았는지를 전하라. 또는 그 사람의 책을 읽고 어떻게 변화가 되었는지에 대한 이야기를 솔직하게 전달한다면 그 저자는 분명히 당신을 만나려고 할 것이다. 그렇게 만나 그의 이야기를 듣고 또다시 따라 하면 무대포로 움직이는 것보다 훨씬 효율적이고 분명한 목표를 갖고 행동을 하게 될 것이다.

적극적인 어필을 하지 않더라도 대부분 정기모임이나 저자 강연회 등을 통해서도 만날 수 있는 기회는 무척이나 많다. 당신이 그를 만나려고 하는 의지만 있다면 얼마든지 만날 수 있다. 자신을 그토록 만나고 싶어하는 사람이 있는데 만나지 않을 이유가 없지 않겠는가?

과거에 꼭 참여하고 싶은 강연이 있었다. 모 카페에서 주최를 하는 것이었는데 이미 모든 참가자가 마감이 되어 더 이상의 참가자를 받지 않았다. 장소도 서울이 아니라 수도권이고 전철이나 버스로 곧장 갈 수 없을 정도로 교통편도 좋지 않았다. 하지만 강연을 듣고 싶은 마음에 강연 시작 몇 시간 전에 도착해서 강연을 준비하는 사람들에게 다가가서 오늘 강연에 참석해서 꼭 강연을 듣고 싶다고 이야기를 했다.

대신에 강연에 도움을 주고 싶다고 하면서 강연의 준비와 마무리를 함께 도와주겠다고 했다. 그러자 기꺼이 그러라고 하는 답변을 들을 수 있었다. 비록 좋은 자리에 앉아 강연을 듣지는 못했지만 원하는 강연을 들을 수 있었던 것은 물론이고 강연이 끝난 후에 마무리를 하니 함께 식사를 하자는 제안까지 받았다. 덕분에 그날 생각지도 못하게 늦은 밤까지 함께 뒤풀이를 할 수 있었다.

닮고 싶은 사람을 만나면 자연스럽게 동기부여가 되고 해야겠다는 결심이 서며 의기소침할 때마다 기운을 차릴 수 있게 된다. 이미 내가 가고자 하는 길을 먼저 간 사람이기에 내가 현재 고민하는 것과 어떻게 좌절하는지 뻔히 알고 있다. 별말 없이 나를 지켜보고 있다는 사실만으로도 힘이 되고 일어설 수 있는 용기가 북돋워지는 것이다.

이 글을 읽고 있는 당신도 분명히 지금까지 닮고 싶은 사람이 있었을 것이다. 그를 만나라. 분명히 너무 높은 위치에 있어 도저히 만나지 못할 사람도 존재할 것이다. 그렇다면 메일을 써라. 아주 짧은 답신이라도 올 것이다. 성공한 사람이 괜히 성공한 것이 아니다. 당신의 메일에 진정성이 있고 닮고 싶은 사람의 관심을 이끌어낸다면 얼마든지 메일 정도는 주고받을 수 있을 것이다.

내 주변의 성공한 사람들을 보더라도 그들은 자신을 따라 하고 싶어 하는 사람들과의 만남을 절대로 거절하는 법이 없다. 자신도 그러한 방법으로 지금의 위치까지 올 수 있었다는 것을 몸소 체험했기에 언제든지 시간이 허락하는 한 기꺼이 만나주려고 한다. 다만 당신이 진정성을 갖고 닮고 싶은 사람을 만나려고 해야지 무엇인가를 얻기 위해 만나려고 한다면 그 사람은 부담스러워 회피할 것이다.

혹, 닮고 싶은 사람이 이제는 세상에 존재하지 않는 사람이라면 그와 관련된 모든 책과 기사와 동영상을 전부 찾아 봐라. 직접 만나는 것만큼의 짜릿한 감정이입은 되지 못할지라도 흡사 차분하게 단둘이 만나 함께 마음속으로 대화하는 시간이 될 것이다. 닮고 싶은 사람의 생각과 행동을 읽으면서 따라 하도록 노력하면 된다. 그 정도 노력도 하지 않으면서 닮고 싶은 사람처럼 되려고 하는가?

단순히 닮고 싶은 사람으로 끝내고 말 것인가? 한 명의 팬으로서 응

원하는 것으로 그치려고 하는가? 닮고 싶다면 닮으려고 노력해야 하지 않겠는가? 닮고 싶은 사람처럼 행동하면 닮고 싶은 사람처럼 된다고 월리엄 제임스는 분명히 말했다. 당신은 닮고 싶은 사람처럼 되고 싶은가? 그럼, 방법은 아주아주 간단하다. 닮고 싶은 사람을 만나고 그처럼 행동하라!

・리처드 와이즈먼 저, 박세연 역, 《립잇업》, 웅진지식하우스

# 부자가 되려면 자격과 능력이 필요하다

"지금 사는게 만족스럽니?"

"아직 학생인 애가 둘이고, 남편이 있고, 집 대출금도 갚아야 하고, 돈을 내야 하는 고지서가 너무 많아요. 거기에 제가 꿈꾸어온 미래는 없어요."

"그렇게 말할 줄 알았다. 사실은 누구에게나 자신이 받아들이고 싶은 것이나 깨닫고 있는 것보다 훨씬 더 큰 가능성이 있어. 나를 봐라. 나도 늘 꿈꾸던 일이 있단다. 파리에 살면서 에코노르말쉬페리에르(프랑스 최고 대학)에서 수학을 가르치고, 프랑스어를 마스터하고, 루아르에 성이 있는 집안 출신의 잘생긴 프랑스 청년이랑 사는 것이었어. 그래, 나도 알아. 아주 판에 박힌 꿈이라 할 수 있지. 동성애자 수학자가 바라는 삶을 담은 그림엽서일 거야. 이제 나는 일흔 살이 되었어. 앤드류랑 여름마다 파리에 일주일 동안 여행을 가는 걸 빼고는 안식년 때도, 석 달 방학 동안에도 파리에서 지낸 적은 없어. 앤드류한테는 프랑스 애인 판타지를 여태 한 번도 말한 적 없어. 어쨌든 내가 왜 파리에서 몇 달이라도 살기 위해 떠난 적이 없는지 알아? 내 속의 난 아직도 파리에 갈 자격이 안 된다고 생각하고 있는 것 같아. 끔찍하지 않아? 앤드류를 처음 만났을 때도 나는 내가 그를 만날 자격이 없다고 생각했어. 고맙게도 앤드류는 그렇게 생각하지 않았지. 어쨌든 앤드류도 내년 여름에는 일에서 잠시 손을 놓을 수 있으니까 그때 반년 동안 파리에서 살아 보자더라. 앤드류는 파리에서 아파트를 알아보는 중이야. 나도 결국 앤드류의 말에 동의했어."

"잘됐네요."

"그래, 물론 잘된 일이지. 내가 행복을 누릴 자격이 있다는 결론에 이르기까지 어른이 된 뒤로 50년이나 더 걸린 것만 빼면 그래. 너에게 이런 질문을 하지 않을 수 없구나. 너는 언제 네 행복을 찾아서 누릴 자격이 있다고 생각할 거니?"

−《파이브 데이즈》중

부자가 되는 것에는 자격이 필요하다. 자동차 운전을 하고 싶은 사람은 반드시 운전면허증을 따야만 한다. 운전면허증이 없어도 운전은 할 수 있지만 범법자가 되어 벌금을 내거나 교도소에 들어갈 수 있다. 운전면허증이 있어도 외국에 가면 그 나라에 맞는 면허증을 발급받아야만 한다. 우리나라와 업무 협약이 되어 통용되는 운전면허증이 아니라면.

의사, 변호사가 되고 싶어도 고시를 통해 자격증을 따야만 하고 교사가 되고 싶어도 임용고시를 통해 자격증을 따야 하고 공무원이 되고 싶어도 시험에 합격하여 자격을 갖춰야만 될 수 있다. 자격을 갖추지 못하면 하고 싶다고 할 수 있는 것이 아니고 되고 싶다고 될 수 있는 것이 아니다.

부자가 되는 자격증이라는 것은 존재하지 않는다. 20~30억 원의 자산이 있어야 부자라는 설문조사 결과도 있지만 이 역시도 사람들의 임의적인 어림짐작이지 얼마를 갖고 있어야 부자라는 자격조건은 없다. 불행히도 부자라 인정할 수 없는 사람이 부자인 경우도 있다. 그렇다고 그 사람이 부자가 아닌 것은 분명히 아니다.

로또에 당첨된 사람이 순식간에 생긴 자산을 오래도록 유지하지 못하는 이유는 바로 자격과 능력이 안 되기 때문이다. 지금까지 몇백만 원에서 몇천만 원의 자산을 갖고 세상을 바라보고 무엇인가를 했던 사람에게 몇억 원이나 되는 돈이 들어왔는데 감당할 자격과 능력이 안 되니 자신의 자격과 능력만큼만 돈이 머물게 되는 것이다.

10만 원부터 차곡차곡 돈을 모으고 저축하여 목돈을 만들고 이를 굴려서 돈을 불린 사람은 모으고 굴리고 불리는 과정에서 얻은 경험만큼의 자격과 능력을 갖고 돈을 만들 수 있다. 자산이 커지는 만큼 점점 돈을 굴리는 방법과 투자처를 보는 눈이 달라지고 커진 자산만큼 운용할 수 있는 자격과 능력이 함께 커간다.

이제 갓 입사한 사원에게 사장 역할을 맡기면 잘할 수 있을까? 사

원-대리-과장-차장-부장-이사-사장으로 연결되는 승진의 시스템에
서 아무리 능력이 뛰어나다고 해도 각 직급에 맞는 경험을 거치지 않
고는 다음 단계의 직급을 얻기는 힘들다. 주변 사람들이 인정하지 않
을뿐더러 자신도 감당할 수 있는 능력이 안 되기 때문이다.

대체적으로 사원으로 일정 기간이 지나야 대리가 될 수 있고 대리
로 일정 기간의 경험이 쌓여야만 과장이 될 수 있다. 어느 정도의 직
급 기간을 경험하면 자연스럽게 본인도 주변사람들도 승진에 대한
이야기를 꽃피우고 감당할 능력도 갖췄다는 인정을 받게 된다. 능력
이 되어야만 승진의 기회를 가질 수 있고 자격에 합당한 지위를 갖게
된다.

본인 스스로 자격과 능력이 없다고 인정하는 한 부자가 될 수 없다.
아무리 많은 돈이 나에게 왔어도 내 마음 깊은 곳에서 감당할 수 없다

고 믿고 있기에 부자가 되지 못한다. 부자들은 의외로 뻔뻔하다. 자신이 그만한 능력과 자격 조건이 된다고 믿고 있기에 그만큼의 자산을 가질 수 있는 것이다. 더 많은 자산을 원한다면 그에 걸맞는 자격과 능력을 갖추는 것이 먼저다.

자신이 자신을 믿지 못하는데 주변 사람들이 자신을 믿는 경우는 없다. 부자는 자기 자신을 믿는 사람이고 주변 사람들이 그를 부자라고 인정한다. 단순히 그가 갖고 있는 부의 규모를 갖고 그가 부자라고 인정하는 것은 결코 아니다. 자신이 부자가 될 수 있다는 믿음과 부자가 되었다는 자신감은 그를 부자로 만드는 원동력이다.

이러한 믿음과 자신감은 어떤 어려움이 찾아와도 이겨낼 수 있는 힘을 가져다주지만 그만한 부를 쟁취하고 유지할 수 있는 자격과 능력이 없는 사람에게는 절대로 부는 찾아오지 않는다.

주식 투자를 하기 위해 최소한의 재무제표 읽는 법과 경제 현상의 변화 추이 정도를 알지 못한다면 아무런 자격도 갖추지 못하고 능력도 없는 것이다. 부동산 권리분석도 할 줄 모르는 사람이 과연 부동산 경매로 위험을 회피하는 능력도 없는데 돈을 벌 수 있을까? 돈을 그처럼 쉽게 벌 수 있다고 생각하는 것 자체가 본인의 자격과 능력 부족을 여실히 증명하는 것이다.

당신이라면 중대한 프로젝트를 자격도 안 되고 능력도 부족한 사람에게 과감히 맡길 수 있는가? 무엇을 보고 그에게 맡길 것인가? 당장 당신에게 부자가 와서 돈을 투자하라고 한다. 그럴만한 사람이라고 인정할 수 없는데도 그에게 투자할 수 있는가? 잘 모르는 당신의 눈에도 상대방이 자격과 능력이 있는지 없는지 여부가 보이는데 부자가 쉽사리 아무런 능력도 없이 될 수 있다고 생각하는가?

당신은 언제쯤 부자가 될 자격과 능력이 있다고 여길 것인가? 평생을 가도 나는 부자가 될 자격도 능력도 갖지 못할 것이라 체념하고 포기할 것인가? 처음부터 부자가 된 사람은 없다. 금수저를 물고 태어난 부자가 아니라면 모든 부자들은 처음부터 부자가 아니라 노력의 결과로 탄생한다. 그들이 부자가 될 자격과 능력을 갖췄기에 부자가 된 것이고 부자가 될 자격과 능력을 믿었기에 부자가 될 수 있었던 것이다.

당신은 지금의 삶이 만족스러운가? 스스로 부자가 될 것이라고 믿고 있는가? 부자가 될 수 있는 자격과 능력이 있다고 믿는가? 부자가 되는 자격과 능력을 갖기 위해 노력하고 있는가? 믿지도 못하고 노력도 하지 않는데 부자가 될 수 있을까? 당신 자신에게 물어봐라!

- 더글라스 케네디 저, 조동섭 역, 《파이브 데이즈》, 밝은세상

# 가난하지만 행복하다!?

미국 갤럽은 최근 전 세계 138개 나라별로 15세 이상 성인남녀 1,000명을 대상으로 조사를 벌인 결과 파라과이 국민이 가장 행복한 삶을 살고 있는 것으로 나타났다고 발표했다. 갤럽은 조사 대상자에게 ▲어제 당신이 존중받았는지 ▲어제 충분한 휴식을 취했는지 등의 질문을 한 뒤 '그렇다'고 답한 비율에 따라 순위를 매겼다. 파라과이 국민은 100점 만점에 87점을 받아 3년 연속 1위를 차지했다. 다음은 파나마(86점), 과테말라(83점), 니카라과(83점), 에콰도르(83점), 코스타리카(82점), 콜롬비아(82점), 덴마크(82점), 온두라스(81점), 베네수엘라(81점), 엘살바도르(81점) 순이었다. 반면 한국은 63점을 받는데 그쳐 하위권인 90위에 머물렀다. 이란, 룩셈부르크, 체코, 카자흐스탄이 한국과 같은 점수를 받았다. 이번 조사결과는 국민소득이나 수명, 대학진학률 등의 경제 지표와 국민이 느끼는 행복감과는 차이가 있음을 다시 한번 보여준다. 가장 행복감을 느끼는 파라과이 국민의 1인당 국민소득은 전 세계 93위에 그친다. 조사 책임자인 존 클리프턴은 "중남미 국가들은 문화적으로 긍정적인 감정을 많이 배출한다."며 "행복지수는 금전적인 여유뿐 아니라 학교, 직장 등 소속된 기관도 중요한 역할을 한다."고 말했다.

- 조선비즈, 2014. 06. 04.

매년 행복지수라는 것을 발표한다. 조사할 때마다 어김없이 상위권을 휩쓰는 나라들의 공통점은 OECD국가 경제 순위에서 하위권에 속하는 나라들이다. 이들은 빈부의 격차가 적다는 공통점도 갖고 있다. 행복지수 90위에 속하는 우리에 비해 행복지수가 높은 중남미로 가서 살고 싶은가? 거기 가면 정말로 행복하게 잘살 수 있을까?

이미 한국어로 의사소통이 가능하고 문화생활과 거주공간에 익숙한 대한민국 사람이 행복지수가 높다고 하는 중남미나 동남아로 가서 살면 그들이 느끼는 것처럼 행복하게 살 수 있을까? 만약 그렇다면 당장이라도 이민 가서 행복하게 오래도록 살면 되겠지만 결코 그렇지 않다는 것을 우리는 알고 있다.

그 지역을 여행한 사람들은 여행자로 가서 좋은 것만 보고 좋은 곳에 머물고 좋은 사람을 만나고 즐기다 오지만 조금만 눈을 돌려 그 나라 현지 사람들이 머물고 있는 장소를 가보고 그들이 생활하는 모습을 본다면 상대적인 행복감을 느낄 뿐이지 그 안에서 그들과 함께 살고 싶다는 생각까지는 하지 않을 것이다.

대개 사람들은 부자는 돈을 많이 갖고 있지만 행복하지 않을 것이고 우리는 가난하지만 오손도손 정을 나누면서 행복하게 살아간다는 믿음 아닌 믿음을 갖고 있다. 그렇게라도 자기 위안과 만족을 한다. 부자이면서도 가정적으로 행복하고 그 자식들이 공부까지 잘한다면 도대체 이놈의 세상은 왜 이 모양이냐며 한탄의 소리가 저절로 나오게 된다.

부자는 돈을 많이 갖고 있으니 반대급부로 불행해야 공평한 것이고 나는 돈을 많이 갖고 있지 못하니 행복해야만 한다는 자기최면인지도 모른다. 돈이 많은 부자지만 파렴치한 놈이고 도덕적으로 문제가 있고 자녀들은 돈만 알고 사람들을 업신여기며 부모와도 사이가 좋지 못해야만 세상이 아주아주 공평하게 느껴진다.

불행히도 현실은 이와 정반대이다. 극히 일부의 부자를 제외하면 부자들은 예의 바르고 가정교육도 잘 받고 남을 배려할 줄 알며 공중도덕도 잘 지킨다. 남에게 피해를 주지 않기 위해 최대한 노력하며 자신의 분야에서 최선을 다해 자신의 몫을 해 낸다.

이에 반해 가난한 사람들은 돈이 없어 허덕이며 더 얻으려고 아등바등하며 자신감이 없어 남의 눈치를 보는 경우가 많다. 세상에 대해 저주와 증오를 키우는 경우도 많다.

럭셔리 인스티튜트에 따르면 부자들이 관심을 가지며 돈을 쓰려는 곳은 경험이었다. 부자들의 33%가 여행에, 20%가 외식에 더 많은 돈을 소비할 계획이라고 답했다. 여행이나 외식 모두 눈에 보이지 않는 기억으로만 남는다는 공통점이 있다. 럭셔리 인스티튜트의 최고경영자 밀튼 페드라자는 "가장 부유한 고객들조차 명품이 크게 중요하다고 생각하지 않는다."며 "시계에 대한 관심이 줄어든 반면 오래 지속하는 기억을 구축하는 데에는 더 많은 관심을 보이고 있다."고 설명했다.

-《지금 시작하는 부자 공부》중

사람들은 부자들이 명품을 사고 사치를 하면서 즐거움과 향락에 취해 돈을 흥청망청 쓰면서 망가진다고 생각하기 쉽지만 부자들은 가족이 함께 경험을 공유하는데 돈을 쓴다. 온 가족이 함께 해외여행을 하며 즐거운 외식을 하는 집안과 여행은 생각지도 못하고 집에서 끼니나 걱정해야 하는 집안 중에 누가 더 행복한 삶을 살게 될 것이라고 보는가?

돈이 많은 부자는 분명히 무엇인가 부족한 점이 있을 것이라 믿으며 행복하지 않아야만 '역시, 세상은 공평하구나!'라며 마음이 편해지게 된다. 부자가 행복하게 살고 있다면 세상은 불공평하다는 말도 안 되는 감정이 생긴다. 사실 이러한 논리는 대부분 부자를 모르는 방송에서 만들어낸 이미지이다. 방송이란 극단적으로 시청자의 호기심과 관심을 유도해야만 한다. 시청자들이 가장 즐겨하고 재미있게 보는 형식은 선악의 대립을 확실하게 보여주는 것이다. 내 편이 아니면 적이라는 공식은 대다수의 사람들에게 내 편이 아닌 부자는 무조건 나와는 다른 삶을 살아야 하는데 그럴려면 나는 행복하고 부자는 불행해야만 내가 편안함을 느끼게 된다. 방송을 시청하는 대다수가 부자가 아니다 보니 자신의 편이 아닌 부자는 악으로 그려야만 제작하는 입장에서도 마음껏 갈등 요소 등을 내용으로 편하게 구성할 수 있는 것이다.

부자의 잘못된 이미지에 속지 말아야 한다. 부자보다 가난한 사람이 행복하다는 것은 진실이 아니다. 과거에 누구나 다 못 먹고 못 입고 살 때는 서로 나눠 먹고 정을 나눴을지 몰라도 어느 정도 먹고 사는데 지장이 없어진 현대에 와서 가난은 불행의 시작이다. 자신이 하고 싶은 것을 하지 못하는 것도 가난해서이고 대부분의 집에서 집안싸움의 중요한 요인 중의 하나가 바로 돈이 부족해서이다.

서울시가 2014년 6월에 발표한 통계에 따르면 이혼 사유 중에 경제 문제로 인한 이혼이 성격 차이에 이어 두 번째로 높았다. 더구나 부자들이 많이 산다고 하는 서초구, 강남구, 송파구, 강동구의 이혼율이 서울에서 가장 낮다는 발표를 서울시가 2003년에 했을 정도이다. 상식적으로 생각해도 부부가 함께 사는 가족과 이혼한 가족 중에 어느쪽이 좀 더 행복할 것인가는 불문가지다.

부자들 중에도 돈은 많지만 불행하게 살고 있는 사람이 있을 것이다. 일부를 가지고 침소봉대할 수는 없는 것 아닐까? 가난한 사람은 전부 행복할까? 가난한 사람이라고 불행한 사람은 과연 없을까? 부자이면서 행복한 사람과 부자이면서 불행한 사람. 가난하면서 행복한 사람과 가난하면서 불행한 사람. 과연 어떤 종류의 사람이 가장 행복할 것이라 예상되는가?

가난한 사람이면서 행복한 사람이 많을까? 부자이면서 행복한 사람이 많을까? 부자는 상대적으로 훨씬 적기 때문에 희소성으로 인해 눈에 잘 띄지 않을 뿐이지 부자이면서 행복한 사람이 훨씬 더 많다.

부자는 돈으로 경험을 쌓으려고 하지 돈으로 행복을 사려고 하지 않는다. 돈으로 행복을 살 수 없는 것은 사실이지만 돈은 행복이라는 경험을 공유하게 도와준다.

당신은 가난하지만 행복하고 싶은가? 부자라서 행복하고 싶은가? 둘 다 행복이라는 공통점이 있다면 부자라서 행복한 것이 훨씬 좋을 것이다. 가난한데도 행복하다고 하는 것은 자기 기만의 감정을 숨기는 것이다.

"가난하게 태어난 것은 당신의 실수가 아니지만 죽을 때도 가난한 건 당신의 실수다."

– 빌 게이츠

· 권성희 저, 《지금 시작하는 부자 공부》, 가디언

# 대리인 문제

1976년 젠센과 맥클링은 대리인 문제Agency Problem란 이론을 제시했다. 한 사람이나 집단에서 자신의 이해관계와 연결되는 의사결정을 타인에게 위임할 때 대리인 문제가 생긴다는 것이다. 말하자면 주인과 대리인 간에 정보가 충분하지 않고 서로 믿고 맡길 수 있는가에 대한 신뢰성 등으로 인해 역선택과 도덕적인 위험, 무임승차와 대리인의 비용문제가 존재하는 것을 의미한다.

중세 시대 성주는 성 안에 있는 모든 소유물이 자신의 것이었지만 직접 모든 일을 하는 것이 아니라 대리인을 통해 경작물을 재배하고 병사들로 하여금 성을 지키고 치안을 맡게 했다. 하지만 성주가 성 안에서 일어나는 모든 일에 대해 완벽하게 파악하고 관리할 수 있는 것은 아니어서 대리인의 보고를 믿을 수밖에 없는 것이었다. 정보의 불균형이 생기다보니 주인이 모르는 만큼 대리인이 이익을 취득할 수 있는 여지가 생기는 것이다.

사회적으로 큰 일이 생기면 방송국에서 특별방송을 하면서 국민의 도움을 호소한다. 직접 방송국에 출연해서 성금을 전하기도 하지만 전화를 통해 작은 금액을 송금하는 경우도 있다. 많은 국민들의 돈을 모아서 방송국에서 대신 전달해준다고 하지만 제대로 전달되는지 여부가 늘 논란이 된다.

북한이 거대한 댐을 건설한다는 첩보가 들어왔다. 그 댐에 있는 물을 일시에 방류하면 63빌딩이 물에 잠길 정도로 엄청난 물이 서울에 쏟아져 들어오니 이를 막기 위해 우리나라도 댐을 건설해야 한다고 했다. 일명 '평화의 댐'이라고 하여 초등학생들까지 성금에 참여했다. 전두환 정권 시절에 온 국민이 십시일반으로 돈을 모았지만 댐은 건설되지도 않았고 당시에 모았던 돈은 누가 어떻게 썼는지의 여부마저도 불투명하다.

대한민국은 아파트 공화국이라고 불릴 정도로 도시뿐만 아니라 지방에도 아파트가 흔하다. 아파트는 단지로 구성되어 있어 이 단지를 제대로 가꾸고 관리하기 위한 비용이 들어간다. 아파트 관리단이 주민들을 대신해서 아파트를 관리하기 위한 관리비를 매월 걷게 된다. 문제는 여기서 엄청난 비리가 생긴다는 것이다.

관리비에는 수선유지비, 일반관리비, 공동전기료, 장기수선충당금, 대표회의 운영비 등등 상당히 많은 명목이 포함되어있다. 입주민들은 별 생각없이 관리비를 내고 있지만 송도에 있는 신규분양 아파트에 입주한 2명이 이를 문제 삼고 직접 모든 관리비를 전부 조사하고 꼼꼼하게 비용을 절약해서 무려 60%나 되는 관리비를 절감한 사례도 있다.

아파트는 각 세대마다 집 주인이 다르고 집 주인이 살지 않고 세입자가 사는 경우도 많다. 이들은 자신들이 직접 구역을 설정해서 청소하고 관리할 수 없는 관계로 관리단을 통해 관리를 한다. 바로 주인과 대리인 문제가 생기는 것이다. 입주자들은 돈을 제공하고 더 이상의 신경을 쓰지 않는다. 대리인들은 이런 점을 악용하여 각종 비리를 저질러 아파트 관리비 문제로 각 법원마다 수천만 원에서 수억 원의 소송이 진행되고 있는 실정이다.

많은 사람들이 자영업을 고려할 때 오토라는 용어를 좋아한다. 몇 개의 매장을 오토로 돌리고 있다는 표현을 한다. 여러 매장에 주인이 하루 종일 머무르며 관리를 하는 것이 아니라 각 매장마다 직원들이 효율적으로 잘 운영해 꼭 주인이 없더라도 수익을 내준다면 그것만큼 환상적인 자영업은 없을 것이다.

각 매장이 오토로 훌륭하게 돌아가기 위해서는 꼭 주인이 없어도 되는 업종과 확실하게 믿고 맡길 수 있는 대리인이 선임되어야만 가능하다. 이런 매장들에는 주인이 하루나 이틀에 한 번씩 매장을 돌면서 매입과 매출을 검토하고 관리한다. 많은 사람들이 이런 매장을 몇 개만 운용했으면 좋겠다는 꿈을 꾸지만 실제로 주인과 대리인 문제가 생길 수밖에 없기에 보통은 확실하게 믿고 맡길 수 있는 대리인으로 친인척을 뽑는 경우가 대다수이다. 그렇다고 대리인 문제가 완전히 해결되는 것도 아니다.

개인이 모든 것을 전부 다 할 수 없다는 점에서 대리인이 필요할 수밖에 없는 환경이다. 자신이 어느 정도 지식과 경험을 쌓아 놓은 분야에서는 대리인을 써서 자신에게 부족한 시간과 상황을 해결할 수 있지만 전혀 알지 못하는 분야에 대리인을 세울 때 문제가 생긴다.

사회가 분화되고 복잡해지면서 한 개인이 모든 것을 알 수 있는 것이 아니어서 갈수록 자신의 대리인을 앞세운다. 변호사, 의사, 펀드매니저 등은 스스로 할 수 없는 부분을 대신해서 해주는 역할을 한다. 이들이 나를 대신해서 하는 만큼 청구하는 비용을 우리는 잘 알지 못하기 때문에 적정비용을 지급하는 것인지 과다 지급하는 것인지의 여부도 모른 채 지불하게 된다.

고도화되고 복잡다단한 사회에서 한 개인이 쌓을 수 있는 지식의 범위는 한정될 수밖에 없는 한계가 있다. 어쩔 수 없이 대리인을 세우게 되는 것이다. 하지만 내가 할 수 없는 것을 대리인에게 맡긴다고 해도 대리인이 정직하게 정보의 불일치를 속이지 않고 해주느냐의 여부는 별개의 문제이다.

자신의 능력으로 주식투자를 하는 것이 분명히 가장 좋은 방법이다. 투자에 따른 이익과 손실이 전적으로 자신의 책임에 달린 것이니 돈을 벌어도 잃어도 내 책임이다. 주식투자를 잘한다는 보장도 없고 주식에 대해 공부해도 도대체 이해도 잘 되지 않아 투자는 엄두도 내지 못할 수 있다. 그렇다고 지금과 같이 저축만으로는 개인의 자산을 불릴 수 없는 상황에서 투자를 제외할 수는 없는 노릇이다.

어쩔 수 없이 나를 대신해 투자를 할 사람이나 기관에 내 돈을 맡길 수밖에 없다. 바로 대리인의 문제가 발생할 여지가 있는 환경에 노출되는 것이다. 그렇다면 대리인에게 최소의 비용을 지불하도록 노력하는 것이 최선의 방법이다. 일반 펀드보다 최소비용이 지급되는 인덱스펀드를 가입하거나 그보다 적은 비용을 지급하는 ETF와 같은 상품으로 가입하는 것이 대안이다.

상장기업의 경영자는 실제로 그 기업의 주식 투자자를 대신해서 기업을 운영하는 것이다. 여기서도 마찬가지로 대리인 문제가 생긴다. 기업의 주주를 대신해서 운영하는 경영자가 스톡옵션과 같은 자신의 이익만을 추구하지 않고, 기업의 실적을 좋게 하고 벌어들인 이익만큼 주주들에게 배당을 해주는 것은 대리인의 문제를 해결하는 방법이다. 기업이 배당을 한다는 것은 돈이 기업에 들어왔다는 뜻이고 이익 중의 일부를 주주들과 함께 공유한다는 측면에서 배당을 잘 하는 기업은 믿고 내 돈을 맡길 수 있는 대리인이라는 의미가 되고, 기업이 이익을 내야만 배당을 줄 수 있기에 지속적으로 배당하는 기업은 주가도 함께 올라간다.

가장 좋은 방법은 무엇이든지 전부 다 직접 해내는 팔방미인 슈퍼맨 전문가가 되는 것이겠지만 그런 사람은 존재하지 않는다. 모든 법을 꿰뚫고 있고 아프면 의학지식으로 직접 고치고 부동산이나 주식투자를 직접 하면서 돈도 벌고 하면 좋겠지만 한 개인이 할 수 있는 능력의 범위는 한정되어 있다.

정보의 불일치, 신뢰성의 문제, 도덕적인 위험, 비용문제 등에 따른 위험이 분명히 존재하는 대리인의 문제는 피할 수 없다. 그렇다면 어쩔 수 없이 일정 부분은 감수해야만 한다. 하지만 분명히 대리인에게 전적으로 모든 것을 맡길 수는 없고 모르면 모르는 만큼 대리인에게 당할 수밖에 없다. 어느 정도는 스스로 알아야만 대리인에게 당하지 않는다.

당신은 지금 여러 대리인들에게 당신의 돈을 맡기고 있을 것이다. 얼마나 대리인이 하고 있는 일에 대해 알고 있고 그 비용이 적절한지 파악하고 있는가? 모르는가? 그러니 당하는 것이다!

- 댄 애리얼리 저, 김원호 역, 《댄 애리얼리, 경제 심리학》, 청림출판
- 김지섭, 김윤형 공저, 《아파트 관리비의 비밀》, 지식공간
- 켈리 라이트 저, 홍춘욱, 한지영 역, 《절대로! 배당은 거짓말하지 않는다》, 리딩리더

# 칠면조의 환상

칠면조 한 마리가 있다. 주인이 매일 먹이를 가져다준다. 먹이를 줄 때마다 '친구'인 인간이라는 종이 순전히 '나를 위해서' 먹이를 가져다주는 것이 인생의 보편적 규칙이라는 칠면조의 믿음은 확고해진다. 그런데 추수감사절을 앞둔 어느 수요일 오후, 예기치 않은 일이 이 칠면조에게 닥친다. 칠면조는 믿음의 수정을 강요받는다.

– 《블랙 스완》 중


칠면조에게 인간은 더없이 좋은 친구였다. 매일같이 먹이를 줄 뿐만 아니라 좋은 보금자리도 마련해주고 비가 오나 눈이 오나 항상 보

살펴 주는 친구였다. 칠면조 입장에서는 아무런 대가도 바라지 않고 퍼주기만 하는 고마운 친구인 것이다. 주변 칠면조 친구보다도 인간은 모든 것을 주고 해결해주는 더할 나위 없는 친구이다.

이런 인간에 대해 의심을 하고 나를 해코지할 것이라는 생각은 눈꼽 만큼도 하지 않았다. 어느덧 인간이 자신에게 베푸는 친철을 당연하게 여기고 무엇 때문에 자신에게 이토록 극진한 친절을 베푸는지 따위는 중요하지 않게 된다. 그저 자신에게 인간이 가져다주는 먹이를 비롯한 친절을 받아들일 뿐이다.

어느 날 무엇인가 이상하다는 것을 느낀다. 평소에도 친절했던 인간이지만 유독 친절한 얼굴과 행동으로 나에게 접근을 한다. 뜬금없이 영문도 모르는 곳으로 가게 된다. 그곳에서 나쁜 일이 벌어질 것이란 의심은 하지도 않았다. 순식간에 자신의 운명이 직전과는 달라졌다는 것을 의식할 틈도 없이 육체와 정신이 분리되었다는 것을 느끼자마자 칠면조의 인생은 그렇게 끝이 난다.

칠면조에게 일어난 일은 과연 칠면조와 같은 가축에게만 일어나는 특수한 상황일까? 인간에게 영양분을 제공하는 가축에게만 일어나는 일이라 치부하고 무시해도 상관이 없는 것일까? 우리 인간에게는 이런 말도 안 되는 일은 절대로 일어나지 않을 것이라며 무시해도 살아가는 데 전혀 지장이 없다고 생각하는가?

칠면조도 처음에는 두려움이 존재했을 것이다. 인간이 나에게 어떤 행동을 할 것인지 예측할 수 없었지만 차츰 인간의 행동을 경험해 보니 인간은 나에게 두려움의 대상이 아니라는 판단을 하게 되었고 오히려 극진히 돌보며 아프지 않게 늘 신경 써주는 최고의 친구라는 확신이 들었다. 더 이상 두려움도 없고 인간의 행동에 대해 의심할 필요조차 없게 느껴졌다.

투자를 하는 사람들이 가장 크게 망하는 경우가 바로 초보자일 때가 아니라 투자로 어느 정도 수익을 냈을 때이다. 이미 수익을 낸 경험에 곁들여 노력한 방법과 공부한 이론을 철석같이 믿어버린다. 지금까지 경험한 것이 전부라고 믿으며 투자가 쉽다고 생각해서 어느새 자신도 모르게 반복되는 패턴에 익숙해지고 습관적이며 기계적으로 투자를 하게 된다. 분명한 이유가 있어 주가가 오르고 떨어진다는 사실은 망각한 채 자신이 잘 났다고 생각하고 당연히 수익을 볼 수밖에 없는 위인이라 믿어 버린다.

인간이 칠면조에게 한 행동은 자연스러운 것이 아니라 의도를 갖고 조작을 했던 것이다. 칠면조를 잘 키워 추수감사절에 먹기 위한 방법이었는데 추수감사절은 1년에 한 번이니 그 기간이 돌아올 때까지는 태평시절인 것이다. 하지만 1년에 딱 한 번 오는 추수감사절을 칠면조는 인식하지도 못한 채 인간의 조작 기능에 철저하게 당하고 만 것이다.

우리가 보는 대부분의 상황들은 자연스럽게 인지하는 것과는 달리 누군가 조작하는 것이다. 누군가 조작하고 있다는 것을 알아채지 못할 때 인간은 결국 누군가에게 이용당하고 만다. 본인이 그 사실을 알지도 못한 채 말이다. 자신이 현재 벌어들이는 수익이 누군가의 조작 기능에 운 좋게 편승한 것이라는 것을 눈치채지 못하고 본인의 능력이라고 착각하는 투자자에게 무자비한 벌을 가하는 것이 바로 투자에서 실패하는 사람들의 공통점이다.

거꾸로 인간의 인지 기능과 조작 기능의 차이가 발생할 때 투자로 돈을 벌 수 있는 틈새시장이 생기기도 한다. 칠면조가 오래도록 살아남기 위해서는 평소에 잘 먹다가도 추수감사절이 다가오면 잘 먹지 않아 인간에게 선택당하지 않도록 해야 한다. 추수감사절이라는 큰 행사에 살이 포동포동 찌지 않은 칠면조는 외면당할 가능성이 크기 때문이다.

투자의 세계에서 고수란 누구를 지칭하고 어떤 사람인가? 사람마다 정의가 다르겠지만 대체적으로 오래도록 수익을 내면서 여전히 투자를 하고 있는 사람이라 할 수 있다. 누구는 몇 년 만에 얼마를 벌었다고 하고 누구는 어떤 방법으로 얼마를 벌었다고 하지만 그들이 아직도 투자를 하고 있는지 여부가 가장 중요한 핵심이다.

각종 카페의 정기모임에 가면 늘 사람들로 북적인다. 실력의 차이는 전혀 알 수 없다. 어떤 사람이 고수인지 어떤 사람이 이제 막 시작하는 사람인지 말이다. 더 재미있는 현상은 이런 정기모임에 지속적으로 참가해 보면 참여하는 사람의 숫자는 늘 비슷한데 참가하는 사람의 면면은 늘 달라진다는 것이다. 1년 전에 참석한 사람이 1년 후에 다시 모임에 참석하는 비율은 10%도 안 되는 경우가 허다하다.

특히 이런 정기모임에서 각 테이블별로 이야기를 하다보면 각자 자신의 투자 이야기를 할 때 누군가 상대적으로 더 큰 수익을 내고 투자를 잘한다는 인상을 보여주는 사람이 등장하게 마련인데 — 거의 대부분의 정기모임에는 초보자들이 많이 참여한다 — 이들이 신나게 자신의 투자방법과 실력과 수익을 말하지만 이들을 1년 후에도 다시 보는 경우는 극히 드문 일이다.

투자를 할 때면 누구나 수익을 볼 수도 있고 손해를 볼 수도 있다. 얼마든지 지속적으로 베팅에 성공할 수 있다. 투자도 운이 작용하는 분야라서 연속적으로 10번까지도 자신의 베팅이 맞을 수 있다. 이럴 때 인간은 자신의 능력을 과신하고 우연이 작용한 것이 아니라 자신의 실력이라 믿는다.

동전을 몇 번을 던져도 확률은 늘 1/2이다. 수백 번을 던진다고 달라지지 않지만 인간은 이런 우연을 우연이라 여기지 않고 연속적으로 10번 맞는 사람은 실력이라고 여기고 당사자는 '동전 던지기를 잘하는 방법' 등의 책까지 펴내면서 자신의 실력에 도취된다. 온갖 수단을 다 동원해서 자신이 동전 던지기로 지지 않고 이긴 방법에 대해 설명하지만 정작 자신도 확신하지는 못한다.

아이러니한 것은 자신도 동전 던지기에서 성공한 이유와 정확한 방법을 모르는데 그의 동전 던지기 성공 방법에 대한 설명에 사람들은 더욱 열광적인 환호를 보낸다는 것이다. 사람들은 우연이 결부되는 세계에서 분명히 방법이 있을 것이라 확신하며 자신도 그 방법으로 성공할 수 있다고 믿으며 기꺼이 쌈짓돈을 내민다. 사람들은 명확히 규명할 수 없는 방법에 더 깊이 빠지고 배우려 한다.

이 모든 것들이 결국에는 자신이 칠면조라는 것을 인정하는 꼴이다. 인간은 누군가 자신에게 베푸는 친절이 명확한 의도를 갖고 있다는 것을 인식하지도 못한다. 아주 작은 투자 성공에도 자신의 실력이라 믿으며 언제 어떻게 환경이 변해서 하루아침에 모든 것을 잃을지도 모른다는 것을 깨닫지 못한다. 자신도 모르는 투자방법을 알고 있다며 외치는 양치기의 말에 확신을 갖고 투자를 하는 사람도 역시나 스스로 포동포동 살이 찐 칠면조의 상태가 되었다는 것을 모르는 칠면조이다.

칠면조는 자신의 상황이 영원 무구할 것이라 믿었지만 그렇지 않다는 것을 죽을 때까지 몰랐다. 내일 아침에 갑자기 9·11사건이 일어날지도 모르고 금융위기가 터질지도 모르고 투자 기업의 생각지도 못한 리스크가 대대적으로 뉴스에 나올지도 모르는데 자신의 상황이 천년만년 지속될 것이라 믿는 것 자체가 이미 스스로는 인정하지 못하겠지만 칠면조인 것이다.

하루아침에 죽을 운명이라는 것을 알았다면 칠면조는 어떻게 했을까? 나는 칠면조와 달리 현재의 상황을 명확히 파악해서 대처하고 있다고 자신하는가? 정말로?

- 나심 니콜라스 탈레브 저, 차익종 역, 《블랙 스완》, 동녘사이언스
- 조지 소로스 저, 이건 역, 《억만장자의 고백》, 북돋움

# 악마의 변호사

사건을 맡아 무려 64번이나 승소한 케빈은 늘 불리한 여건을 딛고 역전시켜 유명해졌다. 승소 파티를 하던 어느 날 한 사람이 그에게 명함을 주면서 더 큰 무대인 뉴욕에서 함께 일을 하자고 제안을 한다. 케빈은 그 제안을 받아들이고 뉴욕에서도 승승장구하면서 화려한 생활을 하지만 아내는 정신적으로 점점 이상해진다. 어느 날 회사의 주요 고객이 가족을 살해한 혐의를 받은 사건을 의뢰받아 조사를 하면서 고객이 살인자라는 의심이 들지만 무시하고 변호해 승소하게 된다.

이를 계기로 케빈은 더욱 유명해지고 부와 명예를 거머쥐지만 케빈의 아내는 점점 악화돼 정신병원에서 자살을 한다. 이를 이상하게 여긴 케빈은 로펌의 최고 파트너를 만나 그가 악마라는 것을 깨닫고 자신도 자살하고 만다. 하지만 이건 케빈이 제안을 받았을 때 경험할 수 있는 것을 미리 상상한 것이었다.

맨 처음의 성추행 사건으로 다시 돌아가 그 사건의 변호를 포기하고 양심적인 변호사가 되는 것으로 끝나지만 악마는 다양한 방법으로 다시 케빈을 유혹할 것이라는 암시를 하면서 끝나는 영화가 바로 알 파치노와 키아누 리브스가 주연한 〈데블스 에드버킷〉이다.


자신의 성공을 위해서라면 참 거짓에 대한 판단을 내리지 않고 오로지 자신의 이익이 되는 것에만 집중하는 사람들이 존재한다. 물론 변호사들은 자신에게 사건을 의뢰한 사람이 죄가 있는가 없는가를 보는 것이 아니라 무조건 그 사건의 의뢰자가 의뢰한 것을 철저하게 믿고 그 사람의 입장에서 사건을 처리해야 한다. 하지만 분명히 잘못된 것을 알지 못할 정도는 아니다.

그럼에도 불구하고 자신의 이익을 위해서라면 상대방의 형편이나 도덕적 딜레마 따위는 전혀 신경도 쓰지 않고 정의는 개에게 줘버리라는 입장으로 사는 사람들이 있다. 모든 변호사가 다 그런 것은 아니지만 실제로 부동산 경매에서 서로 다툼이 생겨 소송으로 갈 때 분명히 소송을 하더라도 이길 수 없다는 것을 변호사가 뻔히 알면서도 수임을 하는 경우가 있다. 어차피 소송의 승패는 재판으로 가려지는 것이니만큼 최선을 다하자는 말과 함께 사건을 맡는 것이다.

하지만 정작 그 변호사는 사건을 맡아도 사건의 문제 해결에는 신경도 쓰지 않고 법적으로도 이미 판례 등이 있어 질 것이 뻔한 데도 불구하고 아무런 노력도 없이 법정에서 준비도 하지 않은 상태에서 일개 개인 투자자에게 지는 경우가 있다. 이런 변호사들은 사건의 승소 여부는 중요하지 않고 사건을 맡아 그에 따른 수수료에만 관심이 있는 것이다.

이런 일은 현실에서 비일비재하다. 당신이 하는 투자를 도와주겠다는 사람이 나타나고 함께 하자는 사람이 나타나고 무조건 가능하다는 답변을 해주는 전문가들을 만날 수 있다. 이들은 당신의 상황과 조건과 처지에 대해서는 관심도 없다. 오로지 당신이 갖고 있는 돈에만 관심이 있을 뿐이다. 얼마 되지 않는 돈을 설마 노리겠냐는 순진한 생각은 하지 말기 바란다. 당신이 갖고 있는 돈은 얼마 되지 않을지 몰라도 당신과 같은 사람의 돈이 모이면 그들에게는 커다란 돈이 된다.

이러한 악마의 변호사가 활동하고 당신이 속는 이유는 무엇일까? 바로 확증 편향이라는 인지부조화 때문이다. 일찍이 로마의 시저인 카이사르는 '인간은 보고 싶은 것만 본다'라는 유명한 말을 2,000년 전에 했다. 우리 인간은 한 번 자신이 내린 판단이나 결정한 부분을 어지간해서는 절대로 변경하지 않는다. 오히려 자신이 내린 판단이나 결정에 부합하는 증거만 열심히 수집을 한다.

컴퓨터 화면에 농구 연습 장면이 나온다. 시청하는 사람에게 지금부터 농구공이 패스되는 횟수를 나중에 알려달라고 요청한다. 패스 횟수에 집중한 사람들에게 연습 장면이 끝난 후에 패스 횟수를 알려달라고 하면서 혹시 화면에서 고릴라를 보지 못했느냐고 묻는다. 대부분의 사람들이 고릴라를 보지 못했다고 한다. 자신이 집중해서 화면을 뚫어져라 봤지만 고릴라가 나온 적이 없다는 것이다. 그 사람들에게 다시 한번 화면을 보라고 한다. 이번에는 패스 횟수는 세지 말고 화면을 보라고 한다. 이번에는 고릴라가 눈에 들어온다. 다른 장면이 아닌가 하는 의심도 잠시 자신이 패스 횟수를 세기 위해 봤던 바로 그 장면이다.

분명히 화면에는 고릴라가 나와 가슴도 치고 의도적으로 자신을 나타내는 몸짓을 과장되게 하는 데도 불구하고 사람들은 전혀 인식하지 못했던 것이다. 바로 자신이 보고 싶은 것만 봤기 때문이다. 무엇인가에 집중을 하는 것은 무척이나 위대한 열정에 사로잡힌 훌륭한 행위지만 가장 취약하게 잘못된 판단을 내릴 수 있는 위험한 순간이기도 하다.

경주용 말은 전부 눈 옆에 가림막을 하고 있다. 오로지 앞만 보고 뛰게 하려는 이유에서이다. 기수의 지시에 잘 따르게 하는 장치이다. 경마는 스타트 선에서 문이 열리면 오로지 앞만 보고 달린다. 좌우 주변을 살필 틈도 없지만 경마를 조종하는 기수가 있기에 상관이 없다. 경마처럼 오로지 본인 스스로 보고 싶은 면만 보면서 달릴 때는 누구도 제어하지 못한다. 이런 점을 '악마의 변호사'들은 기가 막히게 타이밍을 포착하여 그들이 원하는 방향으로 유도하여 당신의 것을 가져간다.

일단 확증 편향에 빠진 당신이 보는 것은 사실이나 진실이 아닐 수 있다. 가공된 진실과 사실일 가능성이 있다. 수렁에 빠지고 있는 자신의 모습은 보지도 못하고 수렁 밖에 있는 모습에만 도취되어 자신의 상황을 파악하지 못하다보니 자신이 현재 편향된 인지부조화를 겪고 있다는 사실을 인식하지 못한다. 이미 편협된 사고에 골몰하는 자신의 편협성은 전혀 보이지 않고 보고 싶은 것만 보면서 만족하고 기대에 들뜬다.

　당신이 실행하는데 있어 가장 조심하고 또 조심해야 할 점이다. 실행도 좋지만 당신이 내린 결정이 올바른 결정인가에 대해 의심하고 또 의심해야 한다. 그렇지 않으면 '악마의 변호사'들에게 먹잇감이 되어버린다. 하지만 반대로 당신이 바로 '악마의 변호사'가 될 수도 있다.

　가톨릭에서는 성인을 추대할 때 특정 인물이 성인이 될만한 자격과 조건을 갖추고 있는지에 대해 조사를 한다. 이때 이 대상이 성인으로 추천받은 인물인지라 좋은 이야기와 사례만 들을 수 있어 부정적인 이야기도 함께 수집을 해서 공정한 심사를 통해 성인으로 추대한다. 이와 같이 반대 의견을 내는 사람을 '악마의 변호사'라고 한다.

　이와 마찬가지로 회사에서 회의를 할 때 사장이 내는 의견에 반대 의견을 내지 못하는 경우가 많은데 이럴 때 회의 시작 전에 반대 의견을 개진할 사람을 선정한다. 또는 모든 사람이 만장일치로 내는 의견은 무조건 부결한다. 그처럼 완벽한 의견이란 있을 수 없기 때문이다. 모든 사람이 다함께 동의하는 사업결정만큼 위험한 것은 없다는 의미다.

　당신도 현재 무엇인가에 푹 빠져서 다른 것은 눈에 들어오지도 않고 오로지 현재 하고 있는 일의 장점만 보이고 커다란 청사진에 눈이 현혹되어 있다면 스스로 '악마의 변호사'가 되어 반대 의견을 개진해 보는 것이 필요하다. 벤저민 프랭클린이 곤란한 결정을 할 때 종이 가운데에 선을 긋고 한쪽은 장점만 한쪽은 단점만 나열하여 하나씩 제거하면서 최종 결론을 내린 것처럼 공정한 방법을 사용하는 것은 객관적인 판단을 내리는 데 도움이 된다.

악마의 변호사에게 현혹되어 휘둘리지 말고 스스로 자신의 한쪽 마음에 악마의 변호사를 두어 보고 싶은 것만 보면서 편향에 사로잡혀 인지부조화를 겪지 않도록 노력하는 것이 잘못된 판단을 줄이는 가장 합리적인 방법이다.

오늘도 '악마의 변호사'들은 당신에게 속삭인다. 당신이 현재 보고 있는 사실이 진실이라고, 나만 믿고 따르면 된다고, 다른 것을 볼 필요가 없다고.

- 크리스토퍼 차브리스, 대니얼 사이먼스 저, 김명철 역, 《보이지 않는 고릴라》, 김영사
- 제임스 몬티어 저, 차예지 역, 《워렌 버핏처럼 투자심리 읽는 법》, 부크홀릭

6장

사람을 읽고
사람을
공부하라

: 부자가 되는 공부법을 읽는 눈 :

# 학문을 공부하지 말고 실전 지식을 쌓아라

주식 중개인이었던 아버지를 통해 주식을 알게 되었으며 집집마다 돌아다니며 코카콜라를 팔고 신문을 배달해 돈을 모으고, 고등학생 때는 핀볼 사업으로 상당히 많은 돈을 번 후에 적정가격에 팔아넘기는 수완을 보였다. 성인이 되기 전에 주변 도서관에 있는 경제, 경영, 주식 관련 서적을 찾아가며 전부 읽었다. 희귀 우표 수집으로 이익을 남기기 위해 자동차를 타고 전 지역을 돌아다니기도 했다. 그는 가족들에게 30세에 백만장자가 될 것이라고 이야기하고 그의 나이 30세에 실제로 백만장자가 되었다. 그는 현재 세계에서 세 손가락 안에 들 정도의 부자가 되었다.

바로 워렌 버핏의 이야기이다. 워렌 버핏의 하루 일과는 출근해서 경제 채널을 무음으로 틀어놓고 관계회사의 사장들과 전화 통화를 하는 것 외에는 하루 종일 글을 읽는다고 한다. 퇴근 후에도 마찬가지로 글을 읽는다. 글을 읽는다고 해서 학문을 하는 것은 아니다. 그는 '책 읽는 것으로 부자순위를 정한다면 도서관 사서들이 앞자리를 전부 차지할 것이다.'라는 말을 하기도 했다.

어떤 일을 하는데 있어 이론은 중요하다. 시행착오를 줄여주는 역할을 한다. 경험을 중시하는 일부 사람들 중에 현장에서 배우는 경험이 중요하지 책상머리에 앉아 배우는 이론은 쓰레기 같다는 표현을 하는 사람도 있지만, 이론 없는 경험은 경험 없는 이론보다는 성공 가능성이 높더라도 아집과 사상누각이 될 가능성이 크다.

이론이 중요하다는 것을 알기에 이론을 파고들어 공부하는 사람들이 제법 많다. 주식투자를 하고자 할 때 증권상담사와 같은 자격증을 따려고 하거나, 부동산 투자를 잘하려고 부동산중개사 자격증 공부를 하는 경우가 이에 해당한다. 자격증은 자격증대로 존재 이유가 있고 시험을 대비한 공부를 통해 도움을 받는 부분이 분명히 있겠지만 어디까지나 자격증을 따기 위한 공부로 그칠 때가 많다.

학문 분야에서 가장 뛰어난 사람은 누가 뭐라고 해도 해당 전공 교수일 것이다. 그런데 부자 순위에서 교수들은 눈을 씻고 봐도 찾을 수 없다. 간혹 교수로 활동하면서도 주식투자나 부동산 투자로 부를 거머쥔 사람들도 존재하지만 정규분포곡선이라는 것을 그려볼 때 양 극단에 존재하는 극히 희귀한 돌연변이일 정도로 드물다.

이렇듯 학문을 연구하는 사람들에게서 우리는 새로운 이론과 색다른 접근 방법을 배울 수는 있어도 실전에서 직접 써 먹을 수 있는 것을 얻는 경우는 드물다. 그런데도 많은 사람들은 공부에 전념하는 경우가 많다. 필자도 부동산 경매 기초 강좌와 '후천적 부자 아카데미'를 통해 투자에 대한 기본적인 사항을 강의한다. 강의에서는 시작과 마지막에 분명히 말한다. 지금 알려준 내용으로 직접 투자에 뛰어들면 된다고. 강의 내용이 투자를 하는데 있어 모든 것도 아니고 배워야 할 것은 무궁무진하지만, 이 정도면 일단 투자를 시작하는데 있어 전혀 문제될 것은 없다고…….

그 후에 오랜만에 강의 수강생들을 만나보면 벌써 투자로 성과를 내고 있는 사람도 있지만, 여전히 제자리에 머물러 있는 사람도 있다. 그러면서 아직도 부족하고 공부할 것이 많다고 한다. 그런 이유로 다른 사람들의 강의를 지금 현재도 듣고 있다는 것이다. 이런 사람들의 특징은 학문과 지식의 세계는 끝이 없고 무궁무진해서 도저히 끝을 낼 수 없을 정도로 배워야 할 것이 널리고 널렸다고 생각하는 것이다.

우리들이 고수라고 지칭하는 사람들이라고 자신에게 닥치는 모든 상황을 전부 대처할 수 있는 지식을 갖고 있는 것은 아니다. 지금까지 꽤 많은 사람들을 만나왔다. 투자로 어느 정도 성과를 낸 사람 중에 누구도 자신은 이제 더 공부해야 할 필요성이 없다고 말하는 사람은 없었다. 그렇다고 그들이 모르는 것이 너무 많아서 도저히 투자를 할 수 없다고 이야기하는 것은 더더욱 들어보지 못했다.

자신이 투자를 하기 위한 기초적인 지식을 알고 있다면 남은 것은 직접 경험을 쌓으면서 하나씩 고쳐나가는 것이다. 모든 것을 완전히 알고 난 후에 투자를 하겠다는 것은 평생 투자를 하지 않겠다는 말과 같은 뜻이다. 현재 대학에서 끊임없이 학문을 연구하는 교수들이나 그 분야의 노벨상을 받은 사람들마저도 자신은 아직 멀었다는 이야기를 한다. 이런 실정인데도 모든 것을 완벽하게 습득한 후에 무엇인가를 하겠다는 생각이 과연 가능할까?

어려운 집안 사정상 중학교를 졸업하고 학비와 장래 문제로 공군학교에 들어간 장영배는 졸업 후 사관이 되지만 공부에 대한 미련이 남아 야간대학을 다닌 후 안정성이 보장된 군대와 교사자격증도 뿌리치고 미국으로 간다. 미국에서 호텔 벨보이로 생활비를 충당하며 돈을 조금 더 모아 공부를 하려는 것이었는데 뜻하지 않게 IMF가 터지면서 인생이 꼬이게 된다. 그러던 중 우연히 주얼리 회사에 들어가 영업을 하게 된다.

주얼리 라고는 아무것도 모르던 장영배는 먹고 살자는 의지 하나만으로 거래처를 뚫어 두 배의 영업 실적을 올린다. 또한 보다 큰 물에서 놀기 위해 주얼리 시장을 장악하고 있는 유대인이 운영하는 주얼리 회사에 입사한다. 주얼리 시장의 메인 스트림을 배우고 창업을 하여 궤도에 오르려는 찰나에 9·11사태가 터져 비자 문제가 엄격해지면서 모든 것을 포기하고 다시 한국으로 돌아오게 된다. 그러나 한국 생활에 적응하지 못하는 프랑스인 아내를 위해 자신이 고생하는 것이 더 낫겠다는 생각에 프랑스로 가게 된다.

말도 통하지 않는 프랑스에서 다시 한번 주얼리로 승부를 건다. 고객을 직접 상대하는 것이 아니라 기업을 상대로 B to B 주얼리 사업을 하기로 한다. 일관된 품질과 신뢰를 바탕으로 기존 프랑스 주얼리 시장에 안착하여 지금은 프랑스 한인 사회에서도 알아주는 유명인사가 되어 주변 사람들을 도와주며 프랑스에서 한국을 알리는 역할을 하고 있다.

장영배는 단 한 번도 자신의 분야에서 성공하기 위해 학문을 먼저 닦으려고 하지 않았다. 직접 주얼리 시장에 뛰어들어 자신이 부족한 부분을 연구하고 공부하고 사람들에게 물어보면서 하나씩 익혔다. 일반인들에게는 친숙하지도 않은 분야를 한국도 아닌 미국과 프랑스에서 말도 잘 통하지 않는 상태에서 실전지식을 쌓아가며 실력을 높인 결과 아는 사람도 없는 프랑스에서 성공할 수 있었던 것이다.


많은 사람들이 몰라서 못한다는 이야기를 한다. 맞다. 아무것도 모르는 상태에서 무엇을 할 수 있겠는가? 조금이라도 뭘 좀 알아야 할 수 있는 것은 사실이다. 하지만 그 말이 학문적으로 교과서를 다 외워 완벽하게 익혀야만 무엇을 할 수 있다는 것을 의미하는 것은 분명 아니다.

생각한 후에 행동하는 것이 좋은지 행동한 후에 생각하는 것이 좋은지 여부는 차지하고라도 생각하면서 행동하거나 행동하면서 생각하면 된다. 꼭 무엇인가를 알아야만 할 수 있는 것은 아니다. 핸드폰을 폴더폰에서 스마트폰으로 바꿀 때 스마트폰의 사용설명서를 전부 읽은 후에 하나씩 따라하는 사람이 얼마나 될까? 일단 이것저것 만지면서 차차 알아가는 거 아닌가? 대부분의 사람들이 그러할 것이다.

우리 부모님들도 스마트폰을 장만한 후에 설명서가 있지도 않았지만(중고폰으로 샀기 때문에), 그런 것을 볼 생각도 없이 하나씩 만져가면서 모르는 것이 있을 때마다 필자에게 물어봤다. 덕분에 좀 귀찮기는 했어도 그렇게 스마트폰을 책으로 배우는 것이 아니라 실전지식을 쌓으면서 직접 다룰 수 있게 되어 지금은 스마트폰을 잘 활용하고 계신다.

무엇인가를 다 알고 시작하겠다는 생각 자체가 할 생각이 없다는 뜻과 같다. 수능 시험을 100점 맞아야만 사회에 나가서 성공하는 것은 아니다. 각자 점수는 다를지라도 사회에 나가 자신이 맞은 점수와 상관없이 새로운 점수를 맞이하게 된다. 또한 각 대학이 원하는 합격선 정도까지만 점수를 맞으면 된다. 굳이 꼭 100점이어야 할 필요는 없지 않은가?

장담하건대 공부가 다 끝난 후에 무엇인가를 시작한다는 것은 절대로 불가능하다. 그것은 당신이 숨을 쉬지 않아도 죽지 않을 수 있다는 말 만큼이나 어려운 일이다. 당신이 그 분야에서 꼭 필요한 실전지식만 익힌 다음에 직접 실행하는 것이 중요하다. 학문은 학문을 익히고 발전시키는 전문가들에게 맡기면 된다!

- 앤드류 킬패트릭 저, 안진환, 김기준 역, 《워렌 버핏 평전》, 월북
- 장영배 저, 《파리의 주얼리 상인》, 푸른향기

# 상상력을 키워라

고등학교 시절에 놀라운 영화를 보게 되었다. 사이보그가 자신들에게 해가 되는 인물을 죽이려고 미래에서 현대로 타임머신을 타고 온 것이다. 그 영화가 바로 〈터미네이터2〉이다. 그 당시는 지금처럼 멀티플렉스가 없어 한 극장에서 개봉하는 경우가 대부분이었는데, 이 영화가 얼마나 인기였는지 사람들이 새벽부터 줄을 선 것은 물론이고 나 또한 제 시간에 볼 수 없어 끝까지 실랑이를 벌인 끝에 거의 원가에 암표를 사서 관람하기도 했다.

이 영화에서 T-1000의 등장은 지금도 잊을 수 없을 정도로 충격적인 기억이다. 당시로서는 생각지도 못했던 CG구성으로 화면을 압도

했다. 단 한 번도 인간이 액체처럼 흐물흐물하게 될 수 있다는 생각을 해본 적이 없었기에 더욱 강렬했던 것 같다. 〈테미터이터2〉는 흥행 기록도 압도적이었지만 이후의 영화들에서 CG가 획기적으로 사용되는 계기를 마련하기도 했다. 이전까지 누구도 상상하지 못했던 장면을 만든 결과 제임스 카메론은 이후에 자신이 찍고 싶은 영화를 비교적 자본으로부터 자유롭게 만들게 되어 〈타이타닉〉과 〈아바타〉라는 전 세계적인 열풍을 불러일으킨 영화를 창작할 수 있었다.

'문사철'이라는 용어가 있다. 문학, 역사, 철학의 줄임말인데 이 분야가 중요하다고 말한다. 실제로 문학, 역사, 철학은 사회생활을 하는 데 직접적인 도움을 주는 것은 아니어서 대학에서도 계륵처럼 이러지도 저러지도 못하는 학문으로 치부되고 있지만 오히려 유행처럼 관련 분야는 인기를 끌고 있다.

이런 경향은 스티브 잡스가 전 세계적으로 아이폰을 유행시키면서부터 본격화되었다. 기존에는 핸드폰은 핸드폰이고 컴퓨터는 컴퓨터이어서 서로 별개의 영역으로 존재했지만, 스티브 잡스는 이 모든 것을 결합하여 전화기가 컴퓨터가 되고 카메라가 되고 오디오가 되는 융합 기기를 만들어 내었다. 사람이 손가락으로 조작하는 데 가장 적합한 인터페이스와 운영체계를 만들어 세계적인 열풍을 불러 일으켰는데 스티브 잡스는 이러한 자신의 상상력의 원천으로 인문학에 공을 돌린 것이다.

"소크라테스와 점심 한 끼를 할 수 있다면 애플의 모든 기술을 내놓겠다."라는 표현을 할만큼 그는 기존과는 다른 새로운 제품을 세상에 선보인 비결이 바로 인문학적인 성찰이라고 말한다. 그전까지 기계를 잘 만들고 많이 팔기 위해 노력했다면 이제는 사람들로 하여금 관심을 갖게 만들고 자신의 필요와 활용도에 부합하고 디자인마저 마음에 들어 구입하게 만든 것이다.

문학은 인간에 대한 다양한 묘사를 통해 우리에게 인간 그 자체를 알려준다. 인간이 어떤 환경에서 어떤 행동을 하는지 구체적인 묘사로 공감하게 만드는 것이다. 역사는 우리에게 현재 벌어지는 일들이 결코 현대인이 처음으로 겪는 상황이 아니라는 것을 깨닫게 해준다. 철학은 사람들이 어떤 생각으로 살고 있는지를 알려준다.

사람들이 문사철을 주목하는 이유는 바로 우리가 인간이기 때문이다. 무엇인가를 하려면 무조건 상대가 있어야 한다. 그 상대가 바로 인간이다. 인간을 상대로 무엇인가를 팔아야 하고 구입해야 하고 협상을 해야 하고 모든 문제의 근원이 인간에게서 나온다. 이처럼 인간을 알고자 하는 목적에서 바로 사람들이 문사철을 감상하고 공부하는 것이다.

상상력이라는 것은 무척이나 어려운 개념이다. 도대체 어떻게 상상력을 키울 수 있을지 막막하기만 하다. 창의력이나 상상력과는 멀고 먼 생각을 하고 인생을 살아왔기에 이에 대해 언급한다는 것이 무척이나 계면쩍은 일이다.

하지만 사람들은 상상력이나 창의력을 너무 거창하고 대단한 것이라 믿으며 어렵게만 생각한다. 상상력은 머리에서 출발한다고 생각하지만 《비저블 이펙트》의 저자인 김동준은 '아이디어는 머리가 아니라 눈EYE에서 만든다'라고 하였다. 기존에 없던 것을 만드는 것은 불가능하다. 모든 창조는 남의 것을 베끼는 것에서 출발한다. 또는 남들과 다르게 보는 것에서 출발한다. 이런 연습이 필요한 것이다.

'조하라의 창'이라고 하여 방을 네 권역으로 나눈 후에 두 명이 서로 다른 각도에서 보게 되면 내가 보는 권역이 있고 상대가 보는 권역이 있고 둘 다 볼 수 있는 권역이 있지만 둘 다 볼 수 없는 권역도 생긴다. 볼 수 없는 미지의 영역을 최대한 줄이기 위해서 서로가 자신의 아이디어를 기탄 없이 이야기하고 막지 말아야 그 중에서 생각지도 못한 아이디어가 튀어나와 상상력과 창의력이 발전할 수 있게 된다. 흑백논리가 만연한 우리 사회에서 가장 고쳐야 할 문화다. 이 부분만 변하더라도 상상력이 넘치는 사회가 될 것이다.

상상이라는 것은 처음부터 아무것도 없는 무지의 상태에서는 할 수가 없다. 무엇인가 알아야만 한다. 이를 위해 나보다 성공한 사람들의 방법을 쫓아하는 것이 필요하다. 웬만큼 유명한 투자자들은 자신의 투자 방법을 책이나 글을 통해 세상에 내놓는다. 그 방법을 그대로 한

**조하라의 창**

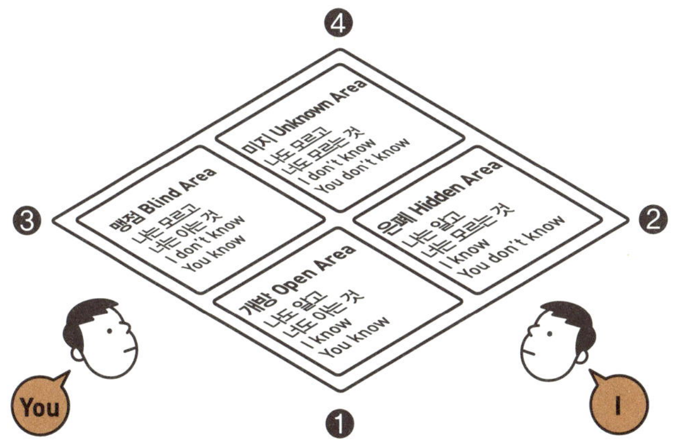

번 따라 하는 것이다.

유명 경매 투자자의 책을 보면 자신이 투자한 방법에 대해 설명할 뿐만 아니라 관련 사례까지 알려준다. 사례를 직접 검색하고 자신이라면 어떻게 할지 생각하고 직접 현장을 찾아가 책에 나와 있을 때와 지금은 어떻게 달라졌는지 확인해 본다. 그렇게 나보다 앞서 간 사람들의 방법을 흉내 내면 비슷한 물건이 있을 때 간접 경험을 바탕으로 자신도 비슷한 상상력을 동원해서 투자할 수 있게 된다.

시시각각 변하는 경제 상황에서 우리나라 기업들은 대부분 외부 환경에 좌지우지될 수 밖에 없는 한계가 존재하지만 자신이 관심을 갖고 있는 기업의 과거를 살펴보는 것도 좋은 방법이다. 마찬가지로 주식투자를 잘한 사람이 어떤 방식으로 접근했는지 파악하고 그가 그 기업에 투자한 아이디어를 참조해서 현재의 상황에 적용하는 것이다. 물론 당시의 경제 상황이나 주가가 올라간 이유에 대해서도 공부를 한다면 보다 확장된 적용을 통해 현재를 상상하며 투자의 감을 키울 수 있을 것이다.

다른 사람의 투자 방법을 끊임없이 읽고 또 분석해야 하는 이유가 여기에 있다. 아무리 투자를 잘하는 사람이라도 투자를 하다 보면 자신이 하는 방법만 반복해서 하려는 경향이 생긴다. 이러다 보면 어느 순간 변화를 싫어하고 작은 변화에도 적응하지 못하고 도태되기 십상이다. 다른 사람의 투자 방법을 참고하고 그 방법을 배우면서 자신이라면 어떻게 접근하고 협상하고 투자할 것인지에 대해 고민하고 실행한다면 그것이 바로 상상력을 키우는 것이 되고 주변 사람들로부터 접근 방법이 색다르다는 관심까지 받을 수 있게 된다.

책을 많이 읽는 것도 하나의 방법이다. 백인백색이라는 표현처럼 이 세상에는 갖가지 사람들이 존재한다. 일반인들이 생각지도 못하는 방법으로 살아가는 사람들이 존재한다. 그들의 이야기를 듣는 것만으로도 기존에 없었던 하나의 방법을 배우게 되는 것이고, 이미 앞서간 사람들의 노하우와 나로서는 도저히 이해할 수 없는 스킬로 어려움을 풀어내는 것을 볼 수 있는 것이다.

성공한 사람들의 책장은 장식품이 아니다. 그들은 도태되지 않고 끊임없이 새로운 것을 배우기 위한 방편으로 책을 읽는 것이다. 그 책들을 읽고 현실에 적용할 뿐임에도 사람들은 나에게 상상력이 뛰어나다는 이야기를 한다. 이미 책에 다 나와 있는 것인데도 불구하고 그 사실을 모르니 나에게 칭찬을 하는 것이다. 그저 흉내 내고 따라 했을 뿐인데도 말이다.

이제 상상력이라는 것이 막연한 개념이 아니라 좀 더 친근하고 나도 할 수 있는 개념으로 다가왔을 것이다. 남을 흉내 내기만 해도 그 자체로 훌륭한 상상력이 될 수 있다. 문사철이라는 거창한 것을 말할 필요도 없이 말이다. 물론 그런 것들을 꾸준히 가까이할 필요는 있겠지만 강박관념으로 접하는 문사철은 큰 도움이 되지 못할 수도 있다.

상상력은 앉아서 머리 싸매고 고민하고 고통스러운 표정을 짓는다고 나오는 것이 아니라 눈으로 만든다는 의미를 알 수 있을 것이다. 당신도 할 수 있다! 상상력을 키워라!

- **김동준 저, 《비저블 이펙트》, 지식공간**

# 채찍효과를
# 기억하라

리듬체조 손연재 선수가 출전하는 종목 중에 리본 종목이 가장 우아하고 화려하다. 자신의 키보다 훨씬 더 긴 리본을 흔들 때마다 리본이 리드미컬하게 움직이는 모습은 참으로 아름답다. 손목을 그다지 움직이는 것 같지도 않은데 손목을 움직일 때마다 엄청나게 다양하게 변화하며 갖가지 모양을 만들어내는 리본 종목은 리듬체조의 꽃이라 할 수 있다.

우리가 리본을 볼 때 리본을 움직이는 손목을 보는 것이 아니라 손목에서 출발해 점차 널리 퍼지면서 활발하게 돌아다니는 리본의 끝을 보게 된다. 리본의 출발은 미약할지 몰라도 끝으로 갈수록 엄청나게 널리 퍼지면서 예상하지 못한 움직임을 발생시켜 우리를 황홀하게 만든다.

경제 현상을 관찰하고 주목할 때도 리본이 널리 퍼지는 것과 같은 채찍효과에 주목해야 한다. 채찍효과bullwhip effect란 리본처럼 채찍의 손잡이를 몇 센티만 살짝 움직여도 채찍 끝부분이 몇 미터 이상 크게 움직이는 것을 말한다. 한마디로 공급사슬의 가장 마지막에 위치한 기업들은 중간에 위치한 기업들보다 아주 작은 수요의 변화에도 엄청나게 큰 영향을 받는 것을 의미한다.

공급사슬supply chain이란 포터와 밀러가 제안한 것으로 기업의 제반 활동이 서로 사슬처럼 연관되어 가치를 창출하는 것을 말한다. 이를 처음 발견한 곳은 미국의 P&GProcter&Gamble라는 생활용품 제조업체였다. 아기 기저귀는 상품의 특성상 부모들이 사용하는 수량은 일정한데 소매점과 도매점에서 요청하는 주문 수량이 들쑥날쑥한 것을 발견했다. 이런 현상이 생기는 이유는 아기 부모들이 갑자기 기저귀를 많이 구입하게 되면 소매점은 향후에 수요가 더 많이 생길 것이라 판단하고 도매점에 더 많은 주문을 하고, 도매점에서는 소매점에서 많은 주문을 한 것을 보고 적당량의 재고까지 구비하고 있어야 해서 제조업체에 소매점에서 주문받은 물량보다도 훨씬 많은 주문을 하기 때문이다.

여러 도매점으로부터 주문을 받는 제조업체 입장에서는 보다 많은 물량을 만들기 위해 노력도 하겠지만 이왕이면 주문량이 많은 도매점부터 제품을 공급하게 된다. 도매점들은 원활한 공급을 하기 위해서 자신들이 받은 주문량보다 더 많은 주문을 하게 되는 것이다. 이처럼 일시적으로 늘어난 판매 때문에 수요와 공급 사이에 왜곡 현상이 나타나게 된다.

우리가 살고 있는 지구에서도 마찬가지 현상이 생긴다. 지구 위에 생존하는 모든 인간은 반드시 무엇인가를 구입하고 소비한다. 이에 따라 경제 현상의 변동이 반드시 생긴다. 결국에는 인간의 소비가 현재의 자본주의를 발전시키고 부의 편중을 심화시킨 요인 중의 하나인데 이러한 소비는 선진국일수록 많다.

후진국은 소비를 하고 싶어도 먹고사는 것조차 힘들어 소비라고 할만한 소비를 하기가 힘들다. 2009년 IMF와 크레딧 스위스 은행의 발표 결과에 따르면 미국과 일본, 독일, 영국, 프랑스, 이탈리아, 캐나다를 지칭하는 G-7 국가의 소비가 전 세계 소비에서 차지하는 비중이 무려 60%를 넘는다. 이중에서도 미국의 소비 비중은 30%를 차지한다.

세계 인구 1위 국가인 중국과 2위인 인도 두 나라의 인구를 합치면 전 세계 인구의 거의 1/3 정도이지만 전 세계에서 차지하는 소비 비중은 7.4% 정도로 미국의 1/3에도 미치지 못한다. 게다가 10억 명의 인구 대국인 인도는 2.2%로 한국, 대만, 싱가포르, 홍콩을 합한 2.9% 보다 못하다. 네 나라의 인구는 인도의 1/10 밖에 되지 않는데도 말이다.

과거 우리는 소비라는 말을 할 정도의 소비를 해본 적이 없다. 자급자족으로 물물교환을 하며 교역을 통해 부족한 것을 채우는 정도였지 지금과 같이 필수적인 소비뿐만 아니라 개인적인 만족을 위한 소비까지 하지는 못했다. 선진국일수록 개인의 만족을 위해 소비하는 비율이 높다. 이는 곧 소비를 하기 위한 수입이 있어야 하고 소비를 촉진하는 제품이 존재해야 하며 제품을 판매하는 기업이 공급해야 한다는 것을 의미한다.

하나의 생활권이 되고 동시대성으로 살아가는 세계이지만 각 나라별로 소비하는 정도에 따라 경제의 발달 여부를 파악할 수 있다. 소비가 많은 나라일수록 선진국이고 소비가 활발한 시기일수록 호황일 것이라는 것을 예측하기는 어렵지 않다. 단순히 소비라는 잣대 하나를 갖고 경제 현상을 단순하게 본다는 비판을 받을 수는 있어도 그 어떤 잣대보다도 더 정확하고 확실한 바로미터가 될 수 있는 것이다.

선진국들의 소비 중에 미국의 소비가 가장 중요한 이유는 이와 같이 미국이라는 나라의 소비가 늘어나면 제품이 부족해지기 때문이다. 미국은 최대 규모의 소비대국이어서 자국에서 만드는 제품만으로는 소비자를 만족시킬 수 없다. 이에 따라 소비 수요가 많은 제품들은 물량 부족 현상을 겪게 된다. 소매 시장에서 물품이 부족하니 도매 시장에 다량의 제품을 주문하게 된다. 도매 시장은 제조업체에 다량의 제품을 자신이 주문받은 양보다 많이 요청한다.

미국 내에서 모든 제품을 전부 생산, 공급할 수 있는 것이 아니어서 기업들은 이제 더 많은 주문 요청을 맞추기 위해 여러 곳에서 제품을 공급받게 된다. 문제는 미국에 수출을 하는 한국 같은 경우에는 미국에서 수요가 활성화되어 추가 주문을 받아도 시간상의 갭이 생긴다는 것이다. 다만 그 시차가 존재할 수밖에 없다. 그 기간은 대략 6~12개월이다. 알다시피 주문한 제품을 미국에 보내기 위해서는 대부분 비행기가 아닌 배를 통해 이동한다. 그러다 보니 미국에서 소비가 왕성

하다는 이야기가 돌고 난 후 일정 시간이 흐른 후에 점차 한국의 기업
들의 실적이 개선된다. 대한민국에서 만드는 제품이 아니라도 미국
내에서 생산하는 제품이나 미국 근처 국가에서 만드는 제품의 공급
기업이 한국 회사라면 우리의 이익은 늘어난다.

이것은 엄청난 효과를 국내에 불러일으킨다. 기업의 이익이 늘어난
다는 것은 보다 많은 제품을 생산할 수 있다는 뜻이 되어 더 많은 직
원을 고용할 수 있고 설비를 투자하게 되면서 기업들이 벌어들인 돈
이 일반 개인에게 퍼지는 효과가 나온다. 채찍의 시작부분은 미약할
지 몰라도 뒤로 가면 갈수록 채찍의 효과는 점점 커지면서 뜻하지 않
고 생각하지도 못한 여러 곳에서 효과를 내게 된다.

그림에서 보는 것과 같이 미국에서 소비재 수입 비중이 늘어날수록

**미국 소비재 수입비중 vs. 한국 수출증가율**

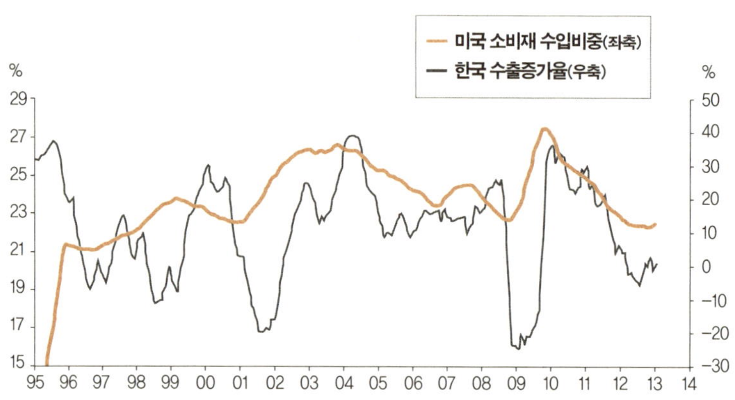


자료: 미국 경제분석(BEA), 한국 지식경제부(홍춘욱 블로그 참조)

한국의 수출증가율이 가팔라지는 것을 확인할 수 있다. 미국의 소비재 수입이 늘어나면 일정 기간을 두고 한국의 주가가 오르기 시작하는데 주가는 기업 실적을 선반영하기 때문에 주가가 보다 빨리 반응을 하는 것이다. 미국의 소비가 늘어나는 것과 한국 기업의 실적은 큰 상관관계를 갖게 되고 이에 따라 국내 경제는 덩달아 좋아지는 것이다.

대한민국의 경제는 세계 경제에서 차지하는 비중이 작다. 소비 비중으로도 기껏해야 1% 밖에 되지 않아 외부의 영향력에 자유로울 수 없는 한계를 갖고 있다. 그렇기에 한국에서 벌어지는 현상만을 갖고 무엇인가를 한다는 것은 너무나 불완전한 상황에서 판단을 내려야 한다는 의미가 된다. 무엇인가 열심히 하는데도 불구하고 뜻대로 되지 않는 이유가 바로 여기에 있다.

우리가 현재 존재하고 있는 바로 여기는 미국이 아닌 대한민국이다. 불행히도 한국은 채찍효과의 가장 마지막 단계에 있는 나라이다. 한국의 환율과 경제 현상이 그토록 롤러코스터를 타며 안정적이지 못하고 춤을 추는 이유다. 한국의 기업들은 내수가 부족하여 내수효과를 제대로 누릴 수 없어 수출을 할 수밖에 없는 구조이다. 한국의 기업들이 세계 경제에서 유독 취약한 구조적인 문제가 있는 것이다.

채찍효과의 마지막에 노출된 어쩔 수 없는 처지에서 벗어나기 위해서는 국내 소비가 늘어야 하는데 이 부분은 인구가 증가하지 않는 한 힘들고, 원화가 힘을 가져야 하는데 예전보다는 나아졌을지라도 원화는 세계 시장에서 여전히 달러나 엔화나 유로화에 비해 상대적으로 믿을 수 없는 돈이다.

한국의 주가는 실질적으로 국내 기관과 개인들의 힘에 의해 움직이는 시장이 아니라 외국인들의 자본에 의해 움직이는 시장이다. 미국의 주가가 오르면 시간차를 두고 오르고 내리면 시간차를 두고 내리는 것을 확인할 수 있다. 미국의 손잡이가 조금만 움직여도 채찍의 끝에 있는 한국의 주가는 요동을 치는 것이다.

이와 같은 사실은 단순히 주가에서만 확인할 수 있는 것이 아니라 한국 경제의 전반에 영향을 미쳐서 부동산에까지 파급 효과가 나타난다. 한국으로 들어오는 달러가 넘쳐나면 원화로 교체되어 이 돈이 시중에 퍼지고 유동성이 커지면서 갈 곳 잃은 돈들이 채찍의 끝에 있는 부동산과 주식으로 유입되는 것이다.

현재 당신의 눈앞에 있는 현상에 주목하여 결정을 하고 결단을 내리면 안 된다. 채찍효과의 가장 끝에 있는 한국의 위치를 기억하고 한

**1985년 이후 한국과 미국 주가지수 추이** ||||||||||||||||||||||||||||||||||||||||||||||||||||||||||||

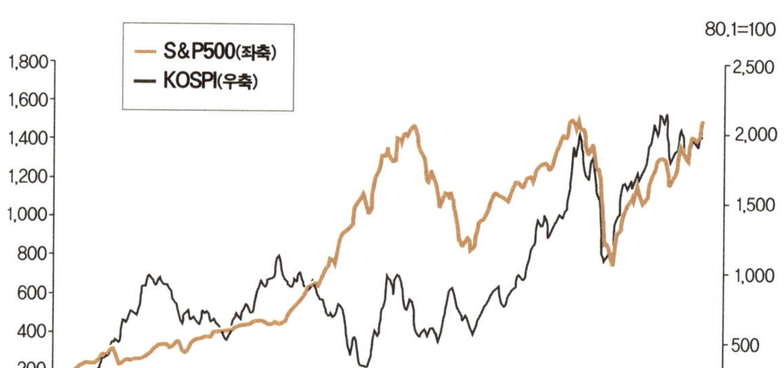


자료: 한국은행 경제통계정보시스템(ECOS), S&P (홍춘욱 블로그 참조)

국 내에서 벌어지는 움직임보다 보다 큰 자본과 소비가 움직이는 선진국의 움직임을 살펴보고 이에 따라 대처를 해야만 보다 현명한 투자 결정과 사업 결정을 내릴 수 있는 것이다.

꼭 채찍효과를 기억하고 이에 대비를 해야 한다. 당신의 소중한 자산을 지키고 늘리고 불리기 위해서는!

- 홍춘욱 저, 《돈 좀 굴려봅시다》, 스마트북스
- 조지프 엘리스 저, 이진원 역, 《경제를 읽는 기술》, 리더스북

# 사람들의 욕망을 탐구하라

아파트, 빌라, 단독주택, 오피스텔 등은 전부 한국인이 거주하는 공간이다. 이 중에서도 우리나라 사람들이 가장 선호하는 주거공간은 아파트이다. 아파트는 대한민국에만 있는 것이 아니라 외국에도 존재하는데 유독 한국에서만 선망의 대상이자 거주공간의 대표가 된 이유는 무엇일까? 가까운 일본 같은 경우는 지진 문제로 인해 고층을 선호하지 않는다는 이유가 있지만 다른 나라들은 상관이 없는데도 불구하고 말이다.

무엇보다 대한민국 아파트의 가장 큰 장점은 바로 단지라는 특성에 있다. 아파트 한 동만 있는 곳은 사람들이 선호하지 않지만 몇천 세대 정도의 대단지 아파트를 선호하는 이유는 바로 인간의 욕망을 충족시켜주기 때문이다. 외국인들이 가장 신기해하는 것 중에 하나가 바로 대단지 아파트이다. 아파트가 블록으로 뭉쳐있는 것도 신기하지만 모든 편의시설이 아파트 단지 내에 전부 있는 것을 더 신기하게 여긴다.

아파트 단지 내에는 외부와 차단된 거주 시설이 존재한다. 아파트를 경호하는 관리단이 존재하고 내부에 공원이 있고 수영장이 있고 도서관도 있다. 자신이 거주하는 아파트와 다른 공간을 보호하는 커다란 보호막도 처져 있다. 심지어 특정 브랜드를 통해 인간의 욕망을 자극하며 우리끼리의 커뮤니티를 형성한다.

남들과는 차단된 우리만이 즐기고 누리고 쓸 수 있는 차별화된 공간과 혜택을 가져다주는 것이 바로 아파트 단지이다. 고가의 아파트일수록 이런 점이 더욱 심해 입구에서부터 경호원들이 출입을 통제하고 철저하게 외부와 차단한다. 바로 이 점이 마음에 들어 그렇게 비싼 관리비를 내고서라도 기꺼이 입주하는 것이다. 인간의 욕망을 — 비록 그 욕망이 속물적일지라도 — 충족시키는 대한민국의 대표적인 욕망 덩어리가 바로 아파트인 것이다.

아파트가 성공할 수 있었던 이유는 기존에 없던 주거공간을 제공한 건설사의 역할이 컸지만 그 후로 아파트는 차별성이 없어도 사람들의 욕망에 호소하는 측면이 컸던 것이다. 딱히 건설회사마다 내세울 게 없으니 자신의 브랜드를 내세우고 우리 브랜드에 살면 좋다는 이미지를 앞세워 현재는 무슨 동에 있는 어떤 브랜드의 아파트로 통할 정도이다.

돈을 번다는 것은 누군가에게서 돈을 받거나 얻는 것이다. 그러기 위해서는 사람들이 돈을 쓰는 이유와 돈을 쓰는 방법에 대해 이해를 하고, 돈을 쓰는 곳에 투자하거나 돈을 쓰는 방법을 보고 대처해야 한다. 즉, 인간의 욕망을 탐구하여 욕망을 자극하고 욕망을 제공하거나 해결해주면 돈은 함께 굴러오게 되어 있다.

인간에게 욕망을 제공하는 대표적인 것이 바로 소비이다. 인간들이 소비할 때 자신이 세상의 주인공이 된다는 착각에 빠지게 만들고 자신이 가장 중요한 인물이라 믿게 만들 뿐만 아니라 작아졌던 자존감마저 순간적으로 세워준다. 인간이 소비를 하는 이유는 내 존재감을 잃지 않기 위한 것이 핵심이다. 누군가의 돈을 갖고 싶다면 그가 갖고 있는 욕망을 자극해서 나에게 돈을 쓰게 만들면 된다.

대기업들이 연구소를 만들고 광고회사를 소유하는 이유는 자신들의 사업을 위해 도움을 받고, 효과적으로 잘 판매하기 위한 것이다. 소비자들의 욕망을 연구해서 그들에게 자신의 제품을 가장 효과적으로 많이 팔기 위한 목적인 것이다. 기업은 팔지 않으면 망하기 때문이다.

더구나 인간은 누구나 자신은 평균 이상이라 믿어 의심하지 않는다. 단 한 명도 자신은 평균 미만이라는 표현을 하지 않는다. '당신은 평균입니까?'라고 묻는다면 십중팔구가 아니라 십이면 십 전부 자신은 평균은 된다고 한다. 이상하게도 다들 자신이 평균이라고 생각하고 분명히 정규분포곡선을 보면 절대 다수가 평균에 집중되어 있지만 꽤 많은 숫자가 극단점에 위치하고 있는 걸 볼 때 인간들은 스스로를 제대로 파악하지 못하고 있다는 뜻이고 과대평가하고 있다고 할 수 있다.

기업들은 이런 사실을 진작에 알고 있기에 자신들이 물건을 팔아야

하는 대상자들을 결코 무식하다고 느끼게 만들지 않는다. 이 물건을 사는 사람은 가장 똑똑하고 세상의 주인공이자 최고라고 믿게 만들어 준다. 사람들이 그토록 아이폰을 기다려 출시되는 날에 줄을 서서 구입하려는 것은 남보다 내가 더 낫다는 것을 사람들에게 알리기 위한 욕망의 발로이다.

기업들은 이러한 이유로 식역하 광고subliminal advertising라는 것을 한다. 순간적으로 의식하지도 못할 만큼 짧은 순간에 자신들이 원하는 의도를 소비자들에게 전달한다. 우리들은 의식하지도 못하는 사이에 우리 뇌를 자극하는 정보에 노출되는 것이다. 우리의 의지와는 상관없이 무엇인가를 소비하고 싶은 생각이 드는 이유가 바로 거기에 있다.

갑자기 콜라가 먹고 싶다거나 피자가 먹고 싶을 때 유명한 연예인들이 선전하는 상품을 아무런 의심 없이 믿고 사는 것이 바로 인간의 욕망을 건드려주기 때문이다. 우리가 갈급하는 그 욕망을 제대로 자극하여 우리로 하여금 소비해야만 제대로 된 인간으로서의 삶을 사는 것이라는 신호를 끊임없이 전달한다. 이에 따라 소비하지 않으면 덜 떨어진 인간처럼 낙인이 찍히고 사회에서 도태된 인간으로 보일까봐 필요도 없는 소비를 한다.

히틀러는 1차 세계대전으로 힘들어 하는 독일 사람들에게 우리는 위대한 게르만 민족으로 이 정도로 살아서는 안될 민족이라는 의식을 심어주고 독일 사람들의 욕망을 자극해서 상식적으로는 이루기 힘든 독일 총리가 되어 2차 세계대전을 일으켰다. 대부분 사이비 종교의 교주는 교인들의 연약한 마음을 건드려 그들이 갖고 있는 욕망을 해결해 준다고 설교를 하고 그들에게 믿고 싶은 바를 믿게끔 보여줘서 절대 교주가 된다.

대다수의 성공한 사람이나 성공한 기업들을 보면 사람이 어떤 욕망을 갖고 있는지를 제대로 파악해서 이에 집중한 것을 알 수 있다. 자신의 욕망을 충족시켜주는 상대방의 유혹에 흔들리지 않고 끝까지 평정심을 유지하는 사람은 극히 드물다. 몰라서 당하기도 하지만 뻔히 알면서도 당하기도 하는 것이 바로 나 자신의 욕망을 뒤흔드는 상대방의 유혹이다.

자신의 소비적인 욕망은 철저하게 자제하고 나를 일깨우는 욕망은 최대한 분출하며 상대방의 욕망을 조사하고 연구해서 될 수 있는 한 최대한 내쪽으로 유리하게 만드는 것이 성공한 사람들과 기업이 지금까지 쉬지 않고 실행했던 방법이다. 자신의 성공에 도취되어 나 자신의 소비적인 욕망은 자제하지 못하고 나를 일깨우는 욕망은 무시하면서 상대방의 욕망 알기를 점점 게을리할수록 부는 나와는 멀어지고 성공은 옛이야기가 되어버린다.

사회가 발달하고 잘 살수록 단순히 의식주와 같은 원초적인 인간의 욕망을 자극하는 것으로는 이득을 취하기 힘들다. 원초적인 것이 이미 다 해결된 인간에게는 그 이상의 욕망을 해결해 줄 수 있어야만 소비를 끌어낼 수 있는 것이다.

먹을 것에 부족함이 없는데 단순히 먹을 것을 준다고 먹으려 하지 않는다. 무엇인가 부족하다는 것을 일깨워서 구입하고 싶다는 욕구를 일으켜야 한다. 따라서 상대방의 정확한 욕망을 파악해야만 한다. 누구나에게 다 적용되는 욕망이 아니라 개인마다 각자 갖고 있는 욕망을 자극해야 한다. 기업들이 명확한 타겟층을 설정해서 선전하는 것도 불특정 다수의 욕망을 전부 채워주고 해결할 수는 없어서이다.

TV 드라마나 예능 프로그램의 시청률이 비록 적게 나와도 방송사들이 가장 소비를 왕성하게 하는 20~30대의 주시청자들이 선호하는 프로그램을 황금시간대에 배치하는 이유는 그들의 지갑을 열기 위해 주 공략층의 욕망을 자극해야만 하기 때문이다. 누구나 다 갖고 있는 욕망을 공략하는 것은 과거 먹고 살기 힘들 때나 가능했던 방법이다. 이제는 정확하게 자신이 공략해야 하는 상대방의 욕망을 탐구하고 조사해서 이를 해결할 방법을 찾아야만 자신이 원하는 것을 그들로부터 얻을 수 있는 것이다.

자신이 원하는 것은 무엇인가? 그걸 남들도 원한다고 생각하는가?

그럼, 지금부터 그것을 잡고 늘어져서 어떻게 그 욕망을 채울 것인지 방법을 발견하여 똑같이 그걸 원하는 사람들에게 제시하면 사업이 될 것이다. 당신이 투자하려는 대상에도 똑같이 대입해 과연 그 대상을 통해 사람들이 욕망을 해결할 수 있을지에 대해 생각해 보고 분명히 해결된다는 판단이 선다면 투자해도 좋다는 결론이 나올 수 있을 것이다.

자신의 욕망! 타인의 욕망! 집단의 욕망! 을 기억하고 탐구하라!

· 박인석 저, 《아파트 한국사회》, 현암사
· 데이비드 루이스 저, 홍지수 역, 《뇌를 훔치는 사람들》, 청림출판

# 감정에
# 소비하지 마라

"열심히 일한 당신 떠나라!", "부자 되세요!", "아버지는 말하셨지 인생을 즐겨라!"

위 문구들은 당신의 노력을 칭찬하거나 덕담을 하는 말로 들린다. 평소에 열심히 일한 나에게 이보다 더한 칭찬과 격려는 없어 보인다. 열심히 하는 사람은 즐기는 사람을 이기지 못한다는 말까지 있으니 더할 나위 없는 칭찬으로 들리지만 실은 위 문구는 카드 광고에 나오는 것들이다. 카드사에서 이런 광고를 하는 목적은 단 하나다. 제발 당신의 돈을 쓰라는 것이다.

산업혁명으로 비롯된 제품의 대량생산은 필수품을 저가에 구입할 수 있는 기회를 제공해 주었다. 자본주의의 발달과 함께 당장 현금이 없어도 제품을 구입할 수 있는 도구가 생겼다. 대출과 카드이다. 자신에게 필요하지 않아도 살 수 있는 능력을 갖게 된 것이다.

점차적으로 기업들은 더 좋은 품질을 고객들에게 선보일 필요가 없어졌다. 아무리 품질개선을 해도 고객들은 새롭게 받아들이지 않고 차이를 알지도 못한다. 이때부터 고객들이 품질 향상보다 관심을 갖게 된 것이 바로 광고와 디자인이다. 자신들의 제품이 타사의 제품보다 더 좋은 기능과 품질을 갖고 있다는 점을 부각하는 것이 아니라, 사람들의 관심을 유혹하는 광고를 선보이고 감각적인 디자인으로 시선을 유도한다.

이와 더불어 유행의 첨단을 걷는 문화인들이나 연예인들뿐만 아니라 사회 지도층 인사들의 패션과 그들의 라이프 스타일은 대중에게 그대로 노출되어 유행이 되어버린다. 인간의 가장 원초적이고 근본적인 감각을 자극하는 문화상품과 광고를 개발해서 디자인으로 포장한 기업들의 노력은 소비의 유행으로 보답을 받는다.

여전히 사용할 가치가 남아 있는 물건이라도 소비자를 자극하는 광고와 유행은 갖고 있는 물건을 폐기처분해도 된다는 인식을 심어주고 새로운 제품을 구입하게 만드는 구매 욕구를 불러일으킨다. 무엇보다 이런 소비는 인간의 쾌락을 만족시켜준다. 소비가 하나의 이데올로기로 작동하여 소비를 하지 않으면 안 되는 지경까지 이르게 되었다. 남들이 다하는 소비를 하지 않으면 시대에 뒤처진 사람이 되는 것이다.

인류 문명이 발달하며 개인주의가 득세하여 사람들은 점점 외로움에 몸부림친다. 가족과 친구, 직장 동료들도 외로움을 몰라준다. 복잡한 현대사회에서는 무엇인가 노력해도 이에 따른 성취감보다는 공허함이 자신의 감정을 짓누른다. 과거와는 비교할 수도 없을 만큼 많은 사람이 주변에 넘쳐나지만 풍요 속의 빈곤처럼 혼자라는 느낌은 더욱 강해질 뿐이다.

이럴 때 기업들은 은밀하지만 한편으로는 노골적으로 당신의 외로움을 함께 해준다는 메시지를 끊임없이 전달한다. 바로, 소비하라는 신호다. 당신이 소비를 하는 그 즉시 당신의 외로움은 저 멀리 사라진다고 속삭인다. 자본주의 사회에서 소비를 한다는 것은 현금이 필요하다는 뜻이다. 갖고 있는 현금은 부족하지만 다행히도 당신에게는 신용카드라는 막강한 도구가 있다. 성인이 되면 누구나 최소한 한 장씩은 가져야만 한다는 그 도구이다.

매장에서 무엇인가 소비를 한 후에 현금을 지출하면 내 주머니에서 빠져 나가 손해 보는 느낌이 들지만 신용카드는 그렇지 않다. 청구된 금액을 결제하기 위해 카드를 내민다. 그리고 카드를 결제기기에 넣었다가 빼면 그것으로 끝이다. 더구나 결제 후에는 다시 신용카드를 돌려줘서 돈을 썼다는 기분이 전혀 들지 않는다. 충분히 즐기고 만끽하고 내 외로움을 달래주는 소비를 했는데도 직접적으로 쓴 지출이 없다고 느껴지니 소비는 더욱더 증진될 뿐이다.

당신의 소비를 촉진하기 위해서 현대인들에게 '카르페 디엠<sub>carpe diem!</sub>', 즉 '지금 즐겨라, 대가는 나중이다!'라는 구호는 모든 사람의 가슴에 불을 지폈다. 팍팍한 삶에서 소비마저 없으면 인생이 각박하다고 생각한다. 심지어 나를 인정해 주지 않는 사람들에 비해 소비를 할 때면 나는 최고가 된다. 이 세상 그 무엇과도 비교되지 않는 대단한 존재가 되어 버린다. 역시, 지금 즐기는 것이 최고라고 여긴다.

KB금융지주 경영연구소의 한국 부자 보고서 자료에 의하면 대한민국 부자는 금융자산이 10억 원 이상이고 1인당 평균 22억 1000만 원의 자산을 갖고 있다고 한다. 이들은 약 16만 7천 명 정도인데 한 달에 1,000만 원 정도를 쓴다고 보고되었다. 이들의 라이프 스타일은 각종 인터넷과 케이블 TV의 예능프로그램을 통해 보여진다.

패리스 힐튼과 같은 세계 0.1%에 속한 부자들의 생활과, TV 드라마에 나오는 주인공들은 상위 1%에 속하는 사람들이 즐기는 패션과 생활패턴을 보여주며 시청자들의 욕망을 자극한다. 아무리 노력해도 상류층과 같은 자산을 모으는 것은 도저히 불가능할 것으로 판단되지만 그들의 라이프 스타일은 어느 정도 흉내 낼 수 있다.

소비는 대리만족을 시켜준다. 나는 부자가 아니지만 부자들의 라이프 스타일과 같은 삶을 맛볼 수 있는 감정을 충족시켜준다. 상류층과 같은 장소에서 살지는 못하지만 그들이 치장하는 패션을 구입하고 머스트 잇must it 아이템이라고 하여 연예인들과 같은 선망의 대상들이 갖고 있는 것을 똑같이 가지려고 한다. 이런 상품을 통해 잠시나마 부자가 되었다는 감정에 행복해 한다.

소비를 통해 낮아진 자존감이 높아지고 평생 꿈만 꾸는 부자를 경험하며 대리만족하지만, 날이 갈수록 통장의 잔고는 비워지고 한 달에 한 번 돌아오는 월급날에는 돈을 만져보기도 전에 각종 카드 값으로 전부 사라져버린다. 현재를 최대한 즐긴 결과 남는 것은 쾌락과 감정적 만족뿐이다.

이제부터 자본주의 시스템에 완벽히 적응한 사람으로 살아가야 한다. 일이 싫어도 해야만 한다. 매월 나오는 월급이 없으면 살아남기 힘들다. 돈을 벌고 모아 굴리는 것은 언감생심 꿈도 꾸지 못하는 남의 일이다. 한번 어긋난 소비패턴은 되돌릴 수 없는 악순환을 반복한다. 나를 몰라주는 더러운 세상에서 내 위안이 되는 소비로 또다시 풀 수밖에 없다.

오늘도 내 욕망을 자극하고 불태우며 감정을 불러일으키는 광고는 나를 유혹한다. "나만의 자유(산타페)", "당신의 능력을 보여주세요(삼성카드)", "대한민국 1%(렉스턴)", "엘라스틴했어요.", "Just do it(나이키)", "불가능 그것은 아무것도 아니다(나이키)", "8llow me(LG 유플러스)", "골라먹는 재미가 있다(배스킨라빈스31)", "have a good time(KTF)", "Always(코카콜라)", "옛날엔 그랬지(현대카드)"

이 밖에도 수없이 많은 광고가 우리의 감정에 호소하고 있다. 당신에게 꼭 필요한 필수품을 구입하는 경우는 이제 드물다. 필수품마저도 사치품으로 둔갑하여 남들과는 어딘지 달라 보여야 하는 머스트 잇must it 상품으로 팔려나가는 실정이다. 앞서가는 얼리어답터 내지 세련된 인물로 보여야만 사람들에게 환영받고 우러러 보는 대상으로 대접받는 세상이 되었다.

자! 이제 만족하는가? 자본주의 사회에서 원하는 완벽한 소비자로 변신하여 머스트 잇 아이템으로 몸을 치장하고 친구들과 만나 스타벅스에서 커피를 마시며 저녁에 파티를 즐기는 당신의 모습에서 더 이상의 공허함과 우울한 감정은 저 멀리 사라져 버렸다고 자신하는가? 이런 내 모습에 부러워하는 사람들의 시선을 즐기면서 '카르페 디엠carpe diem!'으로 살아가는 자신이 더할 나위 없는 성공한 인생인가?

"하루라도 젊었을 때 마음껏 쓰면서 길지 않은 인생 살아가야 하지 않겠는가?"라는 이야기에 동의하는가? 동의한다면 지금까지 이 책에서 언급한 모든 이야기는 당신에게 전혀 필요 없는 공염불이다. 그러한 당신에게 이 책의 내용은 쓰레기와 같을 것이다. 지금까지 부자들의 관점을 이야기했다. 소비에 대한 관점은 현재 당신이 생각하고 지출하는 패턴과는 완전히 다른 반대 지점에 있을 것이다. 소비를 통제하는 것은 부자의 관점이고 뭐고 없다. 소비 지출을 억제하는 것 이외에는 어느 것도 답이 아니다.

소비는 소비일 뿐이다. 소비는 당신을 위로해 주지도 않고 왕이라는 착각을 불러일으킬 뿐이다. 무너진 자존감을 소비로 찾으려 하지 말자! 우울한 마음을 소비로 위로하고 기쁜 감정을 소비로 풀려고 하는 것은 당신의 돈을 노리는 기업들의 광고와 욕망을 자극하는 유행에 속는 것이다!

· 개드 사드 저, 김태훈 역, 《소비 본능》, 더난출판사
· EBS 자본주의 제작팀 저, 《자본주의》, 가나출판사
· 김용규 저, 《생각의 시대》, 살림출판사

# 적당히
# 공부하지 마라

과거에는 투자를 준비하기 위한 책이나 강의가 드물었고, 제대로 된 방법을 알려주는 곳도 거의 없었다. 투자 개념이 한국에 소개되고 일반인들이 투자를 하게 된 것도 어느덧 꽤 오랜 시간이 지났다. 투자의 개념을 본격적으로 소개하고 사람들에게 알린 것은 아마도 《부자 아빠 가난한 아빠》와 《한국의 부자들》이 아닐까 한다. 이때부터 사람들이 투자와 부자에 대한 호기심을 갖고 궁금증을 해결하기 위해서 관련 책과 강의를 찾으면서 자기 계발서와 투자 관련 강의가 활성화되었다.

케이블 TV가 생기면서 이제는 경제 관련 채널만 보아도 엄청나게 많은 투자 정보를 접할 수 있다. 그 중에서도 주식과 관련해 주식 전문가라고 하는 사람과 방송에서 대화를 하는 프로그램이 제법 많다. 보통 전화를 연결해 현재 특정 종목에 얼마 투자되어 있는데 향후에 어떻게 할지에 대해 묻고 전문가가 조언을 해주는 형식이다.

사실 방송의 메커니즘상 전화를 한 사람이 정말로 일반인이 아니고 전문가와 알고 있는 사람이 사전에 대략적인 이야기를 서로 나눈 후에 전화를 걸어 해당 종목의 상담을 받는 경우가 있을 것이다. 그러나 그보다는 전문가라고 하는 사람에게 자신이 투자한 종목에 대해 질문을 하는 사람들의 말을 들을 때마다 답답하고 안쓰럽게 느껴질 때가 한두 번이 아니다. 이 부분은 꼭 주식뿐만 아니라 부동산 투자에서도 마찬가지다.

특정 종목을 본인의 돈으로 투자를 했다. 분명히 투자한 이유가 있을 것이고 최소한 재무제표를 보고 현 상황이 어떤지 파악을 했을 것이고, 관련 뉴스도 읽었을 것이다. 향후 전망에 대한 재무보고서도 읽고 관련 산업이 현재 어떠한 상황에 처해 있으며 경쟁기업의 현황이 어떤지 정도는 파악한 상태에서 투자를 했을 것이라고 본다.

TV로 전화를 한 사람이 전문가에게 하는 이야기를 들으면 귀를 의심하게 되는 경우가 한두 번이 아니다. 도대체 그 종목에 투자한 전화 건 사람은 그 종목의 무엇을 보고 투자를 한 것인지 이해가 되지 않을 때가 많다. 방송에서 언급하는 종목 중에는 내가 알고 있는 종목도 있고 모르는 종목도 있는데 전문가보다 그 종목에 대해서는 모를 수 있지만 질문의 내용이 너무 터무니없다.

도저히 그 기업에 대해서 조사를 하고 투자를 했다는 느낌이 들지 않는다. 자신이 왜 그 기업에 투자했는지의 여부도 제대로 이야기하지 못하고 단순하게 얼마에 들어갔는데 얼마 정도에 나와야 할까만을 묻는 정말로 귀를 의심하게 하는 내용이다. 전문가의 의견도 들어보면 재미있다. 단순히 얼마정도까지는 기다리고 얼마까지 내려가면 매도하고 얼마 이상 오르면 수익보고 나오라고 하는데 특별한 이유는 없다.

내가 투자한 종목(처)에 대해 나보다 많이 아는 사람은 분명히 존재할 것이다. 나보다 훨씬 더 지혜롭고 세상 보는 눈이 깊다면 충분히 그럴 수 있다. 하지만 내가 투자하는 종목(처)에 대해 최소한 투자한 이유가 있어야 하고, 투자를 결정해서 어떤 식으로 대처할 것인지 정도의 공부는 해야 하는 것이 당연한 것이 아닐까?

투자를 하는 사람들 중에는 의외로 이런 정도의 준비도 하지 않고 남들이 좋다고 하니 무작정 투자하는 경우가 너무 많다. 특히 유명한 전문가나 투자자가 추천을 한 것도 아니고 언급을 했다는 이유만으로 투자하는 경우도 있다. 그렇게 언급된 투자 종목(처)이 있으면 자신이 따로 공부해서 투자 결정을 내려야 함에도 불구하고 그마저도 귀찮아서 투자를 결정한다. 다른 누구의 돈도 아니고 자신의 돈을 말이다.

창업을 하는 사람들도 자신이 보유한 돈 전부를 걸고 하는 사업인데도 직접 현장을 돌아다니면서 상권을 조사하고, 창업하려는 업종의 매장을 돌아다니면서 파악하려는 노력을 하지 않는 경우가 많다. 프랜차이즈 업체에서 권유하는 영업장을 계약하고 알려주는 교육만 받고 시작한다. 이래가지고는 준비 없이 창업하는 것과 다를 바 없다. 경쟁업체의 교육도 받아보고 매출도 파악한 후에 해도 될까 말까 하는데 말이다.

지금도 마찬가지지만 과거 한국 사람들은 교육에 목숨을 걸었다. 부모들이 자신은 잘 먹지 못하고 입지 못해도 자식들의 교육을 위해서는 모든 것을 포기했다. 좋은 학교에 가기 위해서는 오로지 공부에만 올인해야 했다. 이는 대한민국만의 유일한 특성이 아니라 전 세계 개발도상국의 공통점이기도 하다. 개발도상국에서 출세하는 유일한 방법은 바로 공부를 하는 것이다. 공부가 아니면 자신의 현재 처지에서 벗어날 길이 없다.

인도는 카스트제도가 있어 가장 하층민인 불가촉천민이 있다. 이들은 머리가 똑똑하고 능력이 있어도 자신이 원하는 직업을 가질 수 없다. 법으로는 불가촉천민에 대한 차별이 없어졌지만 여전히 보이지 않는 장벽이 존재한다. 이들이 출세할 수 있는 가장 확실한 방법은 공부를 잘해서 외국으로 나가 일반 사람들과 똑같이 공평하고 평등한 대접을 받는 것이다. 공부 이외에는 탈출할 수 있는 방법이 전혀 없는 것이다.

굳이 개발도상국이 아니라도 전 세계 어디서나 공부는 자신의 현재 상황을 개선할 수 있는 가장 확실하고도 유일한 방법이다. 부익부 빈익빈으로 인하여 예전처럼 가난한 집에서 자란 아이들이 출세할 수 있는 기회가 원천봉쇄 된다고 해도 공부는 자신이 처한 환경과 처지를 변화시킬 수 있는 방법이다.


학생 시절에 좋은 성적을 바탕으로 좋은 학교에 가는 것도 좋겠지만 사회가 다양화되고 새로운 직종들이 생겨나면서, 꼭 좋은 대학을 나오지 않아도 얼마든지 성인이 되어 자신에게 맞는 올바른 공부만 한다면 충분히 자신이 원하는 것을 얻을 수 있는 길이 있다.

공부는 학창 시절과 더불어 끝나는 것이 아니라 졸업하면서 본격적인 생존 공부가 시작되는 것이다. 학창 시절의 공부에서 도태되고 낙오되었다고 인생의 실패자는 아니다. 오히려 더욱 창의적이고 유연하게 다양한 직업을 선택할 수 있는 기회를 제공받을 수도 있다. 좋은 성적으로 좋은 대학을 갔다면 생각하지도 못했을 다양한 직업과 사업을 할 수 있는 기회를 스스로 창출할 수도 있는 것이다.

이런 측면에서 볼 때 사람들은 너무 공부를 하지 않는다. 회사에 다녀서 여유가 없다고 한다. 승진을 위한 공부를 하기에도 바쁘다고 한다. 업무에 시달려 주말에라도 편히 쉬어야만 회사 업무에 집중할 수 있어 휴일에는 푹 쉬어야만 한다고 한다. 맞다. 문제는 그렇게 하면 인생에 있어서도 향후에 푹 쉬게 될 것이라는 것이다. 남들이 여유 있게 쉴 동안 실패한 낙오자로 푹 쉴 수 있게 되는 것이다.

아무리 학창 시절의 공부로 인해 공부라면 학을 뗄 정도라 하더라도 본격적인 공부의 시작은 바로 지금부터이다. 이 글을 읽고 있는 바로 지금 말이다. 재미있는 것은 공부를 하면 할수록 아는 게 많아지고, 알면 알수록 투자할 곳이 많아져 투자할 수 있는 기회가 찾아오고 예전에는 몰랐던 투자처가 보이기 시작한다는 것이다. 몰라서 지나쳤던 투자처가 이제는 새롭게 투자 기회를 주는 것이다.


사회에서 성공한 사람들 중에 단 한 명이라도 공부하지 않고 성공한 사람을 난 알지 못한다. 그가 이론적인 공부를 했건, 현장에서 돌아다니며 현장 중시 공부를 했건 끊임없이 공부를 한 사람 중에 성공하지 못한 사람을 본 적이 없다. 당신이 존경하고 따라하고 싶은 사람 중에 공부를 게을리하는 사람을 본적이 있는가?

이럼에도 왜 당신은 공부를 하지 않는가? 당장 투자를 하지 않아도 좋다. 아니, 투자를 아예 하지 않아도 좋다. 나 자신도 투자를 직접 하는 것보다는 나보다 투자를 잘하는 사람에게 내 돈을 맡기는 것이 훨씬 더 편하다. 그가 내 돈을 맡아 불려준다면 나는 마음껏 내가 하고 싶은 것을 할 수 있지 않겠는가? 역설적으로 그렇기 때문에 공부를 해야 한다.

당신이 아무것도 모르는데 어떻게 남에게 투자를 맡길 수 있겠는가? 당신이 잘 알고 있고 어떤 식으로 굴러가는지 알고 투자 제안을 한 사람의 이야기를 알아들어야만 그에게 내 돈을 맡길 수 있지 않겠는가? 내가 직접 투자하기는 힘들어도 누군가와 함께 투자를 하려 한다면 공부를 해서 알아야만 최소한 함께 투자할 수는 있는 것이다. 당신이 모르는 것을 상대방이 알아서 잘 투자해서 돈을 불려줄 것이라고 순진하게 믿는가?

지금까지 말한 모든 내용은 전부 공부를 통해 습득한 것이고 당신도 공부로 습득해야만 하는 것들이다. 어느 누가 공부 없이 상위 세계로 진입할 수 있겠는가? 안빈낙도의 삶을 추구한다고 해도 현대는 가만히 있는 것 자체가 사회에서 낙오되는 지름길이다. 움직이지 않으면 현상 유지도 힘들다.

싫어도 공부하고 노력해야 한다. 어차피 공부하고 노력해야 한다면 남에게 떠밀려 공부하지 말고 스스로 공부를 해야 한다. 억지로 하는 공부가 아니라 성인이 되어 본인 스스로 살아남기 위한 공부라면 어설픈 공부 말고 제대로 된 공부를 해야 한다.

"공부벌레들에게 잘 해주십시오. 나중에 그 사람 밑에서 일하게 될 수도 있습니다Be nice to nerds. Chances are you'll end up working for one." 세계 최고의 부자이자 세계를 변화시킨 빌 게이츠의 말이다.

- KBS 공부하는 인간 제작팀 저, 《공부하는 인간》, 예담
- 나렌드라 자다브 저, 강수정 역, 《신도 버린 사람들》, 김영사

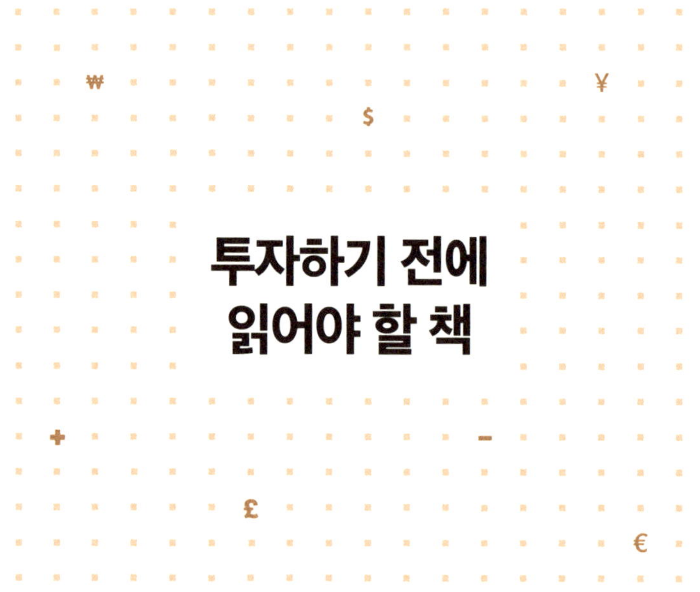

# 투자하기 전에 읽어야 할 책

투자를 잘하는 사람들의 공통점이 있다. 자신의 아이디어를 검증하고 새로운 시각을 알기 위해 택하는 가장 쉬우면서도 확실한 방법인 독서를 한다는 것이다. 이 세상에 독서만큼 투자를 하려는 사람과 투자를 하고 있는 사람에게 도움이 되는 것은 없다. 서점에 가면 투자와 직간접적으로 연결된 수많은 책이 가득하다. 어떤 책부터 시작해야 할지 막막하고 어떤 책을 택해야 할지도 쉽지 않다.

투자하기 위해 책을 읽기 시작한 후부터 지금까지 매년 최소 100권 이상 읽으며 도움이 되었던 책 중에 일부를 추천하려 한다. 각 분야별로 유명한 책들과 많이 알려져 있지는 않지만 좋은 책까지 포함해서 소개하니 선택하는데 작은 도움이 되었으면 한다.

투자는 극단적으로 마인드 싸움이라고 해도 과언이 아니다. 끊임없이 흔들리지 않는 올곧은 정신으로 투자를 해야만 성공할 수 있는 멘탈 싸움이다. 지속적인 **동기부여**가 필요한 이유다. 백만장자들은 어떤 마인드를 갖고 있는지를 알려주는 토머스 J. 스탠리의 《백만장자 마인드》, 성공에 이르는 엘리베이터는 없다고 알려주는 지그 지글러의 《정상에서 만납시다》, 국내 최초로 행동경제학을 접목해 투자 마인드를 정립해준 브라운스톤(황석)의 《내 안의 부자를 깨워라》, 동기부여 분야의 대중적인 역할을 한 나폴레온 힐의 《생각하라 그러면 부자가 되리라》, 인간의 정신을 NLP<sub>Neuro Linguistic Programing</sub>계통으로 극복해내는 앤소니 라빈스의 《네 안에 잠든 거인을 깨워라》', 마인드 컨트롤과 이미지 트레이닝으로 어려움을 극복하라고 이야기하는 맥스웰 몰츠의 《성공의 법칙》, 시골의사라는 필명으로 젊은이들의 멘토를 자처하는 박경철의 《자기혁명》, 밑바닥 인생에서 출발하여 세계적인 동기부여 강사가 된 브라이언 트레이시의 《백만불짜리 습관》을 권한다.

투자 자체가 재미있어 투자를 하는 사람도 있지만 투자를 하는 목적은 거의 대부분 부자가 되기 위해서이다. **부자**는 나와 무엇이 다른지에 대해 알려주는 책들은 다음과 같다. 국내에서 최초로 한국의 부자들에 대해 알려줘 부자 열풍을 몰고 왔던 한상복의 《한국의 부자들》, 몇 년 후에 한국에서 자수성가한 젊은 부자들의 이야기를 다룬 박용석의 《한국의 젊은 부자들》, 이보다 더 부자에 대해 체계적이고 통계적인 근거를 제시한 책은 없다고 단언하는 토머스 J. 스탠리의《이웃집 백만장자》, 세계적인 투자자인 켄 피셔가 미국의 투자 부자에 대해 알려준《시장을 뒤흔든 100명의 거인들》, 세계적 부자들의 생각에 대해 알려준 이상건의《부자들의 생각을 읽는다》, 미국의 부자들에 대해 알려주는 기사를 소개한 권성희의《지금 시작하는 부자 공부》를 읽으면 도움이 될 것이다.

투자를 한다고 처음부터 주식이나 부동산 투자를 시작하기보다는 그 전에 투자에 대해 가볍게 맛을 보는 것이 좋다. 투자의 원리와 방법에 대해 알려주는 책으로 **투자의 기초**를 먼저 다지고 시작하기를 권한다. 천편일률적인 미국의 신자유주의로 대변되는 성공학과 다른 맛을 보여주는 독일 저자인 보도 섀퍼의《돈》, 고대부터 돈을 어떻게 모으고 굴렸는지에 대한 방법을 알려주는 조지 사무엘 클라슨의《바빌론 부자들의 돈버는 지혜》, 조세 피난처이자 중립국으로 오래도록 전 세계의 돈을 보관한 노하우를 함께 알려주는 막스 퀸터의《스위스 은행가가 가르쳐주는 돈의 원리》, 전 세계적으로 부자 열풍을 불러일으키고 우리나라에도 투자 개념을 보급한 로버트 기요사키의《부자 아빠 가난한 아빠》, 부자들이 투자를 어떤 관점으로 바라보는지 알려주는 박경철의《시골의사의 부자 경제학》, 투자보다는 제대로 된 재무 설계 방법을 알려주는 데이브 램지의《절박할 때 시작하는 돈관리 비법》, 돈을 현명하게 관리하는 방법에 대해 알려주는 잭 오터의《돈 버는 선택 VS 돈 버리는 선택》을 권한다.

투자에 대한 기초적인 지식을 습득했다면 이제부터 본격적으로 자신만의 **투자 철학**을 갖기 위한 노력을 해야 한다. 투자 철학이 없는 투자는 투기이다. 당신의 투자 철학을 정립하는데 큰 도움을 줄 책들은 다음과 같다. 투자란 예측하지 못한 일들의 연속이라는 것을 알려준 나심 니콜라스 탈레브의 《블랙 스완》, 《행운에 속지마라》, 투자와 투기를 역사를 통해 배울 수 있는 장득수의 《투자의 유혹》, 에드워드 챈슬러의 《금융투기의 역사》, 찰스 P. 킨들버거의 《광기 패닉 붕괴 금융위기의 역사》, 부자가 되려면 투자를 해야 한다는 것을 데이터와 통계로 보여주는 홍춘욱의 《주식투자가 부의 지도를 바꾼다》, 철학없이 돈만 벌기 위해 주식을 하는 사람들에게 들려주는 박경철의 《주식투자란 무엇인가 통찰 편》, 투자에 대한 여러 생각을 데이터와 함께 알려주는 하워드 막스의 《투자에 대한 생각》, 영국을 이긴 투자자로 유명한 퀀텀 펀드 설립자인 조지 소로스의 《억만장자의 고백》을 읽으면 투자 철학을 정립할 수 있을 것이다.

투자를 하는 사람들이 늘 어려워하고 곤혹스러운 것이 생각과 행동의 불일치이다. 생각과 달리 언제나 바보 같은 선택을 하는 자신을 바라볼 때마다 자괴감에 빠져든다. 그 이유가 어디에서부터 비롯되었는지를 알려주는 것이 바로 **행동경제학**이다. 상당히 많은 행동경제학 책이 국내에도 소개되었는데 그 중에 일독을 권하는 책만 선정한다. 중복되는 내용들도 있겠지만 알고도 멍청한 행동을 하는 내 자신을 보는 것보다는 차라리 중복되더라도 읽는 것이 좋을 것이다. 그 책들은 개리 벨스키의 《돈의 심리학》, 케이윳 첸의 《머니랩》, 제이슨 츠바이크의 《머니 앤드 브레인》, 하노 벡의 《부자들의 생각법》, 댄 애리얼리의 《경제 심리학》, 대니얼 카너먼의 《생각에 관한 생각》이다.

　행동경제학의 출발점은 경제나 투자가 아니라 **심리학** 분야다. 자본주의도 철학에서 출발한 것처럼 인간에 대해 아는 것은 투자의 가장 기본적이고 근본적인 통찰이라고 할 수 있다. 가치에 따라 가격이 오르고 내리기도 하지만 대부분 가격은 인간의 심리에 좌우된다는 것을 깨달아야 한다. 인간 심리는 투자와는 전혀 상관없게 느껴져도 꼭 알아야 할 대상이다. 이와 관련해 협상 부분도 마찬가지다. 국내 심리학의 대중화에 앞장 선 책이 바로 로버트 치알디니의 《설득의 심리학》, 이성적인 개인과 군중은 다르다는 것을 알려주는 귀스타브 르 봉의 《군중심리》, 심리학이 어떤 발전을 거쳐 지금에 이르게 되었는지를 알려주는 로렌 슬레이터의 《스키너의 심리상자 열기》, 투자에서 자신의 것과 남의 것을 균형 있게 수익 나도록 만들어주는 것도 중요하기에 허브 코헨의 《협상의 법칙》, 사람들의 생각과 달리 숫자는 정확한 것이 아니라는 것을 알려주는 게르트 기거렌처의 《숫자에 속아 위험한 선택을 하는 사람들》, 자신이 원하는 것이 있으면 이미 된 것처럼 믿으라고 하는 리처드 와이즈먼의 《립잇업》, 투자에서 가장 무서운 편향에 대해 소상히 알려주는 크리스토퍼 차브리스와 대니얼 사이먼스의 《보이지 않는 고릴라》를 읽으며 인간의 심리에 대해 알아보자.

　투자를 한다는 것은 **경제**와 떨어질려야 떨어질 수 없는 관계이다. 아무리 투자를 잘 하는 사람도 경제가 망가지만 수익이 떨어지고 경제가 좋아지면 투자 수익도 덩달아 올라간다. 자본주의의 출발부터 신자유주의까지 발달 과정에서 경제는 늘 우리의 삶에 직접적인 영향을 미쳤다. 경제를 아는 것은 투자뿐만 아니라 우리 삶에도 중요하다. 경제가 발전해온 과정을 역사를 통해 알려주는 토드 부크홀츠의《죽은 경제학자의 살아있는 아이디어》와 유시민의《부자의 경제학 빈자의 경제학》, 늘 새로운 경제현상으로 다른 시대라고 이야기하는 것과 달리 똑같다고 말하는 케네스 로고프와 카르멘 라인하트의《이번엔 다르다》, 대한민국 경제는 어떻게 굴러가고 있고 어떻게 될 것인지 알려주는 홍춘욱의《원화의 미래》와《돈 좀 굴려봅시다》, 대한민국 경제를 공부하는 방법을 알려주는 고영성의《경제를 읽는 기술 HIT》, 전 세계적으로 가장 영향력 있는 미국의 경제에 대해 알려주는 조지프 엘리스의《경제를 읽는 기술》, 호황이 아닌 불황에는 어떻게 경제를 살려야하는지 말하는 폴 크루그먼의《불황의 경제학》, 신자유주의와 더불어 선진국과 개발도상국들이 함께 공유해야 할 경제에 대해 언급하는 에릭 라이너트의《부자나라는 어떻게 부자가 되었고 가난한 나라는 왜 여전히 가난한가》를 읽으면서 경제를 이해하자.

　수많은 기업들이 지금도 사업을 하고 있다. '투자는 사업처럼 하고 사업은 투자처럼 하라'는 이야기도 있다. 누구에게 돈을 받고 직원으로서 일을 하는 것과 달리 내 돈을 갖고 직접 투자를 하는 것은 1인 기업이나 마찬가지다. 투자 대상 기업에 대해 알기 위한 요소 중의 하나는 얼마나 기업 운영을 잘하는가이다. **경영**에 대해 알아야 하는 이유이다. 수없이 많은 기업 중에 사람들에게 각인되어 있는 기업에 대해 알려주는 짐 콜린스의《좋은 기업을 넘어 위대한 기업으로》, 기업을 경영하는 사장에 대해 말하는 서광원의 《사장으로 산다는 것》, 경영에서 중요한 것이 숫자라는 것을 알려주는 장영재의 《경영학 콘서트》, 경영과는 전혀 상관없어 보이는 야구에 효율적인 방법을 도입한 빌리빈의 사례인 마이클 루이스의 《머니볼》, 아이디어만 있으면 누구나 도전할 수 있다는 것을 알려준 크리스 길아보의 《100달러로 세상에 뛰어들어라》, 경영이나 투자나 파레토 법칙의 중요성을 알려주는 리처드 코치의 《80/20 법칙》을 읽어 경영에 대해 아는 것이 힘이다.

돈을 벌고 모으는 과정에서 은행 예적금만으로는 부족하다는 것을 깨달은 사람들이 **펀드**를 가입하는데 이에 대한 공부와 어떤 펀드를 골라야 하는지 어려움을 겪는다. 제일 좋은 것은 수수료를 가장 적게 내는 펀드이다. 펀드매니저들은 어떤 식으로 투자를 하는지를 알아두는 것도 도움이 된다. 성공한 개인투자자에서 에셋플러스 자산운용의 회장으로 펀드를 운영하는 강방천의 《강방천과 함께 하는 가치투자》, 가치투자로 펀드를 운영하는 한국의 대표적인 가치투자자인 이채원의 《이채원의 가치투자》, 국내 펀드매니저들의 생각과 투자관을 알 수 있는 정종태의 《주식에 돈을 묻어라》와 최명수·변관열·김하나의 《펀드매니저의 투자비밀》, 인덱스 펀드를 개발하고 대중화 시킨 존 보글의 《모든 주식을 소유하라》와 《존 보글 투자의 정석》, 펀드의 용어들과 펀드의 발전 과정을 알려주는 피터 L. 번스타인의 《투자 아이디어》로 펀드에 대한 기본 개념을 익혀 가입하길 권한다.

가장 대표적인 투자는 **주식투자**이다. 누구나 쉽게 접근할 수 있고 소규모의 자금으로도 할 수 있는 투자가 바로 주식투자이다. 당장 은행이나 증권사에 가서 가입하고 컴퓨터에 HTS를 깔기만 하면 된다. 지금은 스마트폰으로 가능하다. 주식투자를 하기 전에 필수적으로 알아야 하는 것들이 있다. 무엇보다 대한민국 주식의 변천 과정을 소상히 알려주는 장진모의 《주식의 역사》, 변동성이라는 위험을 갖고 있는 주식을 안정적으로 바라보는 시선을 길러주는 서준식의《왜 채권쟁이들이 주식으로 돈을 잘 벌까?》와《눈덩이 투자법》, 이제는 거물이 되어버린 투자자의 초창기 투자를 알게 해주는 최준철의《한국형 가치투자 전략》, 주식투자는 재무제표에서 출발하기에 읽어야 할 하상주의《영업보고서로 보는 좋은 회사 나쁜 회사》, 가치투자의 방법에 대해 자세하게 설명한 박성민의《가치투자의 시대가 온다》, 가치투자의 다양한 방법을 데이터로 보여주는 신진오의《Value Timer의 전략적 가치투자》 한국의 가치투자자들의 이야기인《슈퍼개미 박성득의 주식투자 교과서》, 박영옥의《주식, 농부처럼 투자하라》, 이민주의《진짜 돈버는 대한민국 고수분석》, 주식투자가 어렵지 않다는 것을 알려주는 브라운스톤의《남에게 가르쳐주기 싫은 주식투자법》으로 공부를 해 보자.

주식투자를 처음 시작하고 현재도 가장 활발한 곳은 미국이다. 세계에서 가장 큰 부자들의 대부분이 미국 사람인 이유는 바로 그들이 경영하는 기업들의 시장가치 때문이다. 주식투자 방법이 가장 발달하고 오래도록 투자를 한 사람들이 득실대는 곳이다. **미국과 유럽 주식투자자**들의 이야기는 다음과 같다. 가치투자라는 개념이 아직 확립되기 전에 가장 유명한 투자자 중의 한 명이었던 제시 리버모어를 인터뷰한 에드윈 르페브르의 《월스트리트의 주식투자 바이블》, 여러 투자 방법 중에 주식투자가 가장 유리하고 좋은 투자 방법이라는 것을 역사를 통해 알려주는 제레미 시겔의 《주식투자 바이블》, 전설적인 펀드매니저인 피터 린치의 《전설로 떠나는 월가의 영웅》, 존 네프의 《수익률 5600% 신화를 쓰다》, 랄프 웬저의 《작지만 강한 기업에 투자하라》, 크리스토퍼 브라운의 《가치투자의 비밀》, 모니시 파브라이의 《단도투자》, 성공한 주식투자자들의 이야기를 엮은 브루스 그린왈드의 《VALUE INVESTING(가치투자)》, 가치투자자들의 인터뷰를 엮은 커크 카잔지안의 《가치투자를 말한다》, 쉽게 망하지 않는 기업을 찾아내는 방법인 팻 도시의 《경제적 해자》, 주식투자에서 배당의 중요성을 알려주는 켈리 라이트의 《절대로! 배당은 거짓말 하지 않는다》, 유럽에서 가장 유명한 투자자인 앙드레 코스톨라니의 《돈, 뜨겁게 사랑하고 차갑게 다루어라》, 일본에도 가치투자가 가능하다는 것을 보여준 사와카미 아쓰토의 《불황에도 승리하는 사와카미 투자법》을 보면서 주식투자에 대해 배운다.

모든 투자 중에서 가장 많이 발로 뛰어야 하는 투자가 **부동산 투자**이다. 여타의 투자에 비해 현장에서 이뤄지는 것이 많고 직접 보지 않으면 도저히 투자 결단을 내리지 못하는 분야이기도 하다. 워낙 개별성이 강해 책을 읽는다고 금방 적용할 수 없고 관련 책들도 읽을만한 것이 상대적으로 적다. 그 중에서도 추려 이야기하면 모든 부동산 투자 방법에 대해 알려주는 김원철의 《부동산 투자의 정석》, 부동산에 대한 혜안을 가장 먼저 글로 풀어낸 아기곰의 《부동산 비타민》, 대한민국 아파트의 역사와 발자취를 알려주는 최명철의 《아파트값 5차파동》, 주택 건축의 유행을 촉발시킨 아파테이아의 《마흔살 행복한 부자아빠》, 부동산 임대 방법에 대한 모든 것을 알려주는 김장섭의 《실전 임대사업 투자기법》, 수도권 부동산의 과거와 현재와 미래를 설명하는 김학렬의 《수도권 알짜 부동산 답사기》로 부동산에 대한 입문을 하면 될 것이다.

개인적으로 돈이 없는 투자자들이 가장 손쉽고 확실하게 투자 수익을 낼 수 있는 방법이 **부동산 경매 투자**라고 생각한다. 법원에서 모든 정보를 투명하게 공개하고 있어 거래의 안정성 면에서도 믿을 수 있다. 법적인 용어와 방법과 명도라는 두려움으로 망설이는 사람들이 많지만 다음 책으로 그 두려움을 없앨 수 있다. 한국의 부동산 경매 대중화를 가져온 조상훈의 《34세 14억 젊은 부자의 투자일기》, 부동산 경매 이론에 대해 자세하고 친절하게 알려준 강은현의 《경매야 놀자》, 신정헌의 《저는 부동산 경매가 처음인데요!》, 부동산 경매에서 중요한 투자 마인드에 대해 알려주는 제이원의 《10억짜리 경매비법》, 누구나 부동산 경매를 할 수 있다는 자신감을 심어준 이현정의 《나는 돈이 없어도 경매를 한다》, 실전 투자자들의 실전 투자를 자세하게 다룬 송희창의 《송사무장의 공매의 기술》, 이영진의 《경매성공 다이어리》, 김경만의 《부동산 경매비법》, 부동산도 즉시 사고파는 단기투자가 가능하다는 것을 알려준 전용은의 《즉시 팔고 바로 버는 부동산 경매 단기투자》 부동산 경매의 새로운 투자 방법인 NPL에 대해 설명하는 우형달의 《NPL 부자들》이면 충분히 도전할 수 있을 것이다.

　세계 최고의 부자이자 투자자이면서 50년 넘게 연평균 20%의 투자 수익률을 내고 있는 워렌 버핏에 대해 모른다면 투자하는 사람으로는 낙제라 할 수 있다. 그가 한 투자 방법을 공부하는 것만으로도 투자에 대한 모든 원리를 배웠다고 할 수 있다. 워렌 버핏이라는 이름만으로도 책이 팔린다고 하여 워렌 버핏과 상관없이 나온 책들도 많다. 국내에 출간된 워렌 버핏의 책 90%는 읽었는데 그 중에서 추천하는 책은 다음과 같다. 워렌 버핏의 투자 방법에 절대적인 영향력을 끼친 두 인물인 벤저민 그레이엄의 《현명한 투자자》와 필립 피셔의 《보수적인 투자자는 마음이 편하다》, 워렌 버핏이 유일하게 직접 자신의 투자 방법을 설명한 《주식말고 기업을 사라》, 워렌 버핏의 일대기와 투자에 대해 서술한 앤드류 킬패트릭의 《워렌 버핏 평전》, 앨리스 슈뢰더의 《스노볼》, 워렌 버핏의 투자 방법을 자세하게 설명한 이은원의 《워렌 버핏처럼 적정주가 구하는 법》, 메리 버핏과 데이비드 클라크의 《워렌 버핏만 알고있는 주식투자의 비밀》과 《워렌 버핏의 포트폴리오 투자 전략》, 메리 버핏의 《워렌 버핏의 실전 주식투자》 정도를 읽는다면 무방할 것이다.